昭和天皇拝謁記 7

昭和天皇拝謁記

初代宮内庁長官
田島道治の記録

7

関連資料

岩波書店

［拝謁記］翻刻・編集］田島恭二
［編集委員］古川隆久・茶谷誠一・冨永　望
瀬畑　源・河西秀哉・舟橋正真
［編集協力］ＮＨＫ

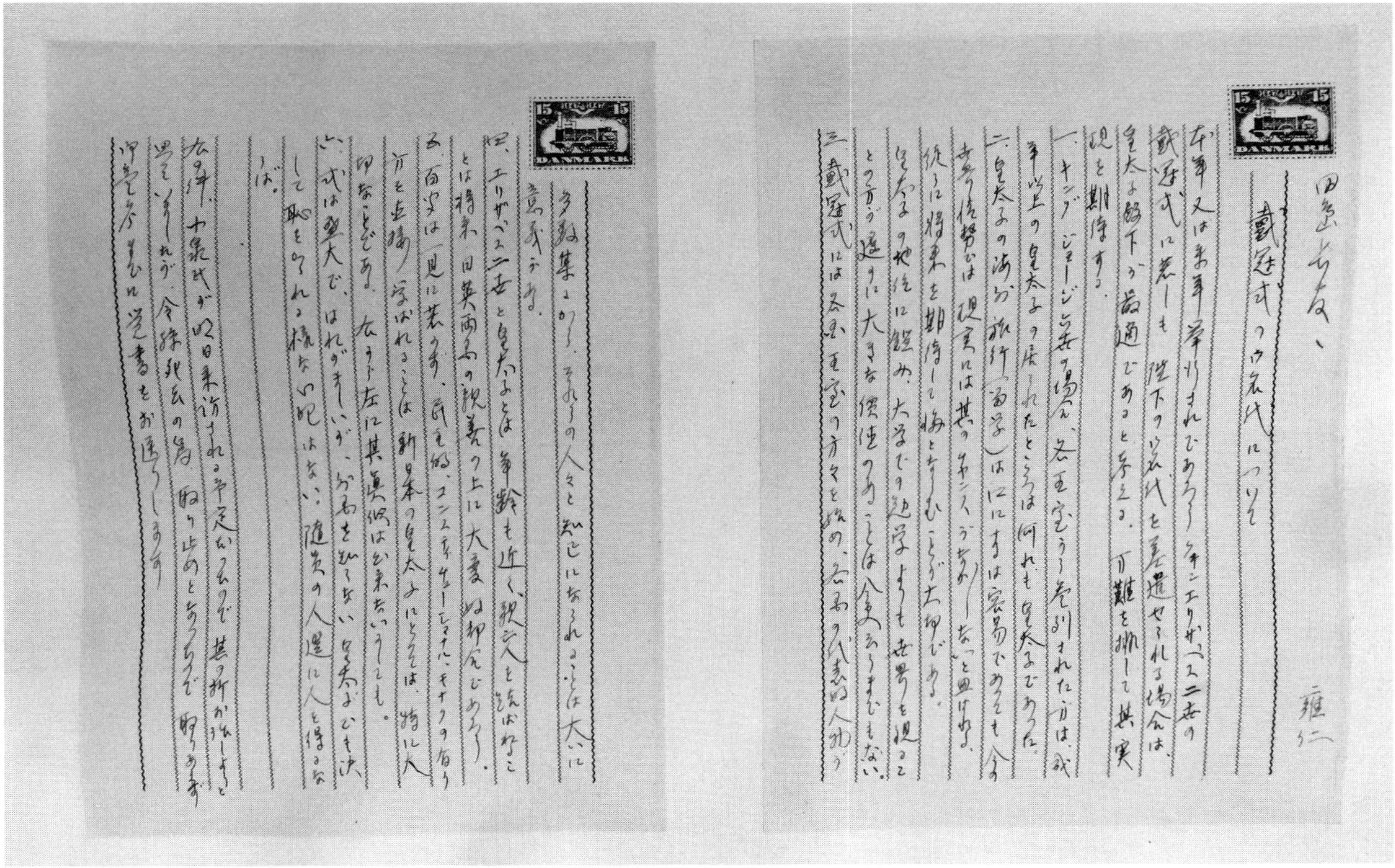

田島道治宛 秩父宮雍仁親王書簡（1952年2月19日）

凡　例

一　漢字は原則として常用漢字に統一した。
一　かなは原則としてひらがなに統一し、変体がな（漢字をかなとして使用）はひらがなに開き、適宜濁点を付加した。ただし、語尾や擬態語、間投詞が原文でカタカナの場合、その他意識的にカタカナが使われていると判断できる場合はそのままとした。
一　原文は句読点が少ないので、編者の責任で適宜追加した。
一　注記や会話文における（　）や「　」が片方のみの場合は、編者の判断で、削除するか、もう片方も付加するかの処置を適宜施した。
一　解読できなかった文字は■で示した。
一　原文のルビや傍点、下線は残した。
一　明らかな誤記、脱字、文字の重複は断りなしに修正した。
一　編者の注記は〔　〕で示した。誤記かどうか判断が難しい場合は〔ママ〕と注記し、個人のプライバシーや名誉を著しく害する恐れのある部分は、〔伏字〕〔○文字伏字〕と注記した。
一　田島道治長官退任後日記はすべて抜粋のため、前略・後略を示す注記は省いた。
一　日本語書簡は発信者五十音順に、英語書簡は発信者アルファベット順に配列し、同一発信者内は年代順に配列して、整理番号を付記した。
一　書簡の年代特定について、書簡本文や封筒の日付記入から判明する場合はそれに従い、封筒の消印や内容からの推定の場合は、〔　〕で示した。

一　書簡の封筒に記載の住所は、差出人本人のもの以外は省略した。また、「検閲済」「書留」「封」「緘」は省略した。住所、氏名の改行は詰めた。

一　書簡に付属していたものについて、メモや別紙の類は翻刻し、新聞記事の切り抜きは省略した。座席図などは表記箇所のみ示し、図自体は省略した。

一　関係文書は概ね作成年代順に配列した。

一　関係文書の翻刻中、抹消箇所については取り消し線を引いた。また、追記や挿入箇所（ある一節の表現について複数の候補を書き込んでいる場合も含む）は【　】で表記した。

一　文中には、現代の視点から見て差別的な語句や蔑視的な表現が見られる場合があるが、歴史研究の材料（史料）としての意義に鑑み、そのままとした。

目　次

田島道治長官退任後日記（一九五五〜一九六八年、抜粋）

一九五五（昭和三〇）年

三月二五日（金） 宮内長官と打合す。長官迎に来り宮内庁訪問。長官より東宮様御婚儀につき両陛下の御許しを受けしに付、お墨付なく長官の相談相手とのこと。消極的、部分的に在民の方よきことには従ふ旨返事。近時の傾向のこときく。

四月一五日（金） 錦水五・〇〇、松本〔俊一〕議員主賓、小泉〔信三〕主人の会。〔略〕小泉氏には三月二十五日長官よりの東宮御結婚のことにつき話ありしことといふ。受働的部分的承諾せりといふ。

五月八日（日） 三時頃、秩父、高松両妃殿下、松平〔信子〕夫人（徳川令嬢、久邇氏の話あり）。

五月一〇日（火） 小泉に電話、信子夫人の一昨日の話を参考のため連絡す。

五月一七日（火） 九・四〇、賢所例祭〔高尾の車九時に迎えに来る〕。長官室に立寄り。徳川令嬢の件、小泉に話せしと同じ事いう。然るに山梨〔勝之進〕大将はスムース進行との事。何れにしても後から割込みは駄目という。

七月三日（日） 小泉信三来訪五・三〇—六・三〇。Mのこと、夢とも思はずとの意。長官との話を話す。

九月一七日（土） 小泉信三君来訪。最近東宮様との雑談中の話きく。平民でもよし、但学習院、聖心は固いとかとのこと。長官誤解なきよう行くとのこと。徳川〔三田〕ならばそのよう急ぐこと、といふ。

一〇月九日（日） 約束により小泉氏来訪。政党又労組等にて、政治家、実業家の娘は矢張り駄目とのお話。Count T. をそれとなく言い出されたとのこと。事務的に絞れば Count T. 残るとの事〔但し久邇関係、山梨関係等〕。最早断の時といふ。国を思うて貰う。一日東宮様に拝謁のときの話。三日長官にいったとのこと。Count T. そこまで来れば調査の上、よき時を逸せば長官の責任と迄いふ。K元皇族のことは Adm. Y〔山梨勝之進〕と話すこと。使者になつて行くもよしといふ。

一〇月一六日(日) 一〇―一二、長官来訪。〔略〕徳川文子調査進めることを初む。

一二月二三日(金) 毎日婦人記者来訪、東宮様のこときく、現役でなく知らずといふ。

一九五六(昭和三一)年

三月一二日(月) 六・三〇―九・三〇、松平夫人来訪。東宮御所のこと、天理のこと、北白川のこと、毛利のこと。

三月一七日(土) 宇佐美電話、宮内庁に行く。日赤に東宮様御関係のこと、Oのこと、歌劇のこと、松平信子さんのこと、三笠宮のこと。

三月二〇日(火) 二月二十四日東宮様の御話、長官難局、[redacted]使的のこと、勝沼〔精蔵〕の意見のこと等。

五月三日(木) 三―四・三〇、小泉氏来訪、長官のこと、H.H.〔His Highness、皇太子〕、Hのこと。

五月二二日(火) 長官小泉招待、醍醐五・三〇―一〇。稍H.H、H進みしやに思ふ。

八月二〇日(月) 五・三〇、小泉及長官、同車誘はれ東宮様プリンスホテル。御相伴。帰宅九時半。

八月二一日(火) 九・三〇頃小泉、宇佐美長官に誘はれ、沓掛のH〔Hotel、皇太子滞在先の千ヶ滝プリンスホテル〕にゆきテニス見る。清宮様御成人〔ママ〕に驚く。〔略〕後、散歩の途中小泉氏にあひ、沓掛を往復。夕食。この日の沓掛行はOを見る為め。

八月二三日(木) 沓掛より連絡、小泉氏と同車。東宮様テニス、敗を見る。中々すさまじ。目的の人現はれず、午頃帰軽。〔略〕食事中小泉君来り、車中サンドウイツチにてテニス場へ行き、目的見る。プリンスホテル内コートに至るとて、御殿にて待つ。野村〔行一〕大夫にあう。やがてコートにて、一時間余目的の人視察す。Gesicht〔顔つき〕中、その他も失望す。

八月二五日(土)　正午前に小泉氏来訪(○の印象稍小生と違ふ。小生の方わるし)。

九月三日(月)　小泉氏より記録受取る。

九月四日(火)　三時宮内庁に宇佐美訪問。小泉の記録に小生意見書同封、長官に託す。口頭第一印象語る。

九月一六日(日)　四―六、黒木〔従達〕東宮侍従来訪。軽井沢及東京にて、黒木に始めて○の話ありしとて、今日午前小泉氏訪問せりとのこと。思召あれば、小生印象あしきなど問題でなし。サンドその他のこと調査の上進める必要ありといふ。明日長官訪問すとのこと。

一〇月一日(月)　三・三〇―四・三〇、黒木侍従来訪。一六日に来訪以後の大夫、長官を当つた。長官と殿下との経緯聞く。

一〇月一六日(火)　長官々邸、五・三〇―一〇、東宮の意見は尊重ながら責任は当局。従つて慎重要すといふ。但主観的程度強き故、而して老成の考へに出発故、此際にての慎重に運ぶこと。世の各方面の批判に対する万全の確信持てる順序、準備必要。

一一月二五日(日)　午後二―四、徳川義宣雑談。東宮様気力なくfightなく自信なし。謙虚の気持かも知れぬもどうかといふ。井口、大久保、大久保の妹のことといふ。

一二月二二日(土)　東宮仮御所三・三〇―四・三〇、黒木氏に其後のことききく。堀田〔徳川義宣の旧姓〕の言取次ぐ。

一九五七(昭和三二)年

二月六日(水)　三・〇〇長官官邸に行く。五・三〇頃辞す。長官明細な系図表作成見せらる。之以上の調査無理かといふ。

二月一三日(水)　十一時頃着、コロンバン土産にて、大磯木戸元内大臣訪問す。退位のことをきく。巣鴨の人たりし為めか、独立後の陛下のお言葉失望の旨きく。経緯は話す。巡幸は兎に角、音楽会等お出掛け感心せず。法体となられし方もあり云々。それがとて、今後は退位については積極的の意思なし。五・二七着にて帰宅、食事。

二月一九日(火)　東宮様の事、今後の進めかた。木戸訪問のこと、三谷のこと、小泉にいふ。長官、三谷のこと、承知なれど賛成せず。五・三〇小泉氏、長官と三人。一一時帰宅。

三月二一日(木) 四—五、黒木氏来訪。昨夜Premier.〔岸信介首相〕、Crown Prince に新任御挨拶に上るとのこと。その際、話すとのこと。具体的[redacted]その時にきめてしまへと大いにいふ。

三月二二日(金) 黒木氏より電話あり。今日予定通りすみしとのこと。

四月一日(月) 小泉、東宮はダメ。spotlight あたるといふ。

四月四日(木) 長官より電話にて、四・三〇—五・〇〇、長官室に行く。黒木道つけてくれればO訪問のこと。陛下も御了承とのこと。御引受す。長官室に入る前、田中共同にあう。久邇さんのことといふこととす。

四月八日(月) 八時発、代々木西原町に訪問。最初は主人、後夫人も同席、下を向ひて何もいはず、独りしやべり。第一に洗礼未済を確め、四人だけの秘密たのむ数回。桂井、大久保本家、祖母あげて断る。内意承りたしといふ。経済上のこと心配無用といふ。皇族〔室〕会議手続ある故、可成早くともいふ。約四十分。本人を見ないでしようといふ故、見たといふ。これとも別だが、東宮様[redacted]の御生活、お淋しそう、電話兄に三十分とか夫人いふ。長官、小泉に報告。

四月九日(火) 二時頃退社。代々木西原町に夫人訪問す。昨夜出発、十七日帰京とのことときく。子息大学の電話きいて帰る。お嬢さんに門前にてあう、言はず。〔略〕夜大久保兄に電話。明夜の事約束す。

四月一〇日(水) 六・三〇、O兄—一〇・三〇。I.H〔Imperial Household、皇室〕の為めになぜO家が進まぬ事をやる要ありや。C.Pの意見は分ってるといふ。母の方仲よし。Oの方はそうでもなし。

四月一一日(木) 昨夜の報告電話長官。午食後、一—二・三〇小泉訪問、昨夜の報告。

四月一二日(金) 黒木氏来訪、従来の経過いふ。十四日秋山初等科長の会に、[redacted]自身よく兄きにいはる、提案、不賛成。

四月一四日(日) 夜Oに電話。mutter〔母〕に会見申込む。一七日主人帰宅後との事。この旨長官、小泉、黒木に電話す。

四月一七日(水)　九―九・三〇、O氏来訪。光栄なれど拝辞。一家スキーにも行く。離れるのはいや。全員反対。長男は外にて奉公する。Oの兄の家とは飛出した関係あり。兄今困る。妹一人面倒見る等あり。余り平民的でも駄目、象徴は六ケしい。本人の意思はどうも分らぬが、平民がいゝとの事のよう。長官、小泉に電話。明夜長官邸五・三〇とする。

四月一八日(木)　五・三〇―九・三〇、長官々邸、小泉、黒木と四人。

四月二二日(月)　小泉氏より電話。昨夜Oのboy考えて見るとのこと。

四月二七日(土)　小泉氏電話。一・三〇迄に行く。長官、黒木も同席。昨日午後四時O夫妻来り、拝辞の話きく。兄貴やゝ動く以上、今一度願ひたしといふ。三時過辞去、長官と同車。或は六ケしからん、他に選択考へること必要といふ。

五月一一日(土)　小泉電話、香〔芳〕しくなし。一三日一〇・三〇とのこと。

五月一三日(月)　九・三〇発、渋谷経由小泉訪問。当分息抜くこと、絶対に放棄ではなし。小泉及長官、C.Pと懇談のこと。

五月二七日(月)　宮内庁一二・三〇―一・三〇、東宮様其後のこと、きりつけば、一度Oにゆくことといふ。〔伏字〕の話、林の話、東宮大夫の話、鈴木及木村のこと。

七月一七日(水)　五時発長官と三人、一〇時迄。ブドウ酒二本持参。小泉邸。予算増、東宮御洋行、宮内顧問のこと。お相手のこと。

七月一九日(金)　長官を宮内庁に訪問。K〔伏字〕のこと、大磯。検察に付、自己の考いう(重ねて)。葉山にて何かを知つてるといはれたとのいや味。長官が話すのか。

一〇月二一日(月)　小泉邸六―一〇、日本式御馳走―K〔伏字〕に決定。小泉、黒木は東宮御希望に副はんとK即決の様子。小生は元来Kよろしと思ひ、Oなどは余り賛成せざりし故、Kに大に賛す。

一一月七日(木)　四時小泉訪問、大夫一転不賛成いふ。皇室unpopular、宇佐美大切のこと。Kの父の伝を■す。大賛成す。

一一月一九日（**火**）　九・三〇―一〇・三〇宇佐美長官来訪。Empress dissatisfactory 云々のこと。

一一月二〇日（**水**）　鈴木〔菊男〕新東宮大夫来訪。熱情転任の事情、小泉氏との関係話す。〔略〕六―一〇長官官邸、相談。長官、次長、大夫、黒木、侍従長、小泉及僕。Kに長官当ること。

一一月二九日（**金**）　一―二・三〇、宇佐美長官来行。昨夜のKとの話きく。〔略〕六―九・三〇、小泉博士。

一九五八（昭和三三）年

一月一五日（**水**）　長官、石坂、小泉、信子さん、午、秩父宮邸。〔略〕後に残れと長官にいはれて残る。Kのこと一、二まづいことをいはれ、color b.〔blindness、色覚異常〕のことはやめだなーといふ。（これは小泉会見後、電話にて取消す（土曜））。

一月一八日（**土**）　朝小泉氏訪問。秩父邸にて長官との問答、色盲駄目、先方辞退にて解決のことといふ。小泉は反対にて押切る意見。僕矢張り定席〔石〕、北、かといふに対し、彼は絶対H．H。両者一致せず、互の意見了承、再会を約す。Uの調査不備の責任等、此際絶対不可の意見一致。

二月四日（**火**）　恭二又新聞社の命に協力して来る。獲物なきも。

二月二五日（**火**）　Kはcousinの二人共黒色。〔伏字〕村松博士の意見。Hは父死因聞くも不明、後妻身許不明。何れもとのこと。

三月一日（**土**）　一・三〇小泉氏訪問―三・三〇迄。長官苦慮。松平夫人に候補者なきやをきく説、必しも賛成せず。K、H共に難点あり。

三月三日（**月**）　六時、小泉邸、長官、次長、鈴木、黒木と六人、六―一一・一五。K思ひ切る。Hに進む方針。木下に確めること。為念又万一のことの思ひ、平行的に他にも物色のこと。

三月二六日（**水**）　九・一〇、学習院卒業式（小泉にあう。Uを心配）。

四月一日（**火**）　四―五・三〇、長官来社。Hのこと、新規蒔直しのこときく。Mrs M〔松平信子〕に黒木、鈴木き、しこと

etc。

四月一二日(土)　一二・三〇大磯。m〔ママ〕、山原記者にあひたしとのこと、池田邸丁卯会。吉田元首相談話。〔略〕帰宅小泉車に便乗。畑孫のことから前田の話。血統重んずべきこと。Shoda Soyejima 調べよくば賛成いふ。

五月一六日(金)　朝日伊藤、協定云々のこと。

五月一七日(土)　九・四〇例年祭。長官、拝謁の話。Yoshida、Prince Takamatsu のこと、etc。

五月二〇日(火)　東宮御所鈴木大夫に、多久町〔市〕〔正田美智子の母方祖父副島綱雄の出身地〕調手交。先日長官のいひし意見いふ。

五月二一日(水)　四―四・三〇、小泉氏来訪。明日正田社長と会見とのことにて、その読み如何とのこと。後、一書補遺的に認め、明朝届けることとす。昨日、鈴木大夫及長官〔十七日〕いひし内容話す。

五月二二日(木)　小泉氏訪問封書手交。〔略〕小泉電話。S会見の結果のためあひたしとのこと。三・四〇―四・二〇位邪魔す。新聞社来訪で、すぐ小泉へはちと vanity〔虚栄心〕家の気がす。

六月九日(月)　小泉氏来訪、三―三・三〇。大磯〔吉田茂元首相〕訪問の報告。他の大磯〔木戸幸一元内大臣〕へもとの御思召。近日ゆくとのこと。

六月二一日(土)　六―一〇小泉邸。例のメンバー。小生、Mutter のこと、いやなことといふ。但し、衆議賛成なら固執せずといふ。母方系統、小生興信所のみにて止まるのは心中どうかと思ふ。

八月二日(土)　二―五、長官来訪、曙光見ゆとのこと。小泉氏に電話問答。但し前途まだ難からん。

八月一一日(月)　長官訪問二・二〇―三・一。[redacted]のこと急ぐこと。信子さんに伝ふこと、吉田、小泉訪問のこと。

八月二二日(金)　六―一〇・三〇小泉邸。長官、大夫、侍従長、黒木と会談。大体決定。問題は勝沼の意見。

八月二三日(土)　勝沼に電話―長官に返電あり。〔略〕二―

三・三〇小泉氏訪問。昨日のことのいろいろの方策、私見参考にいふ。

八月二四日（**日**） 此日一〇―一二、小泉会見す。四―五小泉氏来宅。Go Abroad〔美智子が欧州旅行に行くこと〕。一寸at a loss。

八月二五日（**月**） 御殿場。七・三〇発、高松宮両殿下、三笠宮別車、同列車。

八月二六日（**火**） 二―三長官訪問。昨日の御殿場の話いふ。清Princess、島田某のこと、T. Princess〔高松宮妃〕、C. Princess〔秩父宮妃〕、M. M〔Mrs. Matsudaira、松平信子〕のつるし上げの件。然るに昨日の小泉と正〔田〕夫妻会見記に憤慨、休戦いふ。小泉よりも電話あり。

八月二九日（**金**） 午後産経藤村記者来訪、濱口令嬢にほはす。

八月三〇日（**土**） 夜食後、徳川義宣来訪。東宮様のこと、いろいろいふ。自信あることなし、きく雅量なし、硬骨遠かる、外遊することよからん、結婚後にても。余りに大人、余りに失敗せぬやう考ふ。若さなし。

一〇月二日（**木**） 二―三、小泉氏訪問。Sのことをきく。東宮職関係者は唯一の望故、如何なることをしても成立せしめたき意思のやう。老生は稍違ふ。

一〇月一〇日（**金**） 一・三〇―三・三〇、長官来行。Prince T. 等御招き、意思発表撃沈云々。小泉その後の行動。

一〇月一七日（**金**） 五・三〇、はん居、八・三〇、長官、侍従長、小泉と。北白川叔母様には事前必要とのこと。

一〇月一九日（**日**） 小泉電話あり、S夫人来訪とか。

一一月六日（**木**） 秩父宮邸に伺ふ。昨日の松平氏〔園遊会で会った〕の言による。四時長官参邸迄の間、三十分斗り伺ふ。Empressと懇談の時なきも、princess T. の話によれば、御不満解けずとのこと。

一一月一五日（**土**） 二―四、長官々邸。経過詳細きく。侍従、秋山の感想〔通告の時期及方法の話、対立〕。

一一月二五日（**火**） 午、丁卯会、渋沢ゲスト、高松妃殿下のこと、前後Sのこと話す。秩父邸、二・三〇—二・五〇、長官のこと、今後のこと、Mrs M のこと。

一一月二七日（木） 皇族《〔室〕》会議。〔略〕一一・三〇—一・〇〇迄御発表テレビを見る。長官の御苦労に感謝の念。〔略〕長官邸に感謝の意にて名刺。秩父宮邸上る、長官も来邸。今日の様子きく。万歳。

一一月二八日（金） 参内、侍従長及次長に御祝賀申上方依頼す。義宮御殿御祝酒、殿下御親ら頂く。東宮御所に上る。正田夫妻にもあう。美智子さんにも挨拶。東宮殿下に御祝詞申上、帰宅五時過。

一一月二九日（土） 九時発、葉〔山〕に書物等送り、小泉邸に感謝挨拶。〔略〕秩父宮邸（御るす）。正田御挨拶のときの警備のこと、事務官と打合せ。

一二月二日（火） 西野氏受診。Empress のこと、二日挨拶、妃殿下に御目にかゝる。〔略〕五・三〇中川三木会、東宮妃反対多し、芦田、石坂、大屋、渡辺、金子、牧野、大橋。

一二月五日（金） 加藤武男氏訪問。正田、自発社長止めのことの意見求む。

一二月六日（土） 会社、Vining 手紙直して貰ふ。Mrs Matsudaira 訪問。正式につんぼさじきの話。

一二月一六日（火） 長官電話あり、ソニーへの途次長官訪問。御婚儀順序のこと、九五〇、一の■のこと、etc。両妃殿下宛手紙二返手交す。清宮さん御結婚のこと、田島に相談せよとの仰せのこと。

一二月一七日（水） 二・一五発大磯、■と空也を礼に持参す（安田靫彦）。皇太子妃絶賛。

一二月一八日（木） 六—八・三〇賜餐、一〇・一〇今後のこと。東宮様御慰労下さる晩餐。東宮仮御所。

一二月二〇日（土） 二・二一品川発、葉山に参上。葉山天機御機嫌奉伺。〔略〕皇后様御風気。四・一〇—五・〇五拝謁御祝辞。参加の心状、鈴木茂三郎の感想反対のこと、皇太子今後御修養のこと、一般反響のこと、芦田の意味御尋ね（政治的か）、否と申上ぐ。新憲法理論と感情え《〔ママ〕》の■じは、年長者我々もあり、乗り越すは一苦労。清宮様、華族結婚望ましと申上ぐ。海の採取の御話、三笠宮の御話、秩父宮殿下の戦后の評 etc。帰宅後入浴早寝。

一九五九(昭和三四)年

一月一四日(**水**) 九・四五、皇太子結婚式中、賢所、皇霊殿、神殿に成約報告の儀。賢所参集所―一〇・三〇。東宮関係者、祭典に集合す。参列前に記帳す。

一月一七日(**土**)〔ノート部分に別記〕 四時電話ありし結果、秩父宮邸参上。高松宮妃殿下と多摩御墓参御帰りまつ。四・三〇―五・四〇、両妃殿下つんぼ桟敷の御不満のこと、M.礼を知らぬこと、Her M.〔Her Majesty、皇后〕まだ解けぬこと、教育に Her M 不満のこと、東宮御苦労のこと、外交団その他不評のこと、漸次強まること、Mrs. S の生意気のこと、etc。小泉に風当り強し。適当の時、話しをしたしとのこと。

一月二二日(**木**) 宮内庁宇佐美電話あり、訪問す。四月挙式順序、東宮職人事のこと、先日の妃殿下の話等なす。

二月一四日(**土**) 秩父宮妃殿下、東宮女官長の話。長官に直話されたしといふ。

四月一〇日(**金**) 八・二〇発、快晴。九・一〇まで乾門。結婚式に行く。安倍、小泉、Vining、松平、加納、勝沼、etc にあふ。長官に万事無滞、祝詞慰労いふ。三谷に御前によろしくといふ。馬車行列も一人変な奴ありしのみ。〝万歳〟。

一九六二(昭和三七)年

一〇月三一日(**水**) 秩父宮邸に参上、昨夜の事。メモ。一―三、高松妃殿下御召し、光輪閣。Empress のこと、Princess M〔美智子妃〕のこと、Emperor のこと、Chief of Maid〔女官長〕のこと、etc。

一一月七日(**水**) 九・三〇―一一、東宮大夫と話す。お手料理、席次、ノイローゼ気味、山田侍従長、牧野〔純子、東宮〕女官長、正田のこと。

一一月一八日(**日**) 九―一〇・三〇秩父妃殿下、週刊新潮のこと、美智子妃殿下御周旋のこと、高松宮事務官病気のこと。

一一月一九日(**月**) Dr. Koizumi、九・三〇玄関電話。後、高松宮事務官のこと長官に電話。週刊新潮のこと、諸戸のこと、

Her. M 昨日お召しのこと etc。—三[redacted]を Dr. K に電話す。

一二月一日(**土**) 小泉に Trouble Maker いやといふ。

一二月二日(**日**) 三笠宮御誕辰一〇—一〇・二〇。秩父宮妃殿下に御陪乗御願し、午餐頂戴、一〇・三〇—三・〇〇、Trouble Maker だめ。

一二月三日(**月**) 一・三〇高松宮妃殿下—四・三〇。〔略〕秩父妃殿下電話、ハキダシテ御満足。

一二月六日(**木**) 小泉氏訪問。両妃殿下との話話す。将来宮内庁のこと話す。吉田訪問、単独の方よしとのこと。

一九六三(昭和三八)年

三月二九日(**金**) 一〇—一一・三〇、松平信子さん、新旧の件(東宮妃病状きく)。

六月一六日(**日**) 秩父宮妃殿下一〇—一一・三〇、大宮様のこと、拝聴。東宮妃殿下御病状のこと〔略〕etc。

八月二七日(**火**) 一・三〇プリンスホテル着。〔略〕大夫、黒木侍従と話す。二時過ぎ御帰還。二十分程東宮拝謁。徳仁親王水泳?

八月二九日(**木**) (東宮両殿下言上のこと、鈴木大夫書状。)

一九六四(昭和三九)年

一月三〇日(**木**) 宇佐美長官来社、三・三〇—五、Prince marriage Council 問題。

二月二一日(**金**) 宮内庁長官訪問。依頼の朝日スクープ撮、所得税調べの話、高松妃の話、御本人の話、東久邇取下げの話、東宮様メキシコ行の話。昭憲皇太后〔「太」に〇して引線〕とる話。秩父宮妃殿下に電話。今度のことで東宮両殿下に shock なきやう。

三月三日(**火**) 九・三〇宇佐美長官、義宮様苦心談、両陛下両殿下直言。皇后様宇佐美御理解。高松宮、と義宮問題、参与問題、アヤのこと、etc。

三月七日(**土**) 朝長官電話。木戸に電話の結果断られた。

Group〔天皇の参与〕に入ることは絶対に出来ぬと。小泉に報告し、兎に角大磯に木戸氏訪問と決し、午後三時―五時半、木戸氏と話す。

六月九日（火）　一〇、冲中〔重雄〕博士打合。東宮妃殿下健康及自分の診察打合。

一一月四日（水）　病院に行く〔略〕小林教授に挨拶に行く。〔略〕東宮妃殿下の話などす。宮内庁書類見る。

一九六五（昭和四〇）年

二月一二日（金）　九時半発、道あしく、十一時半頃参邸。葉山御陪食一二―三、参与四人。

二月二〇日（土）　虎ノ門に冲中博士訪問。皇太子妃のことききく。

三月二日（火）　一・三〇秩父宮妃邸、高松宮妃両殿下の話。名和〔栄子〕女官のことetc。青山御所〔東宮御所のこと〕の方、病気と考える外なし。その病的焦燥を高めないやう注意すれば、真剣のことは手が出ず。Mrs F〔正田富美カ〕にDrが説くこと。

陛下御洋行、玩具美物etc. 話題いろいろ。

五月二四日（月）　吉田氏大磯訪問。〔略〕東宮御所のこと、Her H〔Her Highness、皇太子妃〕、一二〇点、勝気、病気、稍異端神経医森田のこと。〔略〕Dr. K御信頼（■発ふ）。Highnessと Majestiesとの余波か。Her Mのこと、牧野伯の指示のこと、拝命の時以来の心境のこと、護衛辞退のこと、国家皇室の前途のこと、教育のこと、同僚動かすことと教育の重大さetc。午食日本食頂き帰る。

五月二五日（火）　長官来社一〇―一一・三〇、池田会社送迎のこと、それより両陛下のこと、両妃殿下のこと、三笠宮のこと〔紀元節と洋行〕。〔略〕池田氏電話つかめず、長官電話今日は■いたとのこと。

七月四日（日）　七―一〇、田辺君、神谷〔美恵子〕夫人〔東京駅に迎ふ〕と会談夕食。

七月一八日（日）　鈴木大夫に電話。山田前東宮侍従長重体。神谷博士の妃殿下感想。

七月二七日（火）　女性自身、東宮、常陸宮のこと〔橋本明〕。

小泉と話す。このこと両宮のこと。神谷博士のこと。大夫官僚云々。

八月一四日(土)　九—一〇・三〇、高輪《光》閣。Her H. 女性自身の記事の出所、東宮職は員人《ママ》無しとのこと。

八月二四日(火)　女性自身一寸驚く〔略〕長官訪問、女性自身問題(鈴木軽井沢着)。

八月二七日(金)　三—四・一〇、鈴木大夫訪問。軽井沢にて御忠言の話。

八月三一日(火)　一・三〇—四・三〇、高松宮。八田のこと。参与のこと。Her M. 両宮を夜分御よびのこと。Dr K. 当方としては、拝命の経緯等、K関連申上ぐ。

九月六日(月)　一・三〇—四・三〇、小泉氏と対談。鈴木大夫相当申上げしこと、Kが御所にて不評のこと、K承知、Her Mの手紙のことetc。但し、Kは大磯に話すこと不賛成らしく、又二度程、僕は正田との関係上は云々のことばあり。

九月一二日(日)　一〇—一〇・四〇、〔前田〕陽一氏来訪。東宮御所のこときく。

九月一三日(月)　一〇長官訪問—一一・四五。此際短気困る旨強調。東宮大夫対殿下は、長官対陛下の如く関門的希望。小泉東宮関係希望の話、英文手紙の話、離宮の話。兎角最近青山はよし。陛下とのこゝ、数年の長官の苦心、いろいろ聞く。

一〇月四日(月)　木戸幸一訪問(二十七日約束)(一・一〇—四・三〇)。吉田へ話止め、若いゝ、友達唯一の道、宮様(高松)の力[redacted]、の意見(小泉のこと、左程不信なし)。

一〇月六日(水)　前田邸会合、田辺、前田兄弟〔前田陽一と神谷美恵子〕。

一〇月七日(木)　神谷美恵子晩食、田辺氏と、六—一〇・三〇。昨日の青山御所の話、女性自身読み居るに付、適当に心得迄に話す。田辺氏無視。

一〇月一八日(月)　高松宮妃殿下より電話。三—五、高輪《光》閣にて御話。帝親宴会(お四方のみなりしこと、前回とな[redacted])の帰途のこと、増築のこと、御下賜衣類御取戻しのこと、〔略〕牧野女官長辞職のこと。

一〇月一九日（**火**） 秩父宮邸、九・二〇―一一・四〇。昨日の光輪閣の話（出たのは女官長後任のことで、秩父宮に申上げのため）。

一〇月二一日（**木**） 長官訪問、一一・三〇―一二・一〇。牧野女官長風説なし。天皇の小泉観。〔略〕正田夫妻、長官に駆込みの話。

一〇月二三日（**土**） 妃殿下九・一五―。女官長そんな話なし。高輪の情報？

一一月一日（**月**） 一〇・三〇―一二、東宮御所に鈴木大夫訪問、一時間半余り懇談。三谷全集、吉川論語差出す。

一一月一一日（**木**） 此朝、美恵子サン（産褥見舞）。

一一月三〇日（**火**） 三―四、皇居今朝御誕生、皇孫殿下祝詞言上。シヤンパン。皇族、元皇族、親類、首相、議長、最高裁長官、皇室顧問三人。神谷博士電話、明日東京駅十二時十分。

一二月一日（**水**） 一二・一〇分〔ママ〕東京駅に神谷美恵子迎える。宮内庁病院、侍従（八木）及侍医に、美恵子さんの祝を渡さる。拝謁勿論願はず。小林教授、戸田侍従長と打合済。但し妃殿下先に仰せありし故、侍医の許可と思召あらば電話をと、宿所を渡す。

一九六六（昭和四一）年

一月二九日（**土**） 朝刊びつくり、鷹司〔平通〕事故死。出勤後鷹司弔問。宮内庁天機御機嫌奉伺。侍従長、次長面会。長官は鷹司邸にて行違ひ。

二月一〇日（**木**） 十一時頃葉山御用邸着。侍従長、長官と打合せの上にて、気が済まねば、孝宮様御降嫁決定当時の責任者として恐懼の旨言上す。

二月二二日（**火**） 松谷誠訪問。神谷博士の話をして、その方向の必要は私も同感。但し方法及具体人物ありや。一人あり。老人なるも小泉氏か、云々。何れ更めて。

三月四日（**金**） 三時半退社、秩父邸にてお相伴。人名、妃殿下の御意向も拝す。〔略〕此日東宮両殿下食事にお招きの御様子。妃殿下お電話。高松妃殿下とお打合せの御様子。神谷博士、此日午後東宮御所へ参上の話電話あり。五日三・三〇、私学会館訪問、秩父宮邸へ伺候のことといふ（小泉は駄目）。

三月五日（土） 三・三〇、神谷博士を誘ひ、秩父宮邸訪問。私学会館に送り帰宅。

三月二五日（金） 宮内庁音楽会。東宮妃殿下に神谷博士のこと、三谷隆正全集のことお話す。東宮殿下にも一寸。

四月七日（木） 美恵子さん、東宮職侍医と話したしとのことにて、冲中氏と打合せ。八日一〇―一一、虎ノ門病院とす。

四月一五日（金） 一〇―一〇・三〇、虎ノ門病院、冲中博士訪問。美恵子さんの問題、思想人生感主の方希望らし。薬品などは侍医も皆承知。今後医薬に関しては、若し何か妃殿下希望されしときは冲中氏に連絡のこと希望。内廷皆様のお話。

四月一六日（土） 冲中博士会見大要、神谷美恵子さんへ通知手紙投函。

五月二日（月） 午後二時―四時、長官訪問。〔略〕東宮女官長を東宮侍従、松平恒子、高松妃より申出。牧野女官長私あること一、二の例きく。皇后様最近のこと。老生鈴木大夫の次官、松井現国連大使侍従長、東宮大夫には多少に毛並、教養ある人望ましと平素の説いふ。木戸を東宮のよばれること、鈴木より伝わり、賛意あり。

五月一七日（火） 貞明皇后様例年祭。九・三〇賢所に行く。皇后様御代拝。皇太子同妃は御同列にて御拝。珍らしき新例のやうに思ふ。如何にや。

六月一三日（月） 一一・三〇、吉田邸到着〔皇太子夫妻訪問〕。既に石坂、麻生夫妻、加藤、山梨全員在り。正十二時御着、門前に出迎え。大夫、女官長、黒木三人御供。アパタイザーのあと食堂、席順も予め相談あり。小泉不能の為め〔大磯吉田邸一一・五〇まで〕。や、[redacted]式に意識して話す。食卓にては妃殿下の隣故、神谷夫人の本の話。絶対相対論等相当お話す。二に御所帰還後木戸訪問、日程のこと、吉田のこと、[redacted]、今日相伴避ける理由（陛下行幸は反対らし）。東宮御所も殿下御[redacted]。

〔ノート部分に別記、木戸との対話〕殿下御発意ならば喜んで参上、田島進言の結果なれば拝辞。今上陛下御養育に東郷、酒巻など当時おかしいとも思つたが、矢張り何かあつたように思ふ。象徴と雖も政治上の見識は必要。その御修養大切、今はなき様なり。陛下は十八才より日本の大政治家輩と接触して経験豊かなり。戸田〔海市〕教授〔京都〕セミナール（岡実と連絡ありしやうす）は自分は有益だつた。市瀬五郎、平沢〔和重〕などの時事解説のやうなもの当然必要。小生、松方三郎、松本重治、人事院佐藤〔達夫〕など、一つ下のGeneration の人名を申し、稲田の代りに松井国連大使の名前をあげしも、全部賛成大賛成ようにて、そういふ所を近ける方策を考ることは大賛成。小生最近の構想と一致。松平恒雄氏の評、追憶集に一文も寄せなかつたとの話。此点小生偶同一■と話す。吉田の元老的存在となることに反対の意思あり。東宮御所に御召あれば上つて下さるかといつたとき、殿下御自身の御希望なら喜んでだが、東宮御所は旧華族はおきらひだろうとの返事もあり、妃殿下に対して不賛成らし。尤も当時話した際は、恋愛でもなく見合でもなく、知合ひ結婚とでもいふか、結構といつたもの。矢張り内府秘書官長、内府を多年経験せしだけに中々なり。木戸日記に明らかな誤謬、穂積陳重とあるべきを重遠、徳川慶久とあるべきを慶光とあること話せし処、宗像久敬の話「やつら」を「人々」にかえること、編集者遂に承知せず、近代の若い人の気持驚くべきものとの話、小生もこれには驚きたり。宮内大臣の選任に前大臣の経歴あるもの全員の同意必要の慣例ありや質問せしに、意外の顔して、「僕が内大臣で石渡を宮内大臣にした時は僕一人でやつた。そんなことはない」と確言。参与問題は矢張り不賛成にて堂々と宮内庁顧問とすべきだとの底意らし。戦前者の遠慮とのみ小生の考へてたのは僕の浅慮。木戸といふ人間知的その猿利口が主と思つたのは少々的外れらしく、大事を語るに足る相当人物と見直す。三―五、タップリ話し六時帰宅。〔略〕木戸日記中宗秩寮として田中光顕問題、一木宮相辞職問題、西園寺八郎辞職問題、学習院荒木院長問題、久邇宮朝融王行儀問題、朝香宮の妃殿下薨去後の問題老女の話、秩父宮御元気な時のお話。高松宮現状評判（素人の噂）（お金のこと）。

六月一七日（金） 早帰り、東宮大夫訪問。吉田邸のこと、木戸氏の意見のこと（御招きに付）、日記御覧後更めてとのこと。神谷博士従来通りにてよしとのこと。佐藤〔久、東宮侍医〕博士退任に■して、女官長更迭のこと。候補者に困るのこと etc。

七月八日（金） 二、宮沢喜一訪問、岸本ビル四一〇室。二―三、長官就任の経路、長官の仕事、皇太子妃冊立の大体話す。国民の税で皇室は食つてること、音楽会など遊んでる印象―何か演出必要とのこと。

一〇月一三日（木）（東宮御所、神谷博士三・三〇―。）

一一月一二日（土） 鈴木大夫来室、両殿下最近の動静話さる。

こちら[redacted]、高松邸月例会、松、[redacted]の話、禅の話、宮沢の話、[redacted]の歴史の話等々話す。妃殿下人のことを永く考へられることときく。神谷博士のことも。

一一月一五日(火)　田辺氏、美恵子さん来室。〔略〕美恵子さんとは美智子妃殿下のこと、いろいろ話す。

一一月二九日(火)　一一、高瀬青山来室―一二・三〇。小泉氏の後任必要ありや。ありとせば田中耕太郎以外なし。同意ならば佐藤に進言せよ。穂積小泉更迭の経緯、小泉東宮御結婚に関すること、少々田島と違うこと、常勤参与穂積のときの小泉宇佐美への願の話、禅の話等話す、松谷誠のことも。可成早く首相にいへとのこと。

一九六七(昭和四二)年

一月一三日(金)　神谷博士電話。二月末予定なりしが、一寸用が出来て上京したとのこと。昨日の御歌会に東宮妃殿下御出なかりしこと伝へ、或は女官まで電話御機嫌御伺可然？ と進言す。

一月二一日(土)　宇佐美長官来訪〔略〕東宮妃殿下小袿取戻のこと。

三月四日(土)　美恵子さん来訪、葉山にて両陛下、入江他の皇族を各そういう新聞雑誌の連絡があるようだが、私にはない故煩しいとのお話あつたと〔の〕事。私はそれは反対、持たぬ方よし、他の宮様がそんなものもつての事は無視する御用定必要。多少あるかも知れぬが、それやめて頂く事に我々も蔭ながら努力すべきと思つて為ます、とて皇后様親謁、小泉免職のことなど話す。〔略〕美恵子さん、妃殿下スキー後にてお目に懸る。御元気のやう。

三月二〇日(月)　鈴木大夫来室。神谷氏の受けし妃殿下の希望話し、それはあまり配慮なき望む旨、同女史に答へし話。fightに変化の旨いひし処、それはノイローゼに混入して考ある処、放置より仕方なしとの意見。此人、小泉所謂努力の人はい、意味ならん。

六月一八日(日)　三時五十分―六時、高松宮妃殿下御召し〔願電話〕、光輪閣。宮様五・三一日にカナダノイローゼ発病のお話。その後先づ御快癒の由。それにつき、宮内庁随員なき〔松下女事ム官だけとなる〕こと、式部〔官〕長のエーエーのスロモーのこと、長官更迭の噂を一寸きいたとのこと、東宮職鈴木のこと(これは先日長官に対し、始めて如何かといひ、長官も疑義をもつこと、内談)、芦田場合によりては御退位云々のこと、始めて口外す、御代代り、国家の為心配といふ。だから宮内庁に腹のあるしつかりした人入用とのこと。町村〔金五〕百点の話あり、北海長官〔北海道知事〕となりし人、一寸六けしといふ。松方三郎、宮内庁どこかといふ(一寸困る点あり、妻君死んだが)とのこと。松井は百点らし。小泉も少し点落ちる。東宮妃に感心せぬ話。常陸宮妃が立てられること等。

六月二二日(木) 六・三〇Maxim、林、長官と三人。宮内庁人事の話、高松宮妃殿下三・五〇呼出しの話―随員の件もあの話、原田官長ダメの話、侍従長、同次長の話、鈴木東宮大夫のこと、槇防衛大学長のこと、鈴木俊一のこと、松井国連大使のこと、仏大使のこと、島大使のこと、大野元英大使のこと、入江最高裁のこと、佐藤人事院総裁のこと。東宮大夫の地位低きこと(浜尾、大夫の頭は古きこと、更めて自覚す)。侍従長、次長同時は出来ず、どちらを先きにするかとのこと、吉川別格英語力のこと、東宮職一寸だらしなく報告少きこと(部内さへも連絡不十分)、北白川祥子、医師は就職可能とのこと。高松宮同妃殿下のこと、石川京都弁ご士とのこと、穂積元侍従を自治省再押付けのこと、重田左程でなきこと、一方東宮御成人のこと、東宮御所経費のこと、小泉事務駄目なること、田〔島〕話す、池田成彬氏の言、長官回り加藤武男亦回へり、小泉学長として不出来。若し学長とならば大変であつた。小泉常任参与の時、東宮職にてブーブー化しこと。野村大夫も不平ありしこと、長官、林、交話す。知らぬが仏か。しかし小泉の人物学識は皆尊敬す。

七月五日(水) 三時東宮御所に伺ふ。〔略〕鈴木大夫同席、両殿下と二時間お話す。皇孫殿下も御同席、御挨拶ぢき退去遊ばさる。行儀およろし。御話は小泉、安倍死に、吉田、山梨稍健康衰へ、田島も八十二、いつ死ぬか知れず。皇孫殿下御教育の時の御参考かと考える旨にて、穂積大夫交代の経緯詳細言上す。小泉評(池田成彬)及池田成彬勧説受けし話、又そのため、何かにつけいはゞpurge多きときの代用物的長官を助けくれし話。拝命の時の覚悟、思召のこと、在職御信任のこと、妃殿下冊立のときに参与せし心状のこと、徳仁親王論語素読結構のこと、人物組織のこと、政府人でなく民間人広く御接触希望する旨(神谷博士も一見本)、殿下と同年輩の人と思へど、人無く捜す心算のこと、徳富蘇峰近世史のこと、秀吉家康のこと、維新と西南戦争のこと等々。御質問は中山伊知郎は如何とのこと。百点なれど七十近きことなど申上ぐ。五時退下。

八月二日(水) 高松宮妃殿下遠方御車一〇―一一・三〇。明

治天皇祭袿の問題、皇后様と妃殿下との対話のこと、〔略〕名和夫人―徳川誠夫人よりの話、保科女官長ウソの話、東宮妃袿拝借、身分の差にあらず、大宮様より拝領大事の品。大事? とあつけにとられた話。帽子靴三十贅沢、欲しいものは買ふとのこと、デパート半蔵位延びるとのこと。調書持参、大夫と話す。東宮様御夫妻の頌事のみ。大体にてよきも、妃殿下については多少不賛成の点あるらし。宮中不合理のことにつき対策。エリート意識のみでは不可適といふ。

八月一八日(金) 朝お迎えの車にて十時光輪閣に参る。妃殿下挨拶による。昨日徳川元男爵厚〔誠〕(妃殿下叔父、慶久弟)病室に見舞に、その夫人の異母妹名和東宮女官がその母に語りしことを側聞したりとて、由本〔正秋、東宮〕侍医の美智子殿下評、こんなよめさん民間にもなし。妃殿下衆人満座で人をしかり、皇后様のこともあまりよくいはず。大膳が夜食的のものを買ひにやらされる。Taxi代に困るとか。煩しいと思ふものは必ず買ふ、重田が予算のからくりをやる。看護婦長もわるくいふ。大夫は碁と将棋をやりに来るのだとの評。佐藤及夫人を妃殿下よくいわる。そしてよく来ることは妃殿下明かさず、長官更迭説をいふ。誰がともいはず(田島入るに、ノイローゼ時代の殿下に無礼とひそかに思ふ)。いつか佐藤夫人にいひし如く、大夫、式部等人事をよくするは長官の責任。長官だけの長官中に得られず、長官更迭など思ひもよらずといふ。遡りて美智子妃殿下につき、両妃殿下にいはざりしことを、忘れず御殿場にて(田)を吊し上げし話持ち出さる。然し同時に、東宮が皇后様に美智子貰つてくれとせがまれし話もなさる故、実情は多少御承知と思はるゝが、軽井沢でテニスで機会を作り、そして持出したと迄小泉などを思つて居られるらし。探しもしないで云々。古いといつたでないかと中々此話に熱心なり。過去のことだが、小泉が美智子さんの妹の仲人したのは unwise と直言した話をもする。結局長官に直接話されたしといふ。そうすると直ちに午後にでも呼ぶ勢。

九月二日(土) 高松宮妃殿下直通電話。宇佐美は信頼しなくなつたといふ話。八月十八日御召しの節、直接長官に話されるよろしと申せしより、早速御話になつた様子。その結果、本人達に事情もきかず、黒木が[redacted]をしたとのこと、噂のある人に直接あはぬのもおかしい、鈴木も黒木も妃殿下の機嫌とりばかりといふ話。長官も駄目とのこと。新女官の話もきいたが、余程予備知識を与えておかぬとの〔ママ〕駄目云々お話。〔略〕妃殿下既に御殿場より御帰京にて、今朝既に二度電話ありしとのこと。女官名和直接話さんとされしに、高松妃殿下には御断りしたとか。女官長も同様? 田島は御所の方では両殿下御信任ない以上、やめるが当然故、探盗人位の考かも知れぬと申上ぐ。推薦した

（一部）関係もあり、どうしても駄目ならば、何とかせねばならぬかとの御話もあり。七日の会合にて融和図らんとせしこと、水泡のやうなり。石坂に話にいつて貰うこと、吉田病気の今日、必要の旨又も申上ぐ。御賛成の様子。

九月一三日（水） 八―八・一五、高松妃殿下電話。更めて黒木より名和女官にかん口令下るとか、鈴木、牧野仲よしとか、高松宮ルートが■明となり名和は大変らしく、宇佐美の命令か、鈴木、黒木懸命、皆免職は恐れる。名和も食へぬとのこと。恩給近いとのこと。神谷美恵子来訪―二・三〇。小泉就任のこと以来の東宮職の来歴、最近の高松宮名代のこと、首相夫人と高松妃殿下のことetc.。かん口令出たについて部内のこと、部外の人にいはぬよう宮崎〔恒子、東宮女官〕氏によくいつて頂くことたのむ。外相夫人意見、数千円の本を差上げるに御接待はあるも何の御礼もなしとのこと、本代三〇〇の話。美智子妃につき又その母につき私の考のぶ。

九月二二日（金） 例になく、安眠出来ず寝付きわるし。皇室殊に東宮のこと〔略〕日本国のダレ気味のことで眠れず。

一〇月三〇日（月） 食後宮内庁行き、明日の松影会のことき、、長官の自動車に同乗のこと話しありたのむ。〔略〕高松宮妃に長官に仰せあれといひし経緯より緘口令のこと、今村〔淑子、東宮女官〕は駄目とのこと、牧野もおかしいこと、長官も大夫も根本両殿下には忠言し居ること、両殿下自説固持の性質のこと、妃殿下が殿下よりうわ手とのこと、新聞記者紹介を神谷にたのみしこと恐れ入る旨話をし、大夫でなく自分とあふ（弁解のため）。週刊誌にでもあひたい旨いつもあり。

一一月一日（水） 虎ノ門病院、冲中博士訪問。〔略〕東宮妃ずつとよし、美恵子さん余り出ぬこと。

一一月一五日（水） 一〇―一一、鈴木大夫訪問。昨年来妃殿下、女官長に直言、大夫等陪席、此時女官長は弁解的、一生懸命やつてるといふ。其後行為改まる。最近まで代るものを四方に頼まれしが、段々一生懸命のようにて代へる必要なしとの話。高松妃殿下、長官直話の結果、緘口令黒木、名和にいふ。食べたから困るといふ。名和女官無能、今村の方はよし（女官長もやめるはいやが本音）。妃殿下は名和が高松宮のルートたること、未だに知らず。知らさぬ方よしとのこと。妃殿下、新聞記者を神谷に紹介せよといふは、田島反対なること。神谷多忙余り上らぬこと。前田陽一は東宮御所のことは知らぬこと。彼が妹を叱つたのは、高松妃からならんと大夫いふ。田島は■野■夫人、池田各夫人のことなど一寸知らず。両妃殿下の違ふことも話す。

一二月二二日(金)　東宮御所、黒背広、三・三〇―四・三〇―五・〇〇頃解散。妃殿下に神谷博士のこと、宮崎女官のこと、論語のこと、吉川の[redacted]のこと、それ以上のこと([redacted]談)。

一九六八(昭和四三)年

三月五日(火)　ソニーの車、十一時に来て貰ひ宮内庁に長官訪問。何だか長く生きないか、生きても頭が駄目になる予感あり。前後の世の中での勤務のせいか、又国民として陛下の御代はよいとして、東宮様には陛下のような御徳望ましいと思う。

七月一日(月)　五―九・三〇、神谷氏来訪。冲中と精神科、京大教授〔空白〕と相談。大夫は妃殿下ファン、他は女官長、女官、侍従長皆駄目。グラフに出るもの研究。厚化粧の割に皮膚若いところなし。新女官の[redacted]と副木、気に入らぬと少時後返戻、病人困る、女官代払のことあり。神経病の一種。全然恰当。

七月三日(水)　一―三、秩父宮邸。一昨夜きゝしこと、極秘に。高松妃直言のことは、中々大したこととのお話。然しあの方ならねば出来ぬこと。

八月二九日(木)　黒木氏訪問、宮崎氏不評は何の理由かときく。そんな事実なしと。女性自身の皇太孫記事、浜尾の名を出さぬことにて、出入差止中とのこときく。記者の来た話す。平民妃殿下の[redacted]からの話、長官からの話。長官への相談相手承知のこと。[redacted]も妃殿下にあき足らず、民間の娘と思ふやうでは駄目。エリートでは駄目。題目だけならべる。

一一月二三日(土)　午後東宮御所午餐帰途、美恵子さんトスカオードコロン、妃殿下の驚の話。

一一月二六日(火)　冲中先生一二―三〇、密談美恵子の手紙渡す。鈴木大夫見舞一・四〇―二・〇〇。殆んど個人的両殿下御伝言。

〔これが事実上日記としての最後の記述となった。六日後の一二月二日(月)に田島道治死去。〕

日本語書簡

芦田均書簡

1-0-0　一九五〇(昭和二五)年八月三一日

〔封筒表〕千代田区麹町平河町　宮内府長官々舎　田島道治様

〔消印〕25. 8. 31

〔封筒裏〕東京都大森局区内山王一丁目二八五〇　芦田均

昨夜は御静養中を電話にて御妨げをして、心無き業と後悔致候。御風気の由、折角御大事に祈上候。昨夜御話申上候宮内府主計課長に新任の遠藤胖《ユタカ》は小生次女の婿にて、曽て郡是製糸会社々長を勤めし小生の叔父遠藤の養子に有之候。誠に不思議な縁にて御厄介になる事と相成候。本人は宮内府へ閉ぢこめられるといふ感じの様子なるも、宮内府長官や次長の人柄を説明して勇躍するやう説示致し置候。多分数日中に発表の上就任致すこと丶可相成、何卒よろしく御指図願上候。本人は無口ものにて且御世辞などの絶対に云へない云はゞ純役人型の青年に有之。最初は何とも唐変木と見える人間に御座候。但し誠実な真面目な性格であることは間違なしと存じ候。充分御叱咤下され候よう御願申上候。

当方相不変大森に蟠居して読書や執筆に案外サバ〳〵と日を送り居候間御安神被下度、其中に拝眉の機を得て万々可申述御依頼の如此に候。

追て林次長と三谷氏へも呉々宜しく御取なしを煩し度候。

御清適を祈り上げつ丶。　拝具

八月末日　　芦田生

田島学兄(昨日受取りたる未知青年のハガキ封入致置候)

〔1-0-1　同封の葉書〕

〔表〕東京都大田区山王一ノ二八五〇　元内閣総理議長《(ママ)》　芦田均殿　八月二十七日　熊本市下通町　(新日本建設同盟員)西島義一〔消印〕25. 8. 27

謹呈　一昨年極東国際軍事裁判に於て、ウエッブ裁判長は宣告文を読上げたる其の中に『天皇を起訴せざるは政治的理由に基づくも道徳上の責任を免がるる能はず。誠に意志薄弱の人物なり』と声明せるは吾人の今尚記憶に新たなり。普通良心有る者ならば、終戦と同時に退位して世間より隠遁なし、宗教的生活に入る可きを道徳の何たるを解せず、飽く迄厚顔無恥のヒロヒトは勝手な名を付け各所を遊廻、国民の苦難は他国の空と寒暑を別荘に日夜酒池肉林の享楽に耽溺して之れ日も足らず、現今国民の道徳心が未曽有の頽廃はヒロヒトが無責任の結果にして、彼の罪や万死に値います。吾人は祖国再建には背徳卑劣の彼を国家より葬る他《ホカ》無きを信ず。何卒協力の栄を賜はる可く願上候。

敬白。

安倍能成書簡

2　一九五二(昭和二七)年八月二〇日

〔封筒表〕東京都千代田区紀尾井町　宮内庁官舎　田島道治様
親展〔消印〕27. 8. 20
〔封筒裏〕群馬県草軽線　北軽井沢大学村　八月二十日　安倍能成

田島兄　八月二十日朝　安倍能成

昨日　東宮殿下　小屋に御出でになり、山妻の料理した簡単な昼飯をお上り下され、自慢の天下一の大景を眺めてお帰りになつた。

野村君之辞意は野村君自身からきゝ、全く忠悃の心から出たこと、感動した。

その後任に山梨、天野の話が出たと野村君からきいたが、山梨さんは旧軍人だといふこと、年を取り過ぎてゐること、存外愛憎が甚しいこと、風采にもよるが少しうすよごれた感じもあるので(これはいく分か事実もきいた)、父陛下の御信任は厚いやうだが小生は感心せず。

天野君は健康上、又カントに返りたいといふ希望から骨惜しみをする結果になるだらうし、引き受けるかどうかも分らない。

この間日高君が文部次官をやめたことをきゝ、日高君が一番よいと思ひ、急に思ひついて昨日軽井沢へ来たはずの小泉君にも其旨を伝へておいた。

日高君の長所は、人品卑しからず、健康もよく、労を惜しまず、見識あり、礼儀も心得て居る、文科出としては事務的である。

それに因縁をいへば、学習院中学出身(一高、京大)であり、父日高秩父氏は長く徳大寺侍従長之秘書官を務めて居たこともある。

実は僕も、学習院長の後にも内々考へて居るのだ。人事は急を要することもあるので、至急に愚考を申し上げる次第。

ここに居ると動くのがいやになる。

しかし二十八日には帰京する。

君は一寸肺炎にかゝつたさうだが其後の経過はよいか。君は今の日本にとつて非常に重要な人間だといふことを自覚し、出所進退を慎重にし、よく〳〵自愛自重してもらひたい。

内室へもよろしく。

小泉君を大夫にといふ話を小泉君は固辞したこともきいた。小泉君は健康上は別としても、その節操と意地とから今更官吏にはなるまい。又ならぬ方がよからう。

新木栄吉書簡

3　一九五三（昭和二八）年一〇月二三日

〔封筒表〕東京都麹町紀尾井町三　田島道治様　御直　The Hon. Michiharu Tajima, 3 Kioicho, Kojimachi, Tokyo, Japan.〔消印〕OCT23, 1953

〔封筒裏〕E. Araki. Embassy of Japan, Washington, D.C, U.S.A.

拝啓　其後は御申訳無之御無沙汰申上げ失礼千万之段、衷心御詫申上候。愈々御清祥に被為渉候段、欣慶之至に奉存候。

皇太子殿下には長期之御旅行に不拘、何等之御支障も無く御無事御大任を了へさせられ候事、全国民の等しく欣慶奉祝之至に御座候。皇室の大事に任ぜられ候尊台に於かせられても、嘸々御安堵被遊候御事と衷心御喜申上候。

小生も不計も米国在任之一事に依り、親しく御奉迎申上る光栄に浴し候事、洵に生涯の栄誉と被存、欣喜至極に存候条、何分の野人なれば失礼に亘り候事数々に有之、恐縮千万に存居候。

殿下の米国に於ける御評判は申上る迄も無く、実に満点に被為入、私共も真に肩身広く日米国交上御寄与被遊候事、誠に多大なるもの有之候様被存候。尚又御随行の各位も頗る好評を得られ誠に結構であつたと存候。

殿下御一行御出立後、議会人多数之来米を迎へ、目下池田勇人氏各方面との折衝に急しく、近々は吉田総理の渡米も伝へられ、こんな事に不慣なる小生、いさゝか参り居る次第に御座候。

当地目下満都紅葉に色どられ秋天高く候。近くニクソン副大統領訪日にて宮中にても御歓迎の御行事有之候様相承罷在候。先は御無沙汰御詫方々御欣び迄申上候。敬具

十月二十三日

田島道治様　栄吉　御侍史

池田成彬書簡

4-0　一九四八（昭和二三）年五月一日

〔封筒表〕東京都豊島区目白町四ノ四一　田島道治様　親展〔消印〕23. 5. 2

〔封筒裏〕神奈川県大磯町西小磯　池田成彬

四月二十七日付芳墨拝読仕候。去土曜日には不図拝顔、自働車陪乗の栄を得、困難なく無事帰路に就き得たるは望外の仕合に有之、厚く御礼申上候。

偖、其節御話の件、遂に御断り被成候由、如何とも遺憾千万に奉存候。去就如何に依り貴台を軽重する意なきは勿論の儀に候

得者、其人次第にて吾々は安心も出来、又常に不安を感ぜざるを得ざる者に相成可申候処、前者は容易に難得者と奉存候。書不尽意、他日拝覧節詳細可申上候。先は拝答旁々申上度、草々頓首

昭和二十三年五月一日　　池田成彬

田島道治様　侍史

4-1　一九四八(昭和二三)年六月七日

〔封筒表〕東京都豊島区目白町四丁目四十一番地徳川邸内　田島道治様　親展〔消印不鮮明〕

〔封筒裏〕神奈川県大磯町西小磯　池田成彬

一昨五日の認証任命式に依り御就官被成候由承知、誠に御苦労千万の至に奉存候。国の内外を通じて頗る昏迷を極め居候時に際し、此重責を御担当被成候事、永年辱知の至情としては御喜申上候と同時に御同情難禁処有之候。是迄の宮内府官吏の籠城井蛙者流を脱して、広く中外の情勢に御注意被下、新憲法下の天皇制護持の為め、一層御自重御尽瘁被下度奉祈候。草々不尽

昭和二十三年六月七日　　池田成彬

田島道治様　侍史

再伸　老人に四日午後御面会被下候由、同村の者より伝承喜び居候

4-2　一九四八(昭和二三)年一二月二三日

〔封筒表〕東京都豊島区目白町四丁目四十一番地　田島道治様　親展〔消印〕23. 12. 23

〔封筒裏〕神奈川県大磯町西小磯　池田成彬

歳晩切迫御多端の御事と拝察仕候処、益御勇健大慶の至に奉存候。陳者去二十一日予定通り御紹介の方に面会仕候。前途の目標とする所、自己の好む所、現段階に於て何を為さんと考えつゝある所、自己の性格などに就て詳細承りたる上、結論として左の通り御話致置候。

一、中学時代の旧友又は旧同僚などの勧告を容れて、中途半端の会社重役に就任することは絶対不可なり。多少の小遣稼ぎにはなるべきも、責任の恐るべきものあればなり。

二、経済的に社会的に極めて不安定なる時季に於て終生の職業を確定するは不必要でもあり、頗る困難にして又危険なり。時潮に乗りて終生の職業を定むることの不適当なるは、大正の初期第一次世界大戦の時、当時の学生は海運界と海外貿易に進出して後悔したる者多きに徴しても明なり。

三、故に日本銀行に就職して経済界に対する視野を広くし又執務の方法を体得し、五年十年勉強の後、経済界の安定を見て其時金融に興味を有するならば其儘中央銀行を以て終生の業務とすべく否らずして、興味を有するに至らず依然として金融以外の業務を希望するならば、自己の判断に於て転職可然、其場合

日本銀行の勤務決して無駄に終わらざるべし。
四、終戦後社会的に経済的に革命的劇変ありたれども、人間としての Pride と Dignity は如何なる場合にでも飽く迄保持することに努力すべきこと。
渋沢敬三氏に面会の時、日銀よりも東京銀行可然旨の意見有之候由承り候得共、小生は賛成不致候。最初より狭く専門的に入るの必要無之存候。将来海外貿易従事の前提としての意見なるべしと存候得共、前記の通り現時の客観的状勢を基礎として「海外貿易」を予定するは寧ろ不得策なりと愚考仕候。

普通お役所は年末休暇に入ること丶存候得共、貴役所はアベコベに御多忙の御事と拝察仕候。折角御自重の上芽出度御越年被成候様奉祈候。草々頓首

昭和二十三年十二月辰壬　　　　池田成彬

田島老台侍史

4-3　一九四九（昭和二四）年六月一三日

〔封筒表〕東京都豊島区目白町四丁目四一　田島道治様　親展

〔消印〕24. 6. 13

〔封筒裏〕神奈川県大磯町西小磯　池田成彬

梅雨鬱陶敷候処、益御清適奉恭賀候。

天皇陛下には、稀有の長期御巡幸を無滞御済し被成御還幸被成候こと、御同慶至極に奉存候。仄聞する処に依れば、九州に於ける人民の御歓迎は尋常のものに非ず、又某炭鉱にて陛下が地下道に御下降せられたるを拝観したる鉱夫は集団的に赤旗を捲き共産党を脱党したるなど、今回御巡幸の世道人心に与へたる影響の甚大なるを承知感激罷在候。此間に処し、側近に侍して長時間に亘り御配慮被成候老兄の御苦心容易ならざるものありしことを思ひ、深く御同情申上候と同時に大成功に対して多大の敬意を表し申候。

責任の重大なるは体力を消耗すること不少候。御健康に御別条無之候哉と御案じ申上居候。折角御自重被成度候。草々不悉

昭和二十四年六月十三日　　　　池田成彬

田島道治様　侍史

4-4　一九五〇（昭和二五）年四月二日

〔封筒表〕東京都千代田区紀尾井町三　田島道治様　親展〔消印不鮮明〕

〔封筒裏〕神奈川県大磯町西小磯　池田成彬

天皇陛下には、無御滞御還幸被遊、御同慶至極に奉存候。長時日に亘る長途の御旅行、御疲労被成候ことに拝察致候得共、御健康御格別の御支障も不被為候。途中何等の事故もなく、年来の御計画を遂行せられたること、欣快の至に不堪候。それにしても世間に於ける老兄の御配慮、御苦心想像に難からず、唯に拝察御同情申上居候。御帰還後却而一時に御疲労を感ずること

なきやを憂慮罷在候。折角御休養、御自重被成候様奉祈候。草々頓首

昭和二十五年四月二日　池田成彬

田島老兄侍史

入江相政書簡

5　一九五八(昭和三三)年一二月六日

〔封筒表〕豊島区目白町四丁目四一　徳川邸内　田島道治様〔消印〕33. 12. 6

〔封筒裏〕十二月六日　千代田区皇居内　入江相政

拝啓　よき日が続き候。おさはりもなく何よりに存上候。

過日は大変御鄭重なおもてなしにあづかり恐縮に存候。文字通りの山海の珍味と芳醇にことごとく満悦仕候。

久々にていろ〳〵お話も承ることが出来うれしく存候。

その後こちら平穏に推移致居候。

八日月曜日の夜は小泉氏の主催にて、築地の錦水にて、保科、高木、河合三氏と正田夫人、松平信子さん等の会食有之、黒木君と共に小生にもとの事に御座候。

昨夜は常盤松にて秩父、高松、三笠、三宮様方に美智子さんをお引会はせになりたる由に候。このやうにして回を重ね行くにつれ何とか相成るべきも、又同時に逆に何とか相成にくとも発生すべく、八方に気を配らねばならず、当分側近に奉仕するものはもとより全般的に骨の折れることに御座候。先は右乍延引先夜の御礼まで。乍末筆御令閨様によろしく御鳳声願度、くれ〴〵も御自愛の程祈上候。敬具

相政

田島道治様

速達便あの翌日の午后入手仕候、千代田区一番地とお書き遊ばされたるが却つて邪魔になりたるらしく、皇居内といふ肩に赤インクのカギがつけられて届き候。

小野八千雄書簡

6-0-0　一九四九(昭和二四)年六月八日

〔封筒表〕宮内庁　田島長官閣下　御親展

〔封筒裏〕六月八日　小野八千雄

謹啓　約三旬に亘る長途御視察行幸御滞りなく済ませられ、天機御麗敷還御被為在、大慶至極と奉存候。閣下御扈従御大任御心労拝察仕候と共に、親しく民意御洞察被遊、此上なき御収穫と奉賀上候。偖、老生一度緩々拝芝之栄を得度念願候処、大宮様長野県下行啓に付、郷里に於て奉迎仕度帰国を急ぎ候処、乍残念拝顔は次回に譲り。牧野伯に関し或は御参考となるべき点二、三申上置度。然るに文筆に恵まれず且病気思志散まん、意

思表示亦及ばざるを恐れ候へども、何卒御仁恕之上、御暇のせつ御一覧賜はらば誠に仕合に奉存候。不取敢右御願と乍末毫折角御自愛御健康を御禱申上候。敬具

六月八日　　小野八千雄　七十二

田島閣下

追伸　清書可仕筈に候処、病後之為失礼之段、御仁恕偏に奉願候。

〔6-0-1　別紙〕

昭和二十三年十一月牧野伯病床にて

閣下長官御親任につき非常に喜ばれ、実に御立派な方《かた》で難局に処し最も適任と信ずと繰返し申され、御上の御為め誠に御安心申上ると衷心満悦の状見へ、非常に信頼相成居たり。

前日閣下に御面会致したる時、御疲労との御話しありたる旨申入たる所、それは「御気づかれ」ならんと思はる旨申されたり。

（百武侍従長親任の時、宮中は批難なき人が宜敷、此の方《カタ》は「謹厳其もの」立派な御方のよし、誠に御喜び申上ると申されたり）

昭和二十二年地方行幸の当時、伯爵より小野に御通信の内に、陛下と人民との御接触尤も大切なり云々、同封色紙に

国民の隔なき御代の姿こそさかゆる国のしるべなるらん

（嘗て西園寺公が国務大臣に可成拝謁の機会を多くすること、又大臣拝謁の時〝侍立〟なき方よろしからんと考へ居らる、旨承る）

宮内大臣、内大臣たりし時洩されたる御感想。

1、側近奉仕者意思疎通を欠き居るは不可なり（侍従職、皇后宮職、皇太后宮職、東宮職員）。

2、虚心坦懐、至誠君恩を思い、己を捨て御奉公の決心なくては駄目なり。心に城壁を設け、各其地位を保たんとすれば円満ならず。

〔欄外〕長官閣下には可成度々三陛下に拝謁を願ひ、御心易く仰せ事ある様願上度と存候。

○小野の見たる牧野伯

1、誠心御奉公（私心を去り）

2、御上方尊敬

現在の人よりすれば隔世の感あるも、臣下は御体度を拝するより外なしと考へ居られたり。一例、大正天皇御践祚直後、皇后宮（現大宮様）に拝謁の時、御沈着にして誠に御立派な御体度を拝し感泣せりと述懐せらる。昭和二十三年一月八日、九日、両陛下、三陛下（大宮御所にて）に拝謁の感激は実に非常なるものにし、三朝歴仕之れ程難有事なしと、其模様を親展書を以て直ちに小野に申送られたり。

最近陛下人民に御接触を願ふは時世の変遷明瞭の結果なる

も、自ら恃することは不変なりしと信ず。

3、礼儀の正しかりし事

ジエントルマンシップと云ふこと(自重、礼儀作法、威儀を整ふこと、衒はざること)を常に教訓せられたり。

4、公私の区別を厳にせらる(公務を話さる、時には必らず夫人を遠ざけらる)。

5、三月十五日追悼会席上談話に関し、

「スローモーシヨン」「むっつりや」「とつか、りわるし」「人を信頼しすぎる」等全く其通りなり。即ち沈着熟慮断行の方にて、座談等相等(当)打とけられ御上手なれども、見る人によりては〝とつか、りわるい〟〝むっつりや〟と感ぜらるも、御面会の度を重ぬるに従て、奥行深き人格に「うた」れ敬愛する様になる。

容易に人を信ぜられざるも、一度信用せらるれば徹底的なりしが如し。即ち美点と同時或は欠点と評する人あらん。

関屋次官を極めて信認せらる。其為細事は次官に任せ干渉せざりしを以て、次官横暴を云々し、引て大臣を批難する者往々之れありたり。

○牧野伯宮相親任当時、次官には関屋貞三郎、侍従長徳川達孝、式部長官井上勝之助、掌典長九条道実、宗秩寮総裁徳川頼倫、内蔵頭山崎四男六、図書頭杉栄三郎、侍医頭池辺棟三郎、上野季三郎大膳頭、内匠頭小原駩吉、主馬頭伊藤博邦、皇后宮大夫大森鍾一、東宮大夫珍田捨巳、会計審査局長官倉富勇三郎等にして、御年配も余り差なく、思想的に於て格別の相違なかりしと存ぜらる、も、逐次部局長官交迭するに至り、年齢の差極めて(中広く)多くなり、事務官級に於ては殆んど令息と同年配位の人々多く、大臣は別に意に介せられざるも、若き人々は遠慮又は精神的に「おくれ」をとり近よらざるため(所謂とつかかりわるい)、相当誤解を生ぜしめたる如し。

大臣は若き事務官連には同情を以て見られ、昭和御大典の際式部官たりし西園寺、武井、坊城其他大礼使事務官の功績等推賞措かず、又有為事務官等を重用せられたり。

御退官後、職務上(皇室経済顧問に付内蔵寮)出入せし人々(岩波、土岐等)は敬服、嘗て同僚の誤解を弁ずるを聞たり。

○年齢の差の点御留意願上ぐ。幸に次長御適任を得られ慶祝に不堪。

牧野伯より伺ひたる記録中より

1、我国の如く歴史を尊重するを以て国家貴し。

2、大宮様につき

臣下より御上りの御事を御自覚御慎しみ被遊は、誠に畏き極みなり。而して皇室の典例等御身を以て御体験、後世に伝ふる御考を拝察して恐懼に堪へず。

3、ゾルフ独大使、牧野伯に、礼儀作法が段々衰へて来て、殊に若い人は以前と比べて粗末な感じがして、言葉づかいもぞんざいになりつゝある様だが、社会秩序を保つ上につきこれでよいだろうかと洩し居つた云々。

（四月十七日朝日新聞英人トーマス・ライエル氏「日本の誇（る）礼儀正しさが堕落した見本である」女性解放云々。）

4、伊藤公に面会する毎に何か獲物を持ち帰りたり云々（小野も秘書官当時大臣に毎回面会する毎に獲物を持ち帰り居れり）。

5、西園寺公聡明叡智、一を知て十を知ると云ふ方なりと極言推賞（老て益々御健全）。

6、西郷、大久保、木戸、伊藤公等、国家皇室の事に心血をそゝぎたり云々。

附言

1、一々例を挙げ申上度きも書面にては意を尽せず、或は他に支障あるを恐れ御面会の機とす。

2、勤労奉仕は頗る効果（帰郷後精神的良好）あると存じます。従つて当局者は其取扱に充分注意、好印章〔ママ〕を持て帰る様願上度。

3、縁の下の力持に甘んずる立派な人格者ある事は御洞察あらせらるゝ通り御信認願上ぐ。

4、側近奉仕者御撰任、尤も大切と存じ奉る（現在）。

5、東宮御補導につき特に側近御撰抜の要有之らんか。

6、矢内原教授の「愛国心」、小泉信三氏「日本の値打を見直せ」等意見は全く同感に存じます。

7、将来皇居御造営の時、牧野伯の御話しを御参考に願上ぐ。

（昭和十年十一年頃、官衙建築壮麗を極むるを批判せられ、北条〔ママ〕時代は時の総理？が、従五位でもよく治まる云々）

8、在宮中尤も心を打たれ感銘したることは、皇太子殿下御誕生直後（産殿伺候より帰られ、始めて小野対面）牧野内大臣の笑顔と、一木宮相辞表奉呈直後秘書官室立寄られたる時の笑顔は、何とも形容し難き御安心と御喜びの表はれ、今尚眼前に髣髴致します。一生一度の笑顔かと思はれます。

加納久朗書簡

7-0　一九四八（昭和二三）年六月六日

〔封筒表〕千代田区皇居内宮内府長官　田島道治様〔消印〕23.6.7

〔封筒裏〕東京都世田谷区代田一ノ七三三　加納久朗　電世・五五〇一

23．6．6

田島大兄　　　　　　　　　　　　加納久朗

今度は大役御引受け誠に御苦労様の事と拝察すると同時に、邦家の為め感謝に不堪、新渡戸先生と井上準之助さんの流を汲む大兄が新日本文化国の元首に仕へられることは、多大の期待を持ちます。

僕は反動ではないが、憲法上国民のSymbolとなられたからには、儀式も厳に、且威厳あり、品位高い天皇様であられることを望む。近頃民主主義のなりそくないで、何かゞ御粗末すぎる。他方、経営を上手にし、冗員と冗費をはぶき、立派にする処は中外に恥しからぬ様に立派にしたい。昔の宮中を少くすると云ふだけではいけない。無駄をなくして、金をかける処はかけて戴き度い。

御成功を祈る。

7-1　一九四八(昭和二三)年八月三〇日

〔封筒表〕千代田区皇居　宮内府　田島長官殿　親展　〔消印〕23. 9. 3
〔封筒裏〕東京都中央区京橋一丁目二番地国際ビル六階　国際文化振興会　電話京橋(56)三一二六－九番　加納久朗

昭、二三、八、三〇　加納久朗　加納〔印〕
宮内府長官　田島道治様

国家の重大期に際し、重大なる御任務に御就任以来御骨折りの程、感謝に堪えませぬ。
（一）甚だ恐多いことではありますが、皇室は国民の表象であり、従て内には国民の模範であり、外には国民の代表であられますので、御服装のことは特に御注意を願ひ度いのです。
（二）殊に大礼服が無くなり、軍服が無くなり、勲章とか儀仗兵と云ふものが無くなりましたので、皇室の方々の御服装は洋装のプレーンなものになりましただけ、それだけスタイルに御注意が入用になりました。つまり、金モールや勲章でごまかしがきかなくなりました。
（三）洋服と云ふものは、西洋人には立派に着られるが、東洋人にはちやんと着られぬかと云ふに、然らず、目下東京に居る一流の中国人でも印度人、比島人何れもスタイルのよい立派な背広を着、ネクタイと洋服との調和、帽子や靴、靴下との調和は普通の米国人よりは更に優つて居ります。きちんと立派な服装をして居ると、世界人は尊敬します。
もし外国大使が日本の紋付羽織袴を着た場合、袴がよれ〳〵であつたり羽織が曲つたり又は黄色いえりをつけたと云ふことがあつたとせば、日本人の眼には奇異に感じ且軽んじ度くなります。
（四）でありますから、日本人は西洋人以上に洋装に就て注意して着なくてはいけませぬ。注意さへすれば反つて西洋人に尊敬されます。
（五）天皇陛下の御洋装を二回じかに拝し、また御写真を度々拝しますが、御肩のパヂングが足りませぬ。又お袖のつけ方が悪く、お袖が短過ぎます。それ故御肩が落ちて貧弱に見えます。おズボンが細く且短かすぎます、プレスが足りませぬ。御外套は特に御肩のパヂングを多くせぬと貧弱に見えます。

（六）皇后様の宮中服なるものは全く不調和なものでおやめを願ひ度い。御洋服を拝するのに、フアウンデーシヨンをなすコルセット又はガードルがお合ひにならないのではないかと存じます。ある御写真には、スカートから御下着が出て居るものがあります。

御帽子には特に御注意願ひ、御顔にマッチした皇后型の基準を考へ、それを流行に応じて少しづつモジフアイすればよいので、極端に流行の新型に御変へになる必要はないが、基準を常にモジフアイする必要があります。例之英のメアリー皇太后、現クヰーンは、常にきまつた御顔に合つた標準型をきめて居られるから、常に上品でヂグニフアイして居られるのです。此点御苦心を願ひます。

（七）皇太后様のオズボンと旧式のハイヒールの御靴は御改正を願ひます。

皇太后様らしい立派な上品な御洋装を我れ〴〵は拝し度い。

（八）右は私の気付いた一例を申上げたに過ぎませぬ。要は皇室は国民の表象であり、八千万が仰ぎ見て、出来るだけ御真似をしたい様な御洋服を願ひ度いのです。

（九）今皇室は少数になられただけ、それだけ御洋装を上品に立派に模範的に願ひ度い。外人も見て「流石に立派だ」と思はせる様に願ひ度い。

（十）御経費は金モールや勲章や剣に比して安いものです。

（十一）問題は側近者がよいアイヂアを常にサゼスツトして差上げることです。此手紙を皇后様、皇太后様の侍従の方々にも御見せ下さつて、忠誠なる一国民である私の願を諾いて戴けば幸甚です。

7-2　一九四八（昭和二三）年九月二〇日

〔封筒表〕千代田区皇居　宮内府　田島長官殿　親展〔消印〕23. 9. 20

〔封筒裏〕東京都中央区京橋一丁目二番地国際ビル六階　国際文化振興会　加納久朗

昭和二十三年九月二十日

田島大兄

久朗

先週は服装の件に関し御返事戴き感謝します。十七日夜高松宮妃殿下より、同殿下と秩父宮妃殿下とが御苦心の末宮中服なるものが出来たが、未だに不満足なる故何とか致度し、秩父宮両殿下英国戴冠式に御列席の際、日本だけがNation Costumeが無かつたことが動機となつたと云ふ御話あり。至極御尤なり。大兄の御意見の通りStatelyには出来るだけ立派であり度しと云ふ点からすれば、将来の公式外臣拝謁の際の如きは、ウンと立派な西陣織「ブロツケード」か何かでハデに見える様に御工夫大切なるべく、打かけ式のものがよいかと思ふ。
○但し小生の意見は、公式、私式を問はず、一体に両陛下、皇太后様のスタイルが悪いと云ふ点にあり。充分テーラーを御選択を願度い。国民の表しようであるから、日本一の立派な「スタイル」に願度いと云ふにあり。

○次に国際乗馬倶楽部の財政難乗切りの点では、大に焦慮して居ります。私は一年半か二年の後には競馬の収入から乗馬奨励費を出す様に願度いと存じ、競馬会社及Sweep Stakesの会社の設立の時には、ある％を乗馬奨励費に入れる様にし、国際乗馬クラブも年に三百万／五百万の収入がある様にする考です。然しこゝ一年／一年半の難関きりぬけには個人の寄附もよいと存じます。幸ひ遠山氏は元三菱銀行に居り、立派な人格の人であります。自分が映画会社で儲けた金を、何か公益になり、よいことに使ひ度いと云ふ人であり、国際乗馬クラブは快よく同氏の援助を受け度いと存じます。遠山氏が寄附することが宮内府の御迷惑になると云ふ様なこと、まして皇室の御迷惑になると云ふことは絶対に無いと信じます。既に同氏は四百万円を投じて立派なテニスコートを作り、利益を度外視して日本のWimbledonにしたいと云ふ考へで出発しました。
今、此国際乗馬クラブなるものは、日本が文化国家になる一条件として、無くしてはならぬ一存在であると云ふことから快く援助を申出ましたので、一寸他人の真似の出来ぬことでありま す。どうか其点充分御諒解下され。大兄に於ても御賛成を願度し。一度遠山氏と御会見下されば、一層氷解さるゝと存じます。どうか大兄御考慮下され、木内理事長にO.K.の意思表示を願度い。そうすれば木内氏も意気込んでやると存じます。

内外多事なるが、世界中のmost peaceful spotは日本なり。こゝで我れ〳〵が再建に邁進出来ねばウソ也。敬具

7-3-0　一九四八（昭和二三）年一一月一九日

〔外封筒表〕千代田区皇居　宮内府　田島長官殿　親展〔消印〕23.11.19

〔外封筒裏〕東京都中央区京橋一丁目二番地国際ビル六階　国際文化振興会

〔内封筒表〕千代田区皇居　宮内府　田島長官殿　親展

〔内封筒裏〕財団法人　国際文化振興会　加納久朗　昭和二十三年十一月十九日

田島大兄　久朗

僕が別紙を書いて宮様に差出したわけは、最近地方のいゝ加減な人間が宮様を誘い出し、宮様もいゝ気になつて御旅行になり、旅費は先方持ちと云ふことになつて居るが、これを度々やると

結局あとから悪口となる。だから、「只より高いものはない」。宮様は相当の費用を支払つて旅行さる〔ママ〕べきだと云ふことを申上たのである。

〔7—3—1　別紙〕

昭、二三、一一、一七　東京都中央区京橋一ノ二国際ビル六階
財団法人国際文化振興会内　加納久朗

田島長官殿　御参考迄に

宮殿下地方御旅行の件

総裁宮殿下の御催しの、国際文化振興会御茶会の為、地方御旅行に御伴して得たる経験及地方人士より聞知せる情報に基き、加納の今日迄実行せる処私見を申上ぐ。

一〔ママ〕　実情

甲。地方では宮様の御出を心より喜び、自宅へ御泊り願ふことを無上の光栄とするもの。且費用の上で力のあるもの。（新興階級にあるが、旧階級には少ない）

乙。光栄と思ひ御泊りを願ひ度いのだが、費用の上で資力が無くなつたもの（旧階級）

処で甲種の場合

（イ）新興中には是非光栄に浴し度いと云ふだけのもの。

（ロ）光栄を肩にきて、政治的及商業的自己宣伝に利用せんとするもの。此種の中には、宮様が御泊りになつた後で、闇で訴へられたと云ふ例もある。

乙種の場合には

往々地方へ宮様が御出になつた折り、有志の人々から「何某」の家は立派だから御宿をなすべしと云ふ様な要請を受け、御宿を引受けると云ふ場合があり、当人には実に気の毒な場合がある。

それで加納は左記の原則で宮様の御伴をして居る。

一、私人宅御泊りは原則として避ける。

二、一番清潔な一流旅館に御泊り願ふこと。

予め旅館に交渉し、御室及御食事をきめて、御一泊いくらかときめる事。今日迄大体二千円乃至三千円である。其外に、茶代五千円を支払ふことにして居る。

三、やもえず、私人の宅に御泊りの場合には

（イ）主人へ御土産（五千円位の品）

（ロ）使用人へ金一封（五千円）

を送ることにして居る。

四、旅館の場合でも、自己広告と商売の為に、宮様に直接旅館より運動することがあり、某市では、此種旅館で御二泊に二万円、茶代一万五千円の請求をなした不当なる例あり。理由として曰く、全客止めをしたとか、家の修理したとか、勿体をつける。だから以来旅館はこちらから事務的に交渉してきめることにした。

五、自動車を御供給申上げた時には、運転手一日最低一千円。
六、知事、市長、駅長には予め、打合せをして、万不都合のない様に頼むが、道路御警戒は出来る限りやめて貰つて居る。御宿泊所には、平服警官二名位来て貰ふだけにとゞめる。かくして、地方民を徒らに騒がせぬ様にして居る。
（註、此位に打合せて置いても、地方新聞に御行動御予定が出るから、殿下を拝し度い人々は時刻には、往来に立つて居る。そして敬意を表している。）

六《ママ》、献上品は、御帰りの列車に乗せぬことにしている。献上品があつた場合には、あとから宮邸に直接送つて貰つている。列車の発着は、民衆の目にふれることであり、物資不足の折柄注意を要す。
七、また、御見送りの人間も出来るだけ最小限度に、目立たぬ様に前以つて、特に地方有志に頼んで置く（それでも、多くてこまる）。
八、地方に於ける御茶会は、禁制品を使用せぬ様、特に深甚の注意を要す。共産党など特に監視している。
九、御招宴の場所も御旅館ですることとしている（料理店営業禁止の際なるを以て）。
十、御昼飯に殿下を御招待申上ぐる場合には、出来るだけ御弁当程度の用意に止めて貰つて居る。
要之、宮様の御旅行には
（1）尊厳を保持する事
（2）好印象を与へる事
（3）地方民に迷惑を与へぬ事
（4）如何なる場合でも実費は支払ふ事（只より高いものはない）
以上の如くすれば、宮様が地方に御出になつて後から、地方の人に迷惑だつた、散財をしたと云ふ感じを与へない。以上

7-4　一九四八（昭和二三）年一二月四日

〔封筒表〕千代田区、皇居、宮内府、田島長官様　私信親展〔消印〕23. 12. 4
〔封筒裏〕東京都中央区京橋一丁目二番地国際ビル六階　国際文化振興会　加納久朗
昭和二十三年〔一二〕月四日
久朗
田島大兄
東条以下の処刑に際し、一言御上より
(1)　大東亜戦の責任が自分にあること、自分が東条以下の人々に代りて処刑さるゝことを決意して居る。
又は
(2)　自分一人責をとるから彼等全部及国民を許して貰ひ度いと云ふことを世界に表明されたならば、我国の再建、精神革命にどの位よき教訓と感激を与へるでせう。

大兄の御考慮と Best Council を切に〳〵望む。

神谷美恵子書簡

8-0　一九六五(昭和四〇)年七月一五日

〔封筒表〕東京都麻布港区麻布笄町四　田島道治様　御前〔消印〕40. 7. 15

〔封筒裏〕七月十五日　芦屋市三条町八一　神谷美恵子

いよ〳〵梅雨も明けそうになり、お暑い日々が訪れそうになりました。その後お変りございませんか。

先夜はわざ〳〵駅までお迎え頂き、また〳〵大へんにごちそう様になり、何とも御礼の申上げようもございません。厚く御礼申上げます。

その後、八日には東宮御所に参上、初めてのことゝてまつたく虚心にたゞ雑談をさせて頂きましたが、お話は大そうはずんで、らいの話、文学の話、教育の話などさま〴〵な話題に及び、帰宅後いくつか本をお送り申上げるお約束をしてまいりました。

(その一部はすでに鈴木大夫様宛に発送ずみ)

その日のうちに前田の兄の方へお電話がございまして、又会いましようとのおことばでございました由、まず〳〵無事に済んだかと存じて居ります。一応心がかよわなければ何事も始まりませんので、これをもとに今後何かお役に立ちうることがございますれば、させて頂き度いと存じおる次第でございます。

〔二三文字伏字〕末筆ながら奥様には暑い季節をさぞおしのぎにくい御事と存じ上げますが、何卒くれ〴〵も御大切に遊ば〔し〕て下さいませ。

別便にてつまらぬもの少々、心ばかりのおしるしに送らせました。何卒ご笑納下さいませ。

お体御大切にお過しのよう祈り上げます。

七月十五日　美恵子

田島道治様　御前

8-1　一九六五(昭和四〇)年七月二一日

〔封筒表〕東京都麻布笄町四　田島道治様〔消印〕40. 7. 21

〔封筒裏〕七月二十一日　芦屋市三条町八一　神谷美恵子

まだ梅雨が晴れぬ模様で、うつとおしい日が続きますが、その後お変りございませんか。奥様はひきつゞきご順調でいらつしやいますか。只今お手紙有難く拝見致しました。

先日は駅にわざ〳〵おいで頂き、また〳〵ごちそう様になり、まことに有難く、つい父に迎えられたような錯覚をおこしがちで、いゝ気になつておりますが、考えてみると何とも申訳ない、勿体ないことでございます。

東宮御所へは参上の折、(丁度再版されたばかりでございましたので)「医学的心理学史」を名刺代りに持参致しました。「自省録」のことは、殿下のほうから話を出され、皇太子殿下からよむようにすゝめられたとのお話で、中の文句まで暗称〔唱〕してお られるのには恐縮致しました。らいの話、お好きなフランスの文学者サンテグジュペリの話などよもやまの話がはずみ、らいとサンテグジュペリに関する本をお送り申上げるお約束をしてまいりました。サンテグジュペリの遺稿で大部の主著が、恰度王者が一人称で理想の国づくりを記した形になつて居り、文体も大へん美しい散文詩のようなもので、内容も精神的に極めて善いものでございますので、一寸そのお話を申上げましたところ、ぜひよみたいとの仰せでございました。そこで後程《のちほど》前田の兄に話しましたところ、それはフランス語の教材として読んだらよいと思うから、フランスに二部注文しておいてくれと申しましたので、新宿の紀の国や〔紀伊國屋書店〕でその手続きをとつてまいりました。ごく自然に皇室でのお立場のむつかしさ、その他についてもお話がございましたが、初めての事ではございますし、私はたゞ伺うのみ〔に〕て一切教訓がましい態度をとらないことに致してまいりました。それが果してよろしかつたかどうかよくわかりませんが、会談は終始たのしい感じで、いろ〳〵おもしろいことで笑いも入りまじり、昔の観念で申しましたらずいぶん不謹慎のことでございました。でもその日の中に御所から兄にお電話があり、また会いましょうとのご伝言でございました故、今後も〳〵こうしたことが度重ねられるならば、次第にお心をひらいて下さるかとも存じます。もとより庶民のものに何もできよう筈もございませんけれど、せめて少しでもお心を軽くするお役にでも立ちうればと念願致す次第でございます。只今仕上げに専念して居ります拙著も今年には出版されますので、又ごらんに入れようと存じて居ります。

〔二一四文字伏字〕盛夏に向かいます折柄、何卒くれ〴〵も御身御大切に。

七月二十一日　神谷美恵子

田島道治様

8-2　一九六五（昭和四〇）年一一月六日

〔封筒表〕東京都港区麻布笄町四　田島道治様〔消印〕40. 11. 6

〔封筒裏〕十一月六日　芦屋市三条町八一　神谷美恵子

もみじも色づいてまいりました。その後お変りもございませんか。奥様にはひきつづきご順調でいらつしやいますか。

〔四二一文字伏字〕さて、来る十二月一日午後、東京女子大で講演をたのまれておりますので、十一月三十日から私学会館に三泊する予定でおります。その頃は恰度、美智子妃殿下のご出産の頃ではないかと存じますが、先達お目にかかりましたとき、たとえご入院中でも私に会いたい、「もしかしたら赤ん坊をみて頂けるかも知れない」などと仰せられましたので、如何致したものかと考えて居ります。心ばかりのお祝いを用意して上京致すつもりでございますので、たゞそれを御所にお届けするだけにとゞめたほうがよろしうございますでしようか。恐れ入りますが、もしおわかりでございましたらご教示下さいませ。別便にてこの頃書きました拙文の別刷り二種をお送り申上げます。英文の方はあるいはもうごらんに入れたかとも存じますが、スイスの国際的精神医学雑誌に載つたので、これを通し多くの外国の学者に知己を得ました。〔長島〕愛生園には月二回二泊宛参り、馴れないヤブの当直医までつとめて居りますが――何しろ医師が定員の半分にみたないので――、その間の日々は在宅して、ほそぼそながら読書と執筆をすることができてよろこんで居ります。

何卒くれぐれも御身御大切になさつて下さいませ。もしこちらの方へお序でもございましたら何卒おたより下さいませ。

十一月六〔日〕　美恵子

田島道治様　御前

8-3　一九六五(昭和四〇)年一一月一三日

〔封筒表〕東京都麻布笄町四　田島道治様〔消印〕40. 11. 13

〔封筒裏〕十一月十三日　芦屋市三条町八一　神谷美恵子

度々お手をおわずらわせ申上げて申訳ございませんが、御所の件お知らせ頂きまことに有難うございました。仰せのように致しましょう。いろいろとお手数おそれ入りました。只今ウツダードという米人来訪、本をかくため天皇の「人間宣言」に関しいろいろたずねて行かれました。占領軍司令部に六年間いたひとでヴァイニング夫人などとも親しい由、兄を通して面会させて頂くようお願い申上げるかも知れない由、その節は何卒よろしくお願い申上げます。いゝ人でございます。

Kobe College は神戸女学院のことで、当時(一九六三年)所属して居りましたから記しましたが、あの文の載りました雑誌は Confinia Psychiatrica(左上に記してございます)という国際的に権威のある精神医学の専門雑誌でございます。又 anthropological というのは「人間学的」という意味で、最近のヨーロッパの精神医学の新しい動向乃至流派を指しております。実存哲学に影響された人間観を以つて精神医学上の現象を眺め、それを通して人間というものを究明しようというものでございます。この頃は私もこの流派を一応卒業(?)したつもりでおりますが、らいの人たちを理解する上には大へん役立つものがございました。この雑誌には今年中にもう一つ拙論文がのる予定。この雑誌は欧米―ソ連にもひろく流布しておりますが、出版所はニユーヨークとバーゼルに事務所を持つ KARGER でございます(左のとじてあるテープに印刷してございます)。主人の論文も殆どみな英語で発表しておりますが、日本人はあまり読んでくれない代り、世界の諸所から反響があり、その方がはりあいのあるようにも思われます。

来年初めには、日本語でここ六年間かかつてかいてまいりました一般向きの拙著がみすず書房から出る予定で、またご笑覧頂きます。御身御大切に御礼まで。

美恵子

十一月十三日

田島道治様　御前

8―4　一九六五(昭和四〇)年一二月四日

〔封筒表〕東京都港区麻布笄町四　田島道治様〔消印〕40. 12. 4

〔封筒裏〕十二月四日　芦屋市三条町八一　神谷美恵子

先日は東京駅のプラットホームまでわざ〳〵ご足労頂きまして何とも恐縮の至りでございました。おかげ様でする〳〵と宮内庁病院へ行かせて頂き、まことに有難く存じました。また翌日はソニーの原さんを通じてご伝言を賜り恐れ入りました。妃殿下も今度のご出産ですつかり自信とおちつきをとり戻され、もう私などご心配申上げる必要もなくなるのではないかと存じます。むしろ私などにご用のなくなることを望んでおります。東京女子大での話は大ぜいの学生が興味を持つてくれ、これからも定期的に来てくれないかとの申出を教授の方からうけました。又二日の日には、津田〔塾大学〕の近藤いね子教授が宿にみえて三時間余話して行かれ、津田に専任教授として戻つてくれないかとしきりに云われました。けれども家庭の事情その他の変わらないかぎり、私は当分現状維持が一ばんよいと存じますのでお断りしておきました。東京女子大へは、上京の序のあるときに又ご相談に応じることに致しました。

三日には、父が出版を要望しつゝ、逝いた本の原稿を出版社に渡し、つまらぬ本ではございますがやつと父によろこんでもらえるような気分になつて帰つてまいりました。

帰宅直前の日、三時よりは高木八尺先生、令息、令嬢とお会い致しましたが、先生のご心痛にはこちらの胸も痛くなりました。職業柄のためか、まことに人生は涙の谷であるとの感を深くするのみでございます。

当方はふしぎにもこの頃ずつと一家平穏無事を恵まれ、弱かつた子供たちも丈夫になり、長男は来春東大を受験することになりました。多分浪人することになると覚悟はしておりますが、目下鋭意準備中でございますので、私も愛生園行以外はなるべく外の仕事は断り、家にいて子供の精神安定をはかろうと存じております。三月初旬子供の受験の折には宿までついて参り、私は自分の他の用事を果すつもりでございます。その節もし妃殿下のご用がございますればさせて頂き度いと存じております。

以上つまらぬ事をご報告まで申上げました。

奥様のご苦痛の少ないようにと、それのみ祈り上げております。何卒御二方共くれ〴〵も御体ご大切に遊ばして下さいませ。

先は心からの御礼まで。

十二月四日　美恵子

田島道治様　御前

8-5　一九六六（昭和四一）年一月二〇日

〔封筒表〕東京都港区麻布笄町四　田島道治様〔消印〕41. 1. 21
〔封筒裏〕一月二十日　芦屋市三条町八一　神谷美恵子

その後ごぶさた申上げておりますが、お元気で新年をおむかえ遊ばしたでしようか。あるいは奥様のおかげんがおよろしくないのではないかと、かげ乍らご案じ申上げております。当方はおかげ様にて一同無事でございますが、本年一月八日夕に愛生園精神病棟が全焼致し、私は名のみ乍ら精神科医長としての責任上、島との間を往復してすごしました。あるいは新聞でごらんかと存じますが、原因は看護人が一寸留守をしている間に一精神病者がとつぜん昂奮致し、釘づけにしてあつた詰所の石油ストーヴを打ち倒すという事態でございました。幸い人命に損傷なく、あとは新精神病棟（只今建設中）の完成を待つばかりとなりました。父の記念のテレビとテープ・レコーダーを何とかして又そなえたいと考えております。昨年暮に、御所から御直筆のおたよりを頂きました。「また会うのをたのしみにして居る」旨記されておりましたが、お正月に鈴木大夫様にあてて、「おげんきに忙しくなられること丶存じます故、これ以上はご遠慮申上げた方がよろしいのではないかと存じます」という意味のことをかきおくりました。ところが本日鈴木様からのお手紙で、「三月上京の節にはぜひ会いたい」との趣ゆえ、日程を知らせるようにと申しよこされました。それで三月の四日、五日、（あるいは場合によつて七日）などが空いておりますと本日鈴木様に申上げておきました。二日から十日まで在京致しますので、またお電話でお話申上げますが、右一応ご報告まで申しのべました。御両所様のご健康を切に祈り上げております。

大寒の折柄くれぐ〵も御身御大切に。

一月二十日夜　　美恵子

田島道治様　御前

8-6　一九六六（昭和四一）年四月一二日

〔封筒表〕東京都港区麻布笄町四　田島道治様〔消印〕41. 4. 12
〔封筒裏〕四月十二日　芦屋市三条町八一　神谷美恵子

まだお寒い日がございますが、その後お変りもございませんか。先日は電話で度々失礼申上げました。奥様をもおわずらわせ申上げ、申訳ございませんでしたが、お久しぶりにお元気なお声を拝聴、うれしく存じました。

さて、先日の冲中先生との会見、充分意思疎通のつもりで帰つてはまいりましたが、その後思いかえしてみますと、あるいはあまりに唐突に私という藪医が出現したので、多分に戸惑われ、ご迷惑に感じられたのではないかと恐れます。もとより私は狭い意味での医師として行動するつもりでは毛頭ございませんし、それ故にこそ同先生との面会をお願い申上げたのでございました。つまり純粋に医学的なことは冲中先生や他の侍医の方がたにおまかせ致し度く存じたわけでございます。

その辺のところを一応申上げは致したのでございますが、あるいはまだ多少疑念をお残しではないかと少々心配でございます。妃殿下があまりに私をご信任下さいますことも少々荷が重く感ぜられておりましたところへ、もし又私が侍医の方々にご迷惑と感ぜらるゝ存在となりましたら大へんという気が致します。おそれ入りますが、何故に私ごとき者が妃殿下のおそばへ参上するようになつたのか、一度冲中先生にお話頂ければ幸でございます。またもし私がこれ以上おそばへ伺わない方がよいというようなご判断がおつきの場合には、何卒仰有つて下さいませ。私は決してこの重任に執着してはおりません。むしろ妃殿下のお心の重味《おもみ》――というより重《おも》さをどうしてさし上げたらよいのか、考えあぐねて居るばかりでございます。

只今のところ、妃殿下は宗教的なものよりむしろ文学によつてお心を慰めておられるようで、先日はいろ〳〵詩のお話が出ました。英詩集などお送り申上げることになつております。重いお心のはけ口となること、自然のご性向に添つてお話相手をつとめつゝ、次第にひろやかな心の世界へとおさそいすることを念願としておりますが、時間のかかることと存じます。

この頃、こちらの方の大学（以前つとめていたのとは別の）二つから、ぜひ主任教授として就任せよとかなり強引なすゝめをうけて断るのに苦労致しましたが、ともかく断りおおせました。周囲の事情の許すかぎり、当分現状のまゝで参りたいと存じております。月末は妙な拙著が出ます予定で、ご笑覧までにお送り申し上げます。

〔一二四文字伏字〕御二方様には何卒お体ご大切に遊ばしてくださいませ。先は要領を得ない乱文にて失礼申上げました。

四月十二日　　美恵子

田島道治様　御前

先日東大受験の長男は不合格となりましたが、来年をめざして更に努力する態勢に入りました。

18

8-7　一九六六（昭和四一）年四月一八日

〔封筒表〕東京都港区麻布笄町四　田島道治様　御前〔消印〕41. 4. 18

〔封筒裏〕四月十八日　芦屋市三条町八一　神谷美恵子

只今お手紙拝受致しました。早速冲中先生にお会い下さいました由、お手数をおかけ申上げ恐縮に存じます。やはり私の懸念は全く根拠のないことではなかつたようで、同先生にお話頂いてようございましたとありがたく存じ上げます。

先日妃殿下から私へ医学的な事柄についてご依頼がございましたのでございますが、冲中先生にお目にかかつた結果、私は一切医師（狭い意味での）として行動せぬ方がよいことがわかりましたので、帰宅後直に妃殿下にその意味のことを手紙でおかき申上げました。但しその際、冲中先生との会見には全然触れず、たゞ私のその後ひとりで考えましたこととして申上げました。妃殿下にお目にかかる度毎に、お悩みのお打明け話が多くなり、どうしてさし上げたらよろしいのか思いあぐねますが、私の立場と致しましてはたゞ「はけ口」となること、そしてできれば相対的な現実を超えた世界にやすらぎを発見されるようにおさそい申上げることのみかと存じております。今日これからも、先日お求めの詩集その他を物色に大阪へまいるところでございます。

この次の上京は七月の初めでございます。その節はあらかじめご連絡申上げ、御殿へ参上の前にお目にかゝらせて頂きます。何卒御身御大切に遊ばして下さいませ。先は御礼まで。

四月十八日　美恵子

田島道治様　御前

冲中先生に対しましては、今後仰せの通りに致します。

8−8　一九六六（昭和四一）年四月二一日

〔封筒表〕東京都港区麻布笄町四　田島道治様　親展〔消印〕41. 4.

■

〔封筒裏〕四月二十一日　芦屋市三条町八一　神谷美恵子

なか〳〵本当にお暖くなりませんがお変りございませんか。さて、先便にて「重荷」ということばを使いましたことについて、一言ご説明申上げておくほうがよろしいかとその後考えました。重荷と申しますのは、べつに私がこの任務をいとわしく存じておりますわけではなく、ただ大へんやりにくいと感じておることを申上げたかつたのでございます。

以前からみれば、妃殿下の精神状態は大へんよくおなりになつたとのことを冲中先生から伺い、またきつとそうでございましようと信じますが、只今の状態も決して理想的とは申されません。あるいは私ひとりにそうなさるのかとも思いますが、お目にかかります度毎に、せきを切つたようにるるとしてお悩みをお話になり、それが次第に多くの時間を占めるようになりました。朝おき出せないほどの憂うつにも屢々襲われになることを伺いまして、何とかしてさし上げたいと先日考えた次第でございます。おそらくこれはどなたにも仰有らないことかと存じますが――。

ふつうの方の場合でございますと、適当に少量の薬など用いながら、週に一回面接して精神療法をするということになるのでございますが、私の場合には医学的なことにはタッチしない建《たて》前《まえ》でございますし、またごくたまにしかお目にかからないので、いわゆる精神療法もむつかしうございます。私が東京在住ならもつと屢々お会いしたいのに、とか手紙をくれと仰せられます。

それでとりあえずお手紙は時々お出ししておりますが、これも全くの一方交通でおぼつかない気が致します。〔又妃殿下のお立場の特殊性に対する私の理解も、まだ不足しているように思われます。〕精神療法と申しましても、この場合たゞお悩みの「はけ口」となつてさし上げること、そして仰せのように人生観、宗教観の広い立場からお話相手になることでよいとは存じますが、何としてもせめて一ヶ月に一回位は定期的にお目にかかるのでなければ、大した効果もないように存じます。

以上のようなことから、在京の方で適当な方があれば代つて頂きたいという気が拭いきれませんが、たゞ人間と人間の心のふれ合いというものがそう簡単に形成されるものではなく、過去数ヶ月にわたつて妃殿下のご信任——身にすぎた——を頂くようになつて来た経路を考えますと、只今急に身を退くことも妃殿下に対して申訳ないことになるかも知れないとも考え、少々考えあぐねておりますところへ、先日沖中教授との会見から感じましたものが重なつて、「重荷」ということばになつたのかも知れません。身勝手な表現を何卒おゆるし下さいませ。

妃殿下の最大の悲劇は「孤独」でいらつしやることのように思われます。お悩みはもちろんのこと、たとえば詩とか文学とか、ご関心のふかい題目についても気楽に話合える相手がいない、と先日仰せでございました。私に代る人、または私のほかにもどなたかそういう方を発見できれば、と思われてなりません。

以上、七月までお目にかかる折もないかと存じますので、ありのまゝを申しのべさせて頂きました。又おめもじの上よくお話させて頂きます。

妃殿下のお悩みの深さを思いますと、私の只今の境遇でできますことは何なりとさせて頂き度いという気持に変りはないことを、もう一度申上げて筆をおきます。

何卒御身御大切に。

四月二十一日　朝　　美恵子

田島道治様

8-9　一九六六(昭和四一)年八月一六日

〔封筒表〕東京都港区麻布笄町四　田島道治様〔消印〕41. 8. 16

〔封筒裏〕八月十六日　芦屋市三条町八一　神谷美恵子

その後ご病気いかゞでいらつしやいますか。まだご入院中でございましようか。どうか大したことでないように切に念じ上げます。

昨日は「心」をご恵贈頂き、まことにありがとうございました。早速「安倍君と私」を熟読、歯に衣をきせぬ、しかもあたゝかいご友情のこもつたご文章に大きな感興をおぼえました。いたずらに故人をほめそやすのみの文章よりも、このような真の理解と愛情のこもつた文章のほうが読む人を益するところが大きく、人間性について教えるところがゆたかであると存じます。

皇室についての安倍先生のお考についてもふれておられるので教えられましたが、尚くわしく折をみていろ〳〵お教え願いたく存じます。

東宮御所の方へ早速ご連絡頂きおそれ入りました。直接致せばよろしいことをおわずら〔わ〕せして申訳ございません。今村女官からお手紙頂きましたので、只今お返事しております。今度の上京の日程のくわしいことが園の方でこの程やつと判明致し、御所へ伺う暇をつくれないことはないことが今頃わかりましたが、一旦あゝ申上げました以上、あのまゝにしてこの度は失礼申上げ、又秋に参殿させて頂くことに致します。

それに、この前妃殿下から三時間近くにわたつてうかゞいましたお悩み――それは神経症の名のつくほどのものでございますが――は皇室制度というものについてのご不安感が大きな原因になつて居りますことがわかり、どうしても私自身の頭の中をその点について整理しておかねばという必要を感じました。そのあとでお目にかかつたほうがいゝように存じます。

〔五二五文字伏字〕今月末上京致しました折、お電話申上げ、なおご入院中ならばおみまいだけに参上させて頂きたく存じます。

何卒くれ〴〵もお大事に遊ばして下さいませ。

奥様のお工合もなるべくおよろしい様祈り上げます。

先は御礼と御報告まで。

八月十六日　　神谷美恵子

田島道治様　御前

8-10　一九六六（昭和四一）年一〇月一日

〔封筒表〕東京都港区麻布笄町四　田島道治様　〔消印〕41. 10. 1
〔封筒裏〕十月一日　芦屋市三条町八一　神谷美恵子

お手紙只今拝見。その後次第にご恢復あそばされております由、時折田辺様から承り、およろこび申上げておりました。どうぞ今後もその御調子でご健康をとり戻されます様、心から祈り上げます。

〔八九文字伏字〕この次の上京は十月十日午頃東京着、十一、十二、十三日と津田で毎日六時迄講義を致し、十四日夕東京発にて帰宅の予定でございます。一昨夜東宮御所からお電話にて、十三日午後に会いたいとの仰せでございましたので、藤田学長に電話で十三日の講義の最後の一時間を切り捨てるお許しを頂き、一時半に津田を出て三時か三時半頃までに御所に到着できる様に工夫致すことになりました。

ジャーナリズムについてのおことば、正にその通りと私共も考え、極力にげてまいりましたのに、此度はあゝしたお恥しいことになりました。つまらぬ本を出したための余波がうるさくて困りましたので、主人のすすめ、園長の理解を得て十一月に渡欧致し、次の著述のためのしらべものを致してまいります。次のものは英文でスイスから出る予定で、内容も全く学術的なので、国内で人の口の端にのぼることもないと存じます。

何卒くれ〴〵も御身御大切に遊ばして下さいませ。奥様にもどうぞよろしく申上げてくださいませ。

十月一日　　美恵子

田島道治様　御前

小泉信三書簡

9-0　一九四八(昭和二三)年六月二一日

〔封筒表〕宮内府長官　田島道治殿　書物添
〔封筒裏〕東京市港区三田一ノ三五　小泉信三　昭和二十三年六月二十一日

拝啓　此度は御大役誠に御心労一方ならざる御事と深く拝察申上げて居ります。何卒幾重にも御健康に御留意遊され、我国民上下の為め御大任に当られますやう祈念の至りに存じます。

就ては御役目上或は御参考にも相成るべきかと考へ、別封を以て福沢先生著「帝室論」「尊王論」合冊本一部呈上致し度く御届け申上げさせますゆゑ、御一覧下さるを得ば仕合せの至りに存じます。右の書は或は既に御承知の事と存じますが、明治十五年及び同二十一年の発表に係るものにて、永く我皇室の尊厳を保つべき上の用意と、その日本国民に取りての必要につき、福沢先生の所見を述べたものでありますが、其の言ふところは今日の時勢にも当るもの太だ多く、今更の如く先覚者の先覚を感ぜしむるところが大きいやうに小生は感じて居ります。若し或は御大任遂行の上に於て、何等かの御役にも立つことがあれば、此上なき仕合せとする次第で御座います。

御自愛を祈上げつゝ、右当用のみ認ためました。敬具

昭和二十三年六月二十一日　　小泉信三

宮内府長官　田島道治様

9-1　一九四八(昭和二三)年七月三〇日

〔封筒表〕長官宛　宮内府　田島道治様　必親展
〔封筒裏〕港区芝三田一ノ三五　小泉信三　昭和二三年七月三〇日

拝啓　あれから日々、さま〴〵に考へました。

貴兄の私に対する御信認を真実あり難く思ひます。それに背くのはいかにも苦痛でありますが、どう考へても只今の小生に責任ある勤務はまだ無理です。小生の願つてゐる如く、一、二年又は二、三年の後、健康略《ほ》ぼ常に復した暁きに、尚ほ身に叶ふ職務がありましたなら、それは辞すべき限りではないと思ひますが、今のところは、どうか書斎に留まり、文筆を以て「民衆の教師」の一人として働らくことを御許し下さい。

これは先日池田さんが来訪されるといふときに充分考へたつもりですが、貴兄の御話を聴き、御熱誠に感じ、また貴兄を宮内

府が新長官として迎へ得たことを、公私両様の点からいかにも慶ばしく思ふ余り、重ねて再考する義務があると感じて考へて、さうして再び到達した結論です。定めし御不満と思ひますが、まじめに考へた事だけは御認め下さい。少し食欲を失ひました。小生の健康の事を委しく申しても仕方がありませんが、小生としては、加減をしながら、常に言ひ訳をしながら、不充分に職務を遂行するといふ如きことは、性分上到底堪えられません。今一度整形手術を受ける予定で居りますが、それをも受け、さうして脚部の麻酔が段々に恢復すれば、どうにか世間並に勤務もできませうが、今は他の仕事を以て自分の務めとすべきときであると考へます。

この混乱の時世に、小生一人の言説などに何ほどの力があるとも思ひませんが、小生としては、兎も角も執筆は差支なく(昼間は)できるのですから、日本の道義、秩序、学芸の為めに言ふべきことを言はうと考へてゐます。殊に安倍君、田中君(耕)なども嘆じてゐるやうに、学者評論家の左翼風潮に対する怯懦の言動はいかにも腑甲斐なく、小生としては茲に言はねばならぬ事があると思ふのです。(マルクシズムに対する理論的批評者も、今は寥々たる有様になりました。)

皇室の御事は常に心に在りますが、此事についても、少くも現在の如き活動不如意の小生としては、言論を以て直接間接王事に勤める方が幾分のプラスとなると思つてゐます。

参議院の松本某が陛下に対し無知非礼の振る舞ひをしたといふ。醜汚なる某々雑誌が国の象徴を軽んずる如き記事を掲げたといふ。斯る場合、宮内府当局者たる貴兄等に於ては、殆ど手の下すべき途がないこと、思ひます。独り此時に際し、憚るところなく正しき怒りを吐露し、或は情理を説いて人の発憤或は反省を促すことは、たゞ民間自由の言論者のみの能くするところであり、狭く皇室の御事のみを考へても、今日の日本に多少とも信用ある斯る言論者の幾人かゞあることは最も大切であると、小生は思つてゐます。自分にその資格があると思ふことは僭越ですが、現状の如き小生としては、他の何れの職務よりも比較的最もこれに適してゐると信じるのです。

戦争責任の問題に就いては、陛下に於て心中深く御悩みの事と拝察してゐます。まことに一国の元首として其責なしとは申されぬ事でせう。併し小生をして言はしむれば、不幸なる戦争は天皇あるが故に起つたのでなく、今上陛下であるにも拘らず起つたのであつた事は明かであるのみならず、終戦当時の御決意に至つては常人の到底能くせざる道徳的行為であつたと言ひ得ると思ひます。一九四五年八月十五日まで生きた日本人及び遠征米軍の将兵幾十万人は、確実に其以後の生存を天皇の一断に負ふといふのは誇張ではありません。Mrs. Vining と先日二人で話した折り、小生が、今日の日本人は皆な落第した。たゞ其中に極めて少数の例外者があつて、及第点に近い点を取つた。

Our Emperor はその第一の一人であらうと言ひましたら、夫人は最も強く同感の意を表しました。

斯ることも、場合に由ては人に説かねばならぬと思ひますが、それは民間独立の人にして始めて能くするところで、宮廷内部の人にはそれが出来ないのみならず、しても恐らく効果が少なからうと思はれます。今日小生が閉居して書斎生活を送つてゐるのは、好んで選択したのではなく、負傷予後の為め余儀なくされた次第でありますが、それにも取り得がないことはありません。今日の小生としては、此様な途で務めを果したいと思ひます。

貴兄が痛感せられて、而かも立場上自分からは言へぬといふ事もありませう。斯る場合は、事と品とに由ては民間の小生等を利用して言はしめるという方法もあり得ると思ひます。それはなんの償ひにもならぬかも知れませんが、小生としては斯くしてなりとも信認の御好意に酬ひたいと思つて居ります。

御目にかゝつて申上ぐべきですが、却て静かに思ふところを尽くし得ると思ひ、手紙を差上ることにしました。衷情御推察の上、我儘を御宥し下さい。敬具

昭和二十三年七月三十日　小泉信三

宮内府長官　田島道治様

9-2　一九四八(昭和二三)年八月二〇日

〔封筒表〕宮内府　田島道治様　必親展

〔封筒裏〕三田一ノ三五　小泉信三　昭和〔二三〕年八月二十日

拝啓　御手紙拝見しました。

御手紙によるといかにも小生が好条件を具へてゐるやうですが、たしかに御ヒイキの色目がねも加はつてゐます。此際無用の謙遜などは愚かな事で、僕はそんな無益な手間を人にかけるつもりは全くありません。

何としても健康が要件の第一と思ひます。

僕は何の拘束もなく、読みたい、書きたいときに自宅で読み書きするといふ事に差支ない状態に居りますが、勤務は無理です。先日もヴアイニング夫人の例から、僕の為めに特別の計ひをしても好いといふ御話もありましたが、それは悪例を開くもので、小生は一の団体に勤務するものは上下を問はず精励恪勤、殊に上に立つものは、小なりと雖も、先んじて労し後れて楽む心得が肝要で、かくてこそ始めて人心を引き締め、且つ鼓舞することが出来ると考へます。小生は月一回の顧問会に、自分だけ小金井まで自動車を頂戴することさへ心苦しく思つてゐるのです。顧問のやうな謂はゞ客分扱ひのものでさへさうであるのに、況や身を以て範を上下に示さなければならぬといふ位置のものが、全心全力の五〇%か七〇%しか出さぬやうな勤めぶりをして、よし他人がそれを許すとしても、自分は到底それに甘んずるこ

とは出来ません。

先日差し上げました手紙の一節に「……小生としては加減をしながら、常に言訳をしながら、不充分な職務を遂行するといふことは到底堪へられません」と書いたのは、此意味でありました。その時にもヴァイニング夫人の例が出ましたので、実は考へたのです。僕が小心であるためかも知れませんが、小生は常に格外の優遇、格外のいたはりの如きものを受けることに対し、特別に nervous で、ヒドクそれを厭ひます。仮りに貴兄は小生を格別扱ひにする価値ありと御認め下されたところで、それを一々人に納得させてゐる訳には行かず、よし人が納得してくれても僕自身はさういふ位置に置かれることを人一倍嫌ふのです。のみならず、実に人心は意外のところから弛み始めるもので、仮りに小生が或役目について、その役目が当然受ける待遇以上の好遇或は寛遇を受けるとなれば、その影響は決して宜しくないと思ひます。少くも小生自身、斯る場合、己れの発言の権威を自ら疑惧する性質です。或はそれを小節に拘泥すると御考へになりませう。しかし宮内府に於ける貴兄は、今後小節も忽にすべからざることをも、他に御示教なさるべき御考へではないかと拝察するのです。さういふ点を段々考へて見ると、小生は折角の御思召にも拘らず、自ら不適任と思ひます。

先日差上げた手紙から少しも前進してゐないことを申訳なく思ひます。けれども御諒察下さるやうに、先日手紙を書く前には随分考へたのです。

M先生〔牧野伸顕〕、I先生〔池田成彬〕にも、小生の申すところを場合によつては御伝へ下さい。M先生には未だよく御話をしたことはありませんが、I先生は小生の神経質に或程度の了解を持つて下さるのではないかと考へてゐます。

昨日少し動きすぎたら、夜少し不快で、今日はおとなしくしてゐます。要するに convalescent〔病み上がりの者〕は未だ出る幕ではないと存じます。

八月二十日

小泉信三

田島道治様

9-3　一九四九（昭和二四）年五月二八日

〔封筒表〕鹿児島市岩崎谷　岩崎谷荘　宮内府長官　田島道治様
平安〔消印〕24. 5. 28
〔封筒裏〕小泉信三　昭和二十四年五月二十八日　東京芝三田一ノ三五

拝啓　連日御巡幸の供奉、御心身の御苦労如何ばかりかとひそかに拝察して居ります。何卒忙中に強いて閑を求められ、若干なりとも御保養を心がけられたく、ひそかに祈り上げ居ります。
東宮殿下御変りもあらせられず、小生野村大夫と共に昨週今週（また来週来々週も）小金井の寮に参り、殿下諸寮生と晩食を共にし、食後は自修室に集まりて小生講義の如く雑談の如きお話を試み、あとで衆寮生の質問を受けました。食堂にて殿下は小生の隣りに御着席、献立第一回は鰯（約三寸）二尾、キヤベツその他の野菜の刻み合はせしもの、ジヤムパン二斤、ポテト一斤の混じたる飯一皿。第二回は稍々大き目なるメンチボール一個に馬鈴薯三個、前回同様の野菜、パンと少々高粱の混じたる米飯一皿でした。殿下は箸箱より箸を取り出され、鰯をむしる御手付きはあまり御熟練ではないやうでしたが、兎も角も奇麗に召上られ、第二回メンチボールのときは急速に片付けられました（但しポテトと野菜とは残されたり）。

寮生活については望むべきもなほ甚だ多けれども、兎も角も殿下は至極御元気にて面白さうに見上げられ、この御経験がプラスなることは疑ひなし。なほ小金井の御所にて御前に於て雑談を御きかせ申上る機会も多く、学習院にても大概毎週拝顔、少しづゝ御話申上げ易くなりつゝあります。

先は右旅中御見舞旁々、近況御一報のみ。三谷侍従長へ呉々も宜しく御伝へ下されん。

五月二十八日　小泉信三

田島仁兄

9-4　一九四九（昭和二四）年六月九日

〔封筒表〕京都市上京区　大宮御所　宮内府長官　田島道治様

〔消印〕■■.6.9

〔封筒裏〕小泉信三　昭和〔二四〕年六月九日　東京港区芝三田一ノ三五

長途の御巡幸の愈々最終段となりたることを祝し、連日心身の御苦労を深く御推察申上ます。

天皇陛下日々の御励精、新聞電報によりて拝察し、恐れ多きことに存じます。各地奉迎の情況は、東京新聞よりは却てアメリカ雑誌の方が詳細なるの観あり。或はすでに御覧かと存じますが、「タイム」（六月六日号）の切抜きを同封御目にかけます。

東京は変ることなし。今日は小生小金井の寮に参り、殿下を始め寮生と会食し談話する定日なれども、今日は諸生と共に博物館御見学の事あるにつき、一回休会としました。

昨日招かれてヴアイニング邸に参る。此日は殿下英語御稽古の定日なるが、ヴア夫人の試みにて、夫人のよく知る二人の（米濠）少年を招き、殿下と共に遊戯せしめ、また共に午後の茶を差上げたいといふ趣好につき、小生も賛成し、其席に列なつた次第です。米少年はTony Austin、濠少年はJohn O'Brien。トニイはG.H.Q.の天然資源局に勤務する学者の子、ジヨンはブリガデイヤア・ジエネラル〔brigadier general、准将〕の子です。年は何れも東宮殿下と同じか一年下、トニイは丸々と太とりしヒヨウキン者、ジヨンは恐ろしく背の高い落ち着いた少年、この外に御同級の橋本、斯波両少年が御一緒でした。

遊戯は"Monopoly"といふ土地を買つたり売つたり、抵当に入れたり、貧民を救済したり、租税を納めたりといふ遊びですが、殿下は至極愉快げに遊ばされ、トニイの滑稽なる言動に快笑し給ふこともあり、日本人同志とも英語で御話しになり、順番が来ればdicesを取つて次の者(ジヨン)に渡しておやりになる。ジヨンはThank youと答へてそれを振る。diceの目の結果、殿下が支払ひをなさることもあり、受取らるゝこともあり、Thank youとお答へになりつゝ、紙幣代りのカアドを受け取らるゝその御様子など、極めて自然にて、ヴア夫人は屢々満足の体にてウナヅイてゐました。一度mortgageといふ言葉が分らず、夫人は小生に説明を求めたるにつき、「抵当」と申した事に、殿下は「テイトオ?」と御聞き返しになりましたから、更に委しく申上げて漸くお分りになりました。あとでヴア夫人と姉君と小生と三人The Crown Prince hasn't had anything to do with mortgage, has he?とて大笑したことでした。

遊戯終つて後、階下にて菓子、サンドヰツチ、フルウツジユウスの御饗応がありました。ヴア夫人の図ひで、食堂は少年のみ。卓の一端に殿下、その左右にトニイとジヨン、その次ぎに斯波と橋本といふ席順でした。吾々大人は次ぎの間で、やはりフルウツジユウスやコカコラを飲みながら、食堂の談話に時々耳を傾けてゐました。食堂の談話は断ゆることなく、屢々笑声がきこゑて来ました。殿下は沼津の海で、銛をゴムの弦で射て魚を捕る話をせられ、かなり長時間に亘つて会話をリイドせられ、ヴア夫人姉妹と小生とは相顧み、微笑して頷《うなず》かることも屢々でした。殿下の御口癖はHave you ever seen…?といはれることで、両外国少年に対し色々の事を質問せられ、前後二時間許りの後、一同と握手せられ、夫人姉妹には丁寧なる礼辞をお述べになつてお帰りになりました。小生も同時に辞去しましたのでその後の事はきいてゐませんが、夫人の満足は充分に察せられ、両少年も大に楽しんだこと疑ひなきところと存じます。

余は拝顔の上万々。敬具

六月九日　　小泉信三

田島老兄

鹿児島よりの御端書正に拝見。御健勝を祝します。

9-5　一九四九(昭和二四)年七月三〇日

〔封筒表〕宮内府長官　田島道治様　親展

〔封筒裏〕小泉信三　昭和〔二四〕年七月三十一日　東京芝三田一ノ三五

拝啓、指を御負傷ときゝ、神経の鋭敏の箇所なれば、さぞかしと思ひ御案じ申してゐます。指と共に身体にも休息を与へられんことを切に祈ります。

栄木侍従から当務の方へ申出でらるゝことゝ存じますが、皇太子殿下那須御用邸へ御成りは御見合せに相成り、軽井沢ヴア夫人御訪問の後は、主として沼津にて御過ごし遊されて然るべしと相談一決致しました次第、御諒承を賜りたく存じます。
その理由は経費にあり。殿下御成りの為め、御用邸開設のため、また御還啓後その閉鎖の為めだけに要せらるゝ費用、約二十五万円に上る由、詳細の数字をきゝました。野村大夫と共に具さに検討しましたが、宮内府諸事御節約の今日、殿下御一人、而かも僅に二週間計り御滞在の為めに、それ丈けの費用をかけることは御主旨にも副はざることなれば、今回は之を見合せ、軽井沢よりはまた再び沼津へ御還り（葉山に両三日御過ごしの上）遊されて然るべきならんとの結論に到達した次第です。殿下御教育上必要の経費は、固より吝むべき事はあらねども、今夏は沼津のテニスコートを修覆し、その他若干の用意をすれば、御勉強御鍛錬に御差支なきことを得べしと考へました次第です。侍従侍医諸君の意見も徴しました。
委細は栄木氏申上ること、存じますが、野村氏と相談の情報をそのまゝ御伝へ申上ます。
呉々も御自愛、御放養をこれ祈る。小泉信三
七月三十日
田島仁兄

9-6　一九四九（昭和二四）年九月一日

〔封筒表〕千代田区皇居内宮内府長官　田島道治様　侍史〔消印〕24. 9. 2
〔封筒裏〕港区芝三田一ノ三五　小泉信三

拝啓　昨日ヴァイニング夫人の帰京期日について一寸御尋ねがありましたが、御返事が足りませんでしたから補足します。夏休みの始め小金井で会談の節、高橋秘書から夫人が暑さに負ける性だといふ話があり（日本語）、野村氏と小生とで、必しも秋学期始めの事を心配せずに、少し帰京期を延ばすやう夫人にすゝめましたが、夫人は例の責任感で肯んぜず。仍て小生は、今後に於て東宮御教育上、貴女を煩はすべきことは従来よりも遥に多くなるつもりである。To save up your energy for a busier season も亦た貴女の義務に属する。吾々が充分なる休養をおすゝめするのはそのためだ、と強く言つたので、それではお言葉に甘へる、といふことになつたのです。人々列座の前で御話が不充分でしたから、申し加へます。別荘の借用期の事はあとできいた事でした。右取急ぎ要用のみ。
九月一日　小泉信三
田島仁兄

9-7　一九五〇（昭和二五）年三月一九日

〔封筒表〕高知市三翠園　宮内庁長官　田島道治様〔消印〕25. 3. 20
〔封筒裏〕東京都港区芝三田一ノ三五　小泉信三　昭和二十五年三月二〇日

拝啓　連日長途の御巡幸、貴兄の御心身労如何ばかりかと遥に拝察致して居ります。

お留守の東京では知らぬ間に日が立つてゐますが、東宮殿下は至極御元気にて、御進講、御補講とテニス、乗馬とに日々をお過ごし遊ばされ、今夕はスキイへ御出発の予定です。

御知らせ申上げたきは十七日夕、ブランデン氏夫婦を晩餐にお招きになりましたことで、その一夕は申分なき御成功と存じます。小生は翌朝匆々筆を走らせて左の一書を認ため、当夜の御主人振りを御褒め申上げました。これにて全体を御推察被下たく存じます。

「昨夕のブランデン氏夫妻御招きの宴席にて　殿下には終始賓客の楽しむやうにと御心づかひ遊ばされ、次ぎ々々に面白き御話を遊され、またよく客の話を御聴き遊ばされました御態度は、まことに御立派にて感服申上げました。

ブランデン氏夫妻も定めし非常なる喜びにて深く感謝申し上げましたこと、確信致します。帰国の上は必ず日本に於ける最も楽しかりし夕べの一として昨夜の御招きを記憶し、また人にも語ることであらうと存じます。さうしてこの詩人夫婦を通じて日本の皇室の御事が正しく英国人に伝へられ、それが日英両国の関係をよくする上に役立ちますならば、皇太子として日本の為め此上なき御貢献をなされましたことで御座います。

英語会話も御自由で敬服申上げました。

右失礼乍ら御褒め申上げたく匆々一筆認ためました。拝具

　　三月十八日　　　　　　　　　　　小泉信三

　皇太子殿下」

右の通りです。さうしてこれが有りの儘です。

食卓では殿下の右にブランデン夫人、次いで小泉、後藤(式部の課長)夫人、左りにヴアイニング夫人、野村、戸田。殿下の御前は松平夫人、その右ブランデン、ブライス夫人、後藤。松平夫人の左にブライス、小泉妻、栄木といふ席次でしたが、殿下には殆ど絶間なくブランデン夫人と御話しになり、彼れ問ひ我答へ、我問ひ彼れ答へるといふ有様でした。ヴアイニング夫人は必要あらば御応援のつもりだつたでせうが、その必要は来らず、たゞ共に談笑を楽しむやうの外なき次第に見えました。

御話題は様々。一度租税の重課に苦しむといふことが話題となつたときだけはお分かりにならず、ブ夫人の右に座する小生へ御質問がありました。

食後は別室にて、今度はブランデン氏と共に長椅子におかけになり、長い間お話しになりました。運動の話も出で、「滞在中殿下はクリケツトを御教へする機会を得ませんでしたのは残念でございます」とブ氏。殿下はまたこのゲエムにつき色々お尋ね遊ばされ、また水泳やテニスも話題にせられました。

しばらくして傅育官が差上げたブ夫人編纂チヤアルスラム〔Charles Lamb〕の沙翁《シェークスピア》物語を取り上げて親しく夫人に記念

の署名をお求めになり、ブ氏にも同様、同氏詩集の肉筆写真豪華版の余白に何か書くやうにとお求めになり、ブ氏はそれに氏の愛誦する前の桂冠詩人ブリッジエス〔Robert Bridges〕の詩と、自ら御招きを感謝する詞とを記し、低声にてその詩を朗読し、一同耳を澄まして之を聴くといふ場面もありました。

松平夫人の御注意で、よき頃に殿下がお立ちになりましたあと、ヴァイニング夫人は小生を顧みて深くうなづき、ブライス君は堅く小生の手を握りました。以て両氏の心持ちを察することが出来ると思ひます。

この事は始めブライス君から貴兄がきかれ、貴兄から小生に御注意があつて起つたことですが、どうやら好き結末に終つたやうに思ひますから、取り敢へず御報告致します。御帰京の上、更にブライス君、ヴァ夫人の受けた印象も御聞きになつて下さい。殿下には終始 with the best of his winning smiles 客に御接し遊され、まことに見る目楽しき光景でした。

呉々も御自愛御自重を祈る。

三月十九日　　小泉信三

田島仁兄

9-8　一九五一（昭和二六）年八月二四日

〔封筒表〕千代田区紀尾井町三　田島道治様　平安〔消印〕26. 8. 24

〔封筒裏〕八月二十四日　港区麻布広尾町一七　小泉信三

昨日は長時間御邪魔致しました。

その節承つた、貴兄が吉田首相の注意を促し、吉田氏がそれを容れて己れの非を認めた話は快く承りました。また、皇室の御尊厳御安泰の為め、有り難く思ひました。

直属長官たる総理大臣の過ちを指摘するといふやうな事は、話にはよくあるが、事実に於ては容易に行はれ難いことで、さればこそ吉田氏が不知不識、過ちを犯すことにもなる次第と思ひます。昔語りにあるやうな忠節の物語りは、今の世にもあり得ることを知り、たゞこれを人に語つて感動を分ち合ふことの出来ないことのみを憾みとしました。嘗てヴァイニングと相談する際、小生の告げて曰く、吾々の皇室に対する loyalty の形はすでに古いかも知れぬが、吾々日本人はこれによつてあらゆる loyalty その者〔ママ〕を学んだのであると。ヴァ夫人は深く黙頭しました。その話も併せて憶出しました。閑談御免。

二十四日　　信三

田島老兄

9-9　一九五二（昭和二七）年一月一日

〔封筒表〕千代田紀尾井町　田島道治様　必親展　托御使者

〔封筒裏〕元日　港区麻布広尾町一七　小泉信三

恭賀新年。

新年第一報拝見御許し被下難有存じます。

早速拝読、全体として結構なものと存じます。たゞ今日の国民に対するものとしては、起草者の漢学の素養が少々障壁となることなきやと感じました。

只今、年賀客多く候に付き、今晩熟覧の上、重ねて所見もあらば申上度、それまで貴稿御預り御許し下さい。

午後三時十分　　小泉信三

田島仁兄

9―10　一九五二(昭和二七)年一月二八日

〔封筒表〕千代田区皇居内宮内庁　田島道治様　親展〔消印〕27. 1. 29

〔封筒裏〕渋谷区常盤松　東宮職　小泉信三

拝啓　毎週金曜日の夕は、学習院清明寮で寮生の研究発表が行はれ、小生もこの夕、寮生と共に会食し、研究発表の後には寸評を試みるのを例として居りますが、去る二十五日夕には三人の報告者の第一席を勤められましたのは義宮殿下で、主題は「無菌飼養に就いて」でありました。その御出来栄が頗るの上出来でありましたから、寸暇を利用し一端を御報告致します。

抑も無菌飼養の語そのものが小生には殆ど初耳ですが、英語では“Germfree life”といふことは、この頃一部の喧しい研究題目となつてゐるさうです。それも殿下の御報告で承知しました。要するにパスツール、メチニコフの研究を更に拡充するもので、生物体から菌を除き去ることが出来たら、その結果はどうなるか。或は生物の長寿といふことが、これによつて実現されるか否か。目下アメリカではノートルダム大学で、大規模な装置の下にその実験研究が行はれてゐるといふことです。殿下にはこの研究の過去と現在との概略を御話しになり、最後に人類の理想である不老不死といふことは、将来或は徐福をノートルダム大学へ遣すことによつて果たされるかも知れぬといふ洒落れた言葉で御報告を結ばれました。

右の原稿作成には無論御援兵のあつたことでせう。併し乍らその delivery は全然殿下御自身のもので、それがお立派で、後での聴衆の御批評は皆なこの点で一致しました。先づ音吐朗々として聴者の耳に快く、御態度も沈着、御報告の内容を充分刻苦して御自分のものとなされたこと明白です。たゞその御勉強の為め、御発言にも多少のジエスチユアにも、若干の studied の跡ありて、些か流露の趣きは欠けましたが、全体として言ふに足らざることゝ思ひます。

御報告後、諸生の質問を御受けになつて、夫々適当の御答へをなされ、その中一つの御質問に対しては、少時考へて困つたやうな御顔でしたが、「そのことはよく知りません」と率直にカブトをお脱ぎになり、これも好感を以て迎へられました。

右の通りですが、小生の講評ではアッサリ御褒めして置きました。お天狗といふこともありますまいが、最初の御成功にお気がゆるまれてはならぬとの考へからです。両陛下の御前に於て、若しも貴兄に於かれ、一の御話題となるべしと御考へでしたら、右然るべく御披露下さい。余は三十日夕拝顔の節万々。

一月二十八日　常盤松にて

小泉信三

田島老兄

9–11　一九五二(昭和二七)年二月一日

〔封筒表〕千代田区紀尾井町宮内庁長官々邸　田島道治様　親展

〔消印〕27. 2. 2

〔封筒裏〕一日夜　港区麻布広尾町一七　小泉信三

拝啓　先夜は久し振りにて歓談、誠に楽しい事でした。

今日は又々清明寮生研究報告の定日につき、夕方から出かけました。報告者二人、その一人が皇太子殿下で、御研究題目はモンテエヌ。小生講評の概要左の如し。

殿下は報告の滑り出しが悪るく(頻りに吃り、頻りにせき払ひせられしを指す)、如何になり行くことかと一時御案じ申しましたが、御発進の後は御調子よく、御論旨も御用語も精錬せられ、よき御報告と存じます。モンテエヌ、パスカルの如きフランスの哲人は、ドイツの哲学者とは趣きを異にし、いかにも賢人《ワイズマン》といふ感じがして、その思想体験に触れることは、私には楽しいことでありました。殿下が御報告の中に理性と信仰、ギリシア哲学とキリスト教の問題がモンテエヌによつて如何に考へられたかを御叙べになり、彼れが傲然として「吾れは疑ふ」といはず、「吾れ果して何をか知る」Que sais-je? といふ言葉でその思想を言ひ現したことを御指摘なされましたのは、なかなかに興味あることでした。序でながら、近頃ク・セ・ジユ文庫といふものがあり、私は単に What do I know? だけの意味のものと思つてゐましたが、この語がモンテエヌに出づることは御報告によつて承知しました。

次ぎに御報告の御態度等について申せば、御言語は明晰でありましたが、時々少し早口におなりになり、聴取に困難な節もありました。ノートを御読みになりますとき、ノートばかりを御覧にならず、時々ノートを御覧になりつゝ、目を放つて聴衆に話しかける御態度を以て講述遊さるべきことは、かねて御注意申上げましたことであり、殿下もそれを御努めになりました迹は認められますけれども、なほこの点不充分で、今後御気をおつけになるべきことゝ存じます。お声ももつと太とく強くお出しになればなほ結構です。以上。

殿下に御質問して、主として御読みになりしものは何かとお尋ね申上しに、「随想録」と「エピクテトスに干する対話」の由。「原文で御読みになりましたか」「イエ、翻訳です」「モンテエヌの仏文は立派なものときいてゐます。少し原文も御読みになりましたら宜しいでせう」云々。こんな事で、今夕も楽しい事

でした。匆々

一日夜

信三

田島老兄

9—12　一九五二(昭和二七)年三月二四日

〔封筒表〕千代田区皇居内宮内庁　田島道治様　親展〔消印〕27. 3. 24

〔封筒裏〕小泉信三　東京都港区麻布広尾町一七

皇太子殿下、吉田総理と御会ひの次第、葉山ではゆる〳〵御話申上る時もありませんでしたが、大要左の通りです。若しその必要もありましたら、陛下に御聞え申上げ被下度く略記致します。

―――

殿下御待ちのところへ総理入室。敷居の外にていとも慇懃に一礼し、御前に進み更に深く屈身し、かねて御目通り致したく存じ居りましたところ、図らず今日相叶ひまことに難有き事に存じまするて申す意味の御挨拶を申上ぐ。その謹厳なる態度、いかにも古風にて感心致しました。

殿下はそれをお受けになり、御手をさし延ばされ、「どうぞ」と席をおすゝめになり、総理一礼して着席す。殿下には「大変お忙しいやうですが、御健康はいかゞですか」と御尋ねあり。総理恭しく御礼を申上げらる。椅子の位置は左の通り。〔座席図略〕

それより小生、殿下が今春高等科御卒業の事を総理に申し、総理は私にも学習院同窓生として卒業式に参れといふことでございましたから、参ることに致しました。私も学習院の卒業生でございます云々。殿下、それは何時頃ですか。総理、さようでございます、日露戦争の頃のことでございました云々。それより御話は滑かに絶間なく進み、小生が「殿下、総理も馬に御乗りになりますよ」と申し上げしきつかけより馬の話になり、狐狩りの話になり、狐狩りの障害は固定障害ですから、たゞの障害よりは六ケしいと殿下。私はそんな飛越へなどは致したことは御座いませんと総理。狐狩りの事につき総理の曰く、狐狩りと申しますから、狐を捕つて食べるのかと思ひましたら、馬鹿をいふなといはれました。たゞ狐を殺すだけなんだといふことで御座ひますが、やつて居ればそれも面白くなるのでは御座いませう云々と。この辺は例の吉田式でした。

それより話題はフランス語の事に及び、殿下より学習院の仏語教師(仏人)のこと、英語と比較すればやはり英語の方がお楽のこと等を御尋ねに対して御答へあり。総理は、フランス語はゴマカシの利く言葉で御座いますな。tiens, tiens とでも云つて居ればそれで済みますから。しかし先日フランスの記者が来て、一時間も話しましたら、あとで大変疲れました。向うはもつと疲れましたで御座ひませう、とこれも吉田式なり。

かれこれする中、予定の十分は立ちたるやう覚え、殿下にお合図、殿下お立ち、といふことで御役が済みました。

殿下には終始御快調にて、よく御笑ひにもなり、まだ会話をリイド遊さるゝには至らざるも、楽しげに御応答遊され、このところ下様《しもざま》の語にて申せば、大馬力の御奮発と見えました。乍延引右取急ぎ御一報のみ。敬具

二十四日　　小泉信三

田島仁兄

9-13　一九五二(昭和二七)年四月二九日

〔封筒表〕千代田区皇居内宮内庁　田島道治様　侍史〔消印〕27. 4. 30
〔封筒裏〕港区麻布広尾町一七　小泉信三

去る四月二十六日午後、常盤松に於ける皇太子殿下の瑞典少年クリステル・ワールベック及び指導者教頭ジヨンソン(ヨンソン)博士御接見は御成功でした。満点に近しと申して宜しいと存じます。

仮御所二階の御座所にお待ちのところへ両人参入、殿下の御前に低頭して握手、殿下より面会を喜ぶ旨の御挨拶、それより御自ら両人を延いて突き出たる一隅の椅子に席をおすゝめになりました(御動作すべて法に適ふ)。座席は上図の如く〔座席図略〕。殿下と博士は稍大なる安楽椅子、クリステルと小生とは長椅子に、黒田君は小さき椅子に夫々着席。御話は三十分位続きましたが、一度も途絶へることなく、時の移るを覚へませんでした。クリステルは正直らしい少年で、始め少々かたくなつてゐましたが、明晰な英語で語り、博士も朴実なる態度にて時々は笑声を発したけれども、終始敬意を表することを忘れず、殿下はいともにこやかに、後から後から、極めて自然に話題を御提供になりましたのは、ひそかに御用意のあつたことと拝察されます。

小生の記憶に存する御話の二、三を記せば左の如し。

小生、クリステル少年にスヱエデン国王陛下に拝謁せりやと問ふに、致しましたといふ。小生、貴国今上陛下のみならず、先王陛下のことも吾々は存じ上げてゐる。陛下はテニスがお好きであり、またshootingも御上手であつたときくといひ、それより鳥の話になり、殿下、日本は人口が多すぎて鳥は段々少なくなります。野獣も百年前には狼がありましたけれども、今日この国にはもう狼は居りません、云々。

当然スポーツは話題になりました。殿下、昨年スヱエデンのサツカーテイームが日本に来て、私も仕合を見に行きました。殊に足で球をドリブルすることの巧妙なのに感心しました(これは小生の意訳。殿下は御手真似半分、しきりに御説明なさらうとして、遂に黒田君の援兵をお求めになりました)。博士、先年のオリンピク大会で、スヱーデンテイームは日本テイームに敗れました。これにてエールの交換といふ形になり、一同笑ふ。

乗馬の話となり、クリステル少年は乗つたことなしといひ、博士は往年砲兵士官として馬に乗りたれども、もう駄目ですと申上げ、話題はスキーに転ず。スキーは両客ともに得意なるもの、如し。スキーの危険といふことになり、しきりに話し合ふ間に、殿下の仰せらる、やう、オリムピツク出場選手が傷害保険をつけるのに、スキー選手の料率が一番高いのを以て見れば、やはりスキーは危険と見られてゐるのではなからうか。小生曰く、保険料率のことをCrown Princeによつて学ばうとは予期せざりし。一同笑ふ。後に博士が殿下を御褒めしてHe knows everything!といつたのは、こ、らの事を指したものでせう。

御話は中々尽きませんでしたが、小生、博士に、殿下の御日課の時刻が来たやうだからと申し、両人立つて再び恭しく礼して御座所を出ました。階下に降ると、博士は小生にSplendid boy!といひ、Very, very何とか(き、取れず)いひました。君は我等のクラウン・プリンスに感心したか、と小生。したと博士。然らば往いてそれを彼の(と野村大夫を指し)老侍従長に告げよ。勿論、と彼れは野村氏に近づき、両君の一層自由なるドイツ語でしきりに語り合つてゐました。以上。

四月二十九日朝　　小泉信三

田島長官　侍史

9‐14　一九五二(昭和二七)年六月四日

〔封筒表〕千代田区紀尾井町宮内官邸　田島道治様　親展〔消印〕

27. 6. 6

〔封筒裏〕港区麻布広尾町一七　小泉信三

御供奉御苦労の段、拝察致します。先日御電話の件もあり、一度拝顔致度と思ひながら、殿下の御用相続き、その間には私用もあり、御無沙汰してゐます。

殿下には六月二日には、新木大使、同三日には仏、西、伊三国大使御引見。何れも御立派になされました。新木大使の折りは、野村大夫と小生と御側に侍り、teaとice-creamとを召上りながら、一時間許り御話し遊されました。御話は極めて御自由、新木氏の身辺のこと、また生糸の輸出のことなど御尋ねあり。また彼地に於て「ヴアイニングさんに宜しく」との御伝言もあり、新木氏も楽しく御話申上げたこと、思ひます。

次に、大使の御引見は三日午後三時から、二階の御座所(今は御進講室として使用)でなされました。お側には小生一人、殿下は先づフランス大使の入り来るを見て、隅の安楽椅子を起ちて部屋の中ほどまで御進みになり、御握手、大使の拝顔を光栄とする旨の御挨拶に対し、Je suis très heureux de vous recevoir, Monsieur l'Ambassadeur, comme le premier Ambassadeur de France au Japon〔大使閣下を初のフランス大使としてお迎えでき、大変嬉しく思います〕と仰せられました。少々お吃りになりつ、、しかし、云ふべき挨拶は完全に云ふといふ御態度でゆつくり仰せあり、それが却て御宜しかつたように思ひます。後に大使が外務省の田村君に、殿下はcharmant〔チャーミング〕で入《〔ママ〕》らつしやると御褒めしたのは実感であらうと思ひます。

それより殿下は自ら大使を突出た窓際の安楽椅子に御延き遊ばされ、左の如き座席にて御歓談遊されました。〔座席図略〕

御話は二十五分許り途絶ゆることなく、時々笑声が起りました。田村君が御通訳しましたが、殿下は度々フランス語にて御質問あり、Savez vous... savez vous... と色々考へ考へフランス語を御使ひになりましたのは、大使の有り難く思ふところであらうと存じます。殿下がはじめに、教科書でHenri Bergsonの書いたものを読んだと仰せられしより、大使はベルグソン哲学について語り、ジヤツク・マリタンに及び、田中耕太郎に及ぶといふ次第で、大した話題になりました。転じて乗馬、水泳、狩猟、軽井沢と日光の比較に及び、殿下は戦争中日光にゐてよく知つてゐる等仰せられ、小生が殿下は嘗てクラスのピンポン主将をせられし事ありと申せしに、殿下は、それは主将ではなくて、何とか(小生よくきゝ取れず)であつたと御訂正になりましたので、小生は英語でHis Highness always wants to be very exact. と申せしに、殿下も大使とchuckle〔含み笑い〕される場面もありました。

程よき頃、大使は立ちて御引見を謝し、殿下は御握手。日本で愉快な時を過ごされることを望む旨、フラン〔ス〕語で御挨拶遊され、御部屋の中ほどまで大使と御同行、大使は入口で止まり振り返つて礼して退きました。

次で、三時半からスペイン大使、凡そ四時からイタリヤ大使を御引見になりました。大体の状況は前と同じ、御話題は必しも然らず。スペインの場合は、小生も差し出で、闘牛、今在京のスペイン舞踊家のことなどが話題となり、それ等に続いて大使は、一度殿下がスペインに御出でになり、本場の舞踊を御覧遊されることを切望致しますと申上げ、殿下は微笑して軽く御頭を御下げになりました。イタリヤ大使のときは英語で、式部の黒田君が必要の場合には御通訳申上げました。大使は長身偉軀、最も快活に御話申上げ、乗馬のことにも詳しきも、自分は体が大きすぎて乗馬には適しませんなど申上げ、殿下と共に立ちて壁にかけた殿下の乗馬の御写真をadmireする等のこともありました。殿下の方から「大使令嬢が上野の美術学校に入られたときゝましたが」とお尋ねになりしは、小生も気付かざりし事にて、蓋し「大出来」と申上ぐべきことでせう。

右の次第にて、大公使御引見は御滑り出しは宜しく、些か安心しました。殿下も御緊張の後、少しは御疲労の事と拝察致します。先は右御報告のみ。

六月四日　小泉信三

田島老兄

9–15　一九五二（昭和二七）年八月二七日

〔封筒表〕千代田区麹町紀尾井町宮内官邸　即日速達　田島道治様　親展〔消印〕27.8.27

〔封筒裏〕港区麻布広尾町一七　小泉信三

御招きあり難う存じました。日高君は常識もあり、気力（及び骨）もあり、東宮殿下の御為めによき大夫になられると存じます。切にその奮発を祈ります。

就いては小生自身も一度訪問して懇請するべきと思ひますが、それについて少しく思ふところがあるといふのは、例の小生の「コブ付き」云々の考へです。この説は一片の辞令でなく、正直に小生の腹の底にありますから、小生自身日高氏に面会して、腹蔵のない話をし合つてゐる間に、ツイこれを出してしまふと、折角の老兄の御苦心を無にしてしまふ恐れがあると、それを懸念します。

敢て面倒を恐れるのではありませんが、右の理由で、小生は日高君決心の後に、面会して打ち明けた話をした方が好いのではないかと思ひます。安倍君二十八日頃帰京と、人からきゝましたが、同君も援兵に出てくれないでせうか。

匆々右所感のみ。

信三

田島先生　二十七日朝

9–16　一九五二（昭和二七）年一〇月二五日

〔封筒表〕千代田区皇居内宮内庁　田島道治様　親展〔消印〕27.10.26

〔封筒裏〕港区麻布広尾町一七　小泉信三

拝啓　唐突乍ら、御成年式及び立太子の礼につき、安倍君、小生等は、東宮御教育参与者としては儀式及び饗宴には参列せず、殿下の御内宴に御召しあるものと承知し、安倍君には意見があつたやうですが、小生は有り難く心得て居りましたこと、その節申上げた通りです。

然るに、その後多少模様が変り、小生等も各界代表者の列にゐて、儀式及び饗宴には御召しあるべしとの噂をきゝました。固より何れにても御決定に対しては異議あるべくもありませんが、若し今なほ希望が容さるゝものならば、小生は正当の資格あるものとして御内宴に列なることを光栄とし、疑はしき（異論ある）資格のものとして、儀式及び饗宴に列なることを願ひません。

右の噂さも不確実ですが、万一、安倍、小泉等も各界代表者の中に突込んで儀式を拝ませてやれ、といふやうな説でも出ましたら、小生はそれを願はず、当然の資格あるものとして御内宴に御召しを蒙るをこそ、有り難く思ふ流儀の人物であることを御説示被下度、御願ひ申上ます。

新聞記事を読んでゐる中に、気にかゝり出しましたから、大急ぎでこれを認ためることに致しました。
御判読を願ひます。敬具

十月二十五日　　小泉信三

田島老兄

9-17　一九五三（昭和二八）年五月二二日

〔封筒表〕Sinzo Koizumi Grosvenor House Park Lane, London W.I.　Mr. M. Tajima, Kioi-cho Chiyodaku, Tokyo, Japan　東京都千代田区麴町紀尾井町宮内官邸　田島道治様　〔消印〕24 May, 1953

田島仁兄　ロンドン Grosvenor House Park Lane London W.I

五月十三日深夜羽田発の予定が、沖縄上空悪天候とかの為め、翌朝[redacted]に漸く離陸、インドカルカツタの上空亦た掛念ありとの事にて、同地一泊といふ番狂せはありましたが、兎も角も予定の五月十五日の深夜、ロンドンに着きました。飛行は頗る快適にて何の不都合もありませんでしたが、着いた翌日は終日昏々として、ポンド・ドル・円の銭勘定がどうしても合はなかつたところを以て見ると、やはり飛行ボケといふものはあるのかも知れません。

十七日夕、殿下北方より御帰京。大使と共にキングスクロス駅に御迎へしましたが、日本を御出でになつてから、大してお変りになつたやうにも拝しませんでした。御変りになつたのは、後段の如く外国人の中にお入りになつたときに著しく感ぜられました。

翌朝、オクスフオード御見学にお伴といふことで、車を連ねて出ました。（三谷侍従長も日帰りの予定で参加。）途中ヰンザア城、イートン校の御見学については左したることなし。ヰンザアでは、紅衣を着け熊皮帽を冠つた近衛兵の一分隊が、殿下の御前に整列して Present your arms!（捧げ銃）の号令で、敬礼しました。

オクスフオード、ユニヴシチイカレッジの学長（マスター）Goodhart 博士は、アメリカ人で、有名な上院議員リイマン氏の甥、嘗てエールで法学を修め、後にケムブリッジに教へ、然る後オクスフオードの一カレッジの長となる。専攻は国際法、法律哲学といふ。先年ナイトを授爵され、夫人はレデイと呼ばるゝも、アメリカ生れの博士自身は、サアと呼びかけらるゝよりも、博士と称せらるゝこと欣ぶといふことでした。夫婦とも誠に篤実なる人。別れに臨んで小生は二人に、貴方御夫婦の我皇太子に対する kind & thoughtful attentions と適切なる一切の arrangements に対しては謝すべき辞なしといひましたが、その通りなのです。殿下はこの学長の家の二階に三日御泊りになりました。外面の中世風なるに対し、内部は一切の近世風的便宜が備はり、何の御不便もなかつたこと、思ひます。

博士が先づ考へたのは、カレッジの学生会所(Common room)での会合です。五、六十人の学生が殿下を御迎へし、塾僕がついで廻るシエリイの杯を挙げつ、雑談をなさるのです(但し、殿下はシエリイを召上られず、従つてたゞ杯を手にせらるゝのみ)。四十年前の僕が留学してゐたときと違つたことの一は、何時で〔も〕何処でもかまはず、シエリイを飲むことです。これはカクテルの変形で、結局アメリカ学びの一例でせう。それはさて措き……といふ調子で書き出しましたが、人の来訪や電話で、ゆつくり続けられませんから、はしよつて書きます。

殿下には十八日オクスフォードへお出になり、二十三日まで御滞在の予定のところ、二十日に軽微ながら風をお引きになり、御静養が望ましいといふ医師の意見につき、残念ながら沙翁故邸御訪問、及牛津《〔オックスフォード〕》に於ける第三日の講義御聴問、御会食を御取り止め、二十一日御帰京になりました。御帰京後御体温は下り、今日は最早御平熱となり、食欲御増進、スツカリ御平常に復せられましたが、これからの戴冠式までの十日が大切ゆゑ、御自重を願ふといふ意味で、二、三の集会、講演会の御出席を取り止め、御静養を続けられること、なりました。

オクスフォードでの殿下は御立派で、申分なく御行動になりました。上記学生五、六十人との歓談には、殿下の方から進んで彼等の群に投ぜられ、面白さうに御話しでした。それを眺めつ、グツドハアト博士との談話にこんな一節がありました。皇太子は grown-ups にのみ囲まれてお出でだから、偶々同年齢の仲間にお入りになると余程お楽しいやうだ。然り、魚が再び水に投ぜられたる如く、云々。

これが終るとホールでの会食です。ユニヴシチイ・カレッジの教授(フエロウ)は十八人、これが所謂ハイテーブルに就く。学生は百五、六十人と見えましたが、これがハイテーブルと直角に三列に並べた長卓に就く。学長はハイテブルの一端、殿下はその左、松井はその右(これは右に座せられると学生に背中を向けられることになる為め)、卓の他の一端には古参と覚しき古典学の教授某氏、その右に小生といふ席順でした。服装は教授等はディンナジヤ〔ケ〕ツトの上にガウン、学生は平服の上にガウン。着席終ると学長は木槌で音高く卓を打ち、一同起立。学長ラテン語にて食前の祈りの言葉、それに応じて、前列の角に座する代表と覚しき学生、更に長くラテン語を唱ふ。終つて食事。どうもハイテーブルの献立だけが特別だつたらしく、学生は早く食べ終つて散じました。学長再び起つて木槌をたゝく。一同、ナプキンを摑んだまゝ起つ。ハテナと思ひつゝそれに倣ふ。別室即ち教授等のコンモンルームに移ると、そこは電燈を消し蠟燭を立てた食卓が用意されてある。今度は小生は学長の右隣り、殿下と松井君は古典教授の右左といふ席順。そこでポートを飲み、ワインを飲み、菓子果物を食ひ、クルミを割りつ、雑談。殿下の御声が屢々卓の他の端の方から聞こえて来ました。や、あつて、学長卓を撲つて起ち、一同クキンの為めに杯を挙げて座す。学長再び撲卓して起ち、天皇陛下の為めに杯を挙げて、座す。学長三たび卓を撲つて起ち、皇太子殿下のために杯を挙げて座す。さうして今度はナプキンを棄てゝ卓を離れました。

終ると今度は学長邸でのレセプシヨン。大学関係者、オクスフオード市の重なる人々、附近の連隊の士官等、僕は六、七十人といひ、他の人々は百人といふほどの男女、男はタクシードオ、女はデコルテエ、女の中には随分若い、美しいと思はれる、人々もありました。殿下は一個処に御停りにならず、或時は進んで人々に立ち、雅に御話になり、人々はワンダフルとか so natural だとか dignified だとか charming だとか、小生にいひました。殿下の英語は御流暢とまでは行かず、ウーウーと唸つて、考へられつゝ御話しになるのですが、自由に話題を作つて御話しになり、表現には和習を免れませんが、十分会話をエンジヨイし、エンジヨイさせることがお出来になります。今少しあれを polish すれば、本物におなりになれるやうに思れます。

翌日は Oxford、Cambridge 独特の tutorial system を御見学になりました。tutor は、元のイートンの校長の息子だといふ、四十前後の Alington といふ、ブツキラ棒で愛敬ある人物。指導は彼れの居室で行はれる。電気ストーヴの傍の安楽椅子に彼れは寝ソベルといふに近き姿勢、学生二人、ストーヴと相対する長椅子に、幾分姿勢よく座る。殿下はアリントンと相対し、松井と小生は稍々後の方から傍聴する。学生の一人が準備して来たペーパーを読みかけると、アリンはすぐ口を介み批判し講釈する。問題は議会制度の運用で、委員会制度とか議長の中立性とかいふことがしきりに論ぜ〔ら〕れました。いきなり殿下に御質問したこともあります。Have you been in the House of Commons? 殿下は日本の国会といふ意味におとりになつたかイエスとお答へになり、次いでノーと訂正なされました。無論この学生とのやりとりがお分りになることはあり得ませんが、或程度 follow されたことは御表情で見られました。この後、学長は午食に秀才らしい学生を一人招き、殿下のお隣りに座らせ、殿下は食事中、それともよく御話をなされ、また菓子が結構ですと主婦人にお褒めになりました。

この晩、オクスフオードの Vice Chancellor（即ち実は総長）たる Bowra 氏の晩餐に招かれました。男は殿下とも六、女は五人。バウラ氏は詩学の権威で授爵もされてゐるやうですが、酔つぱらつてゐるのかと思ふほど元気よく賑かな人で、従つて女も男もすぐ遠慮を忘れ、殿下も随分大きな声を出して語り、笑ひ興ぜられ、吾々も時の遷るのを忘れました。夜が更けて殿下がお立ちになりますと、学長は人気《ひと》のない夜の校庭をお送りして門前に至りました。殿下の車が走り去つた後、学長は吾々両人の手を握り肩をたゝいて殿下を御褒めし、日本国民は幸運だなどいふ。小生も応援団のエール交換といふ気分で、女皇陛下の徳と容色とをたゝへ、握手して別れました。イギリスの気温は昇降常ならず、この時寒いなと感じましたが、殿下にも或はこの時風をお引きになつたのではなからうかと思はれます。翌朝三十七度三分とかの御発熱があり、御予定の変更となりましたこと、すでに御承知の通りです。

この通り御予定が半分しか実行できなかつたのは、誠に残念ですが、しかしオクスフオードの如何なるものかに就ては、殿下にもよく御分りになつたこと、思ひます。御帰京後しきりにオクスフオードは面白かつたと侍従に御漏らしになりました由、さもあるべしと思はれます。

モツト書く事はいくらもありますが、ロンドンに来ても中々客があり、電話も結構かゝつて来るといふ次第で、あまりゆつくり机には向つてゐられません。右書面の記載の中、御前に御披露差支なしと思はるゝものがありましたら、適宜御披露下さい。吉田さんにもまだ直ぐには手紙が書けず、御序の節可然御伝へ下さい。今日、スヱスリング夫人の茶会で会つたクレギイ前大使と語る中、吉田氏の事に及び、自分が在任中(大使)憲兵隊が喧しいので、人々は尋ねて来なくなつたが、吉田氏は平気であつたといふ。僕は人にきいた話だが、このメイデイに吉田は、東京へ出て来るなと側近が注意したら、出て来たさうだといふ。クレギイ曰く、彼れは人がするなといふことをする性《タチ》か。僕曰く、どうもさうらしい。彼れ曰く、それは大変好い事だ、呵々。こんな無駄話もしてゐます。

一九五三年五月二十二日　　小泉信三

9-18　一九五三(昭和二八)年六月四日

〔封筒表〕Michiharu Tajima Esq., Tokyo, Japan　東京都千代田区紀尾井町宮内官邸　田島道治様　〔消印〕5 JNE. 1953
〔封筒裏〕Shinzo Koizumi, GROSVENOR HOUSE, PARK LANE, W.I.

戴冠式御無事御参列御同慶の至りに存じます。

伺つて見ましたが、何も御困りになるやうな事は一つもなかつたさうです。アベイ内参列者七千人といふことで、特に殿下が衆目を御ひきになるやうな場面はない訳ですから、これは当然かも知れません。

小生自身は、本音をいへば、行列拝観を棄権致したく思つてゐましたが、大使館で特に景勝のバキンガム宮前スタンドに席をレザアヴせられたので有り難く心得、大奮発で出かけました。朝四時に起き、スタンドには六時前から六時過ぎまでゐました。六月だといふのに、吐く息が白く見えるほどの寒さでした。時々雨が来襲し、風さへ加はり、時には雨脚が白く縞をなして走り過ぎ、舗道にしぶきを上げるほどの事もありましたが、民衆は平気で濡れてゐました。小生機会ある毎に自動車運転手、給仕、女中、時には大学教授に女皇観をきいてゐますが、We like her very much, Sir. We are proud of her, Sir. She is loving very well. Dr. She is such a lovely girl. 等の答へをきゝます。一度スカアボロオの鋳鉄工組合の大会で、会果てゝ、奏楽者が国歌を吹奏（弾奏？）しようとしたら、一部のものがそれを差し留めたといふ事件があり、又組合員の中から、それを差し留めたのが怪しからんといふ声が起つたといふ記事を見ました。また、戴冠式典を盛大にして外貨を獲得せんとするコムマシヤリズムが余りにも露骨だといつて非難するものもあつたといふ事ですが、小生は直接にはそれを見聞しません。但し当局でも、「逆コース」の風潮はあるやうで、今日のマンチエスタア・ガアデイアンは“Tory Doctrine”といふ社説をかゝげてそれを非難してゐます。それは結局 monarchy を害するもので、This is not the way to do either Crown or Commonwealth a service. と一寸語気鋭く論じてゐます。この十数日だけの事しか知りませんが、この新聞の社説は中々荒ツポイ。但し日本に対して好意的な事を書くのは、昔を思へば、いかなる風の吹き廻しかといふ気もします。

御話は殿下から離れましたが、遡つてケムブリツジ御見学も御収穫があつたことゝ存じます。トリニチイ・カレツジ学長のロツジに二晩御泊りになり、学生とも教授とも総長（Vice-Chancellor）とも御会食、図書館、博物館等御一覧遊されましたが、生憎中の日が雨で、有名なケム川がカレツジの後庭を静かに流れるバツクスの景色を充分御楽みになることは出来ませんでした。ケムブリツジシヤアの連隊の将兵が我軍の捕虜となり、鉄道工事に虐使されたといつて殿下の大学御見学を喜ばぬといふ説は事実無根ではなかつたでせうが、小生等の直接の感覚に触れるものは何もありませんでした。尤もこの大学の教授中には「進歩的」なものがあるといふことで、現にその一人と噂されてゐる一人も殿下御歓迎の晩餐会にも出て来て、僕は大ぶゆつくり話しましたが、日本の進歩教授とは違ひ、常識ある話をしてゐます。こちらでヴアイニング夫人の手紙を受取りました。彼女は英国新聞記事の殿下に関する切抜通信を申込んだやうで、I have been indignant over the petty behavior of the labour unions and P.O.W. association at Newcastle and Coventry, and I do hope that it has not cast a shadow over H.H's pleasure in his trip. と書いて来ました。

昨夜は、On behalf of Her Majesty the Queen ということで、Captain Lloyd 夫妻及びサイモン君が殿下をコヱントガアデンのバレー及びその後でサヺイホテルのサツパーに御招きし、小生も後から招待状を貰つて走せ参じました。バレーも面白く、その後でのサツパーも面白く、殿下には面白すぎて御帰国の後が案じられる、と人にも語りし次第。帰国の時まで、色々考へをまとめて御話し致します。今日はじめて本屋にゆき、御注文の本を注文しました。

田島仁兄　　六月四日　　小泉信三

9-19　一九五三（昭和二八）年六月九日

〔封筒表〕Mr. Michiharu Tajima, Tokyo, Japan　東京都千代田区紀尾井町三　田島道治様〔消印〕10 JNE. 1953

〔封筒裏〕Shinzo Koizumi, Grosvenor House, Park Lane, London W.I

皇太子殿下には愈々今日午後御出発、パリに御越しになります。御滞英中、オクスフオドでの御風邪以外は終始御元気で、御閑があれば、御見物御買物等に外出遊されて御疲れの色なく、やはり青年で入らつしやると感じました。

戴冠式御参列、その前後に於ける饗宴等への御出席、競馬御覧等すべて滞りなく相済み、殿下はよく御勤めになりました外、相当エンジヨイもなされた御様子です。当地では始終御目にかゝつてゐましたが、何分スケデユール充溢でゆつくり二人きりで御話をするといふ閑はなく、他日を期しました。三谷侍従長統率の下に、御随員一同のテイームワークは最もよろしく、誠に愉快に感じました。始め側近者と大使館員中の一、二人の積極的な若者との間に多少のソゴのあつたことを、あとできゝましたが、殿下御風邪が却てキツカケとなつて融和したさうです。

英国民及び王室の殿下に対する御歓迎は適度といふべきであらうと思ひます。殿下が女皇と御一緒に競馬を御覧になつてゐる写真を御覧になつたと思ひますが、これについても、その経過をきくと、始め殿下は別のボックスで御覧になつて御出でになるところへ、宮内官が来て、若し御宜しかつたら、次ぎの第二競馬を女皇陛下と御一緒に御覧になりませんか、といふ御誘ひがあり、それに応じて殿下が御出でになつたといふ次第で、そこに或る限度が置かれてあるやうに僕には感じられました。これは三谷君とも語り合つた事ですが、吾々としては心に置いて然るべきことゝ思ひます。右の写真の如きも、日本の新聞が、殿下が女皇と御一緒に競馬を御覧になつたことを大した事のやうに取り扱はねばよいが、と案じられますが、多分案じる通りになることでせう。女皇と日本の皇太子の写真を、イギリスの新聞は別段騒がず、日本の新聞だけが大騒ぎするとあつては、不体裁ではありませんか。それは兎に角、当地の居心地は極めて宜しく、殿下も御同感の御様子。宇佐美君の外遊、是非実現されたきもの。小生来月十日頃、パリへ参る予定です。

六月九日朝　　小泉信三

9-20　一九五三（昭和二八）年七月九日

〔封筒表〕Mr. M. Tajima, Imperial Household, Tokyo, Japan　東京都千代田区宮内庁　田島道治様〔消印不鮮明〕

〔封筒裏〕Shinzo Koizumi, Grosvenor House, Park Lane, London W.I

愈々明日フランスに渡り、それから順次大陸を巡遊します。英国滞在は小生にとつては有益でした。今後殿下への御話し、或は様々の判断の上、役立つことがあると思ひ、外遊を御取図ひ下された人々の厚意に感謝を新に致しました。

旅窓様々に考へ、また侍従の意見等もそれとなくたゞしましたが、殿下御帰朝の後、御婚約の問題は早速取り上げられて然るべしとの持論に対する確信を強くしてゐます。

殿下の御外遊、殊に御訪英の効果は、これを英国の側より見れば“100% Favorable”(General Piggott の言)といふのは当つてゐると思ひます。然らばこの御外遊による殿下の御所得は如何。この絶大であること、あつたことは、言ふ迄もありません。たゞ十九歳の青年が、宮殿からホテル、ホテルから汽車、観光から宴遊、宴遊から観光といふ日々を続け、耳にするところは型通りの辞令といふことで、六月の長きに及んで、読書や省察に遠ざかる結果については、やはり考へて置かねばならぬと思ひます。

何分一度び旅に御出でになれば、momentum の自増は如何ともしがたく、当初どのやうにスケデユールを定めても、自然の間に運動は運動自体を左右するといふ結果になるは避け難いことでせう。スイスに往つたら、三谷氏ともゆる〳〵話したいと思つてゐます。

当地 Queen の御人望は非常なことで、小生などは多く中年以上のものと語る訳ですが、談一たび女皇の上に及べば、人々目を細くして語り合ふといふ次第、青年少年少女も、亦た多く変らぬといふことです。小生はまたあの日々の行事の連続に疲れたやうな風も見せられぬ御健康に驚嘆してゐる次第です。女皇側近の人より間接にきく。戴冠式当日あの終日の御勤めの次ぎの朝十時に伺候したところ、女皇はすでに千五百人の Colonial troops に勲章を授与せられた後であつたといふことです。エヂンバラ公の人望も盛んで、いかにも好ましい人柄であることは、外国人にもよく感ぜられます。皇太子殿下まだ御滞英中の或日、小生御警衛の一警官(地位低き)と語る。小生「エディンバラ公は立派な方ですね」。彼れ、“Oh, yes. He is a man's man, Sir.” 小生、マンスマンとは如何なることか。彼れ、「それは男に好かれる男といふことです。Duke は男に好かれる方です。」小生、男に好かれる男なら、女にも好かれるであらう。彼れ、勿論です。Girls are all romantic about him, Sir. 娘たちがロマンチツクであるといふのは、皆な彼れにあこがれてゐる、といふ位の事でせう。

——

国を離れて見ると、朝鮮のこと、日本の国会のこと、中々気がかりです。

――松本大使を始め当地大使館の人々は、殿下の御為めよく尽してくれたと思ひます。三谷氏からすでに御報告もあつたと思ひますが、松本君がゐたことは仕合せであつたと思ひます。昨夜会食の際、年の話になつたら、彼れは小生より殆ど十年若いことを知りました。彼れの部下から見たら、小生など年寄りが何をしてゐるかとの感を与へることでせう。（旅程を少し変へました。パリ（七月十―二十二日）、ローマ（二十二日―八月二日）、ブラッセル（二―六日）、西独（六―一五日）、スヱーデン（一五―二二日）、スイス（二二―九月二日）、アメリカ変らずです）。祈御健康。

ロンドン　　　　　　　　　小泉信三

田島老兄　　七月九日

9―21　一九五三（昭和二八）年七月二二日

〔封筒表〕Monsieur Michiharu Tajima, Imperial House Hold, Tokyo, Japan　東京都千代田区宮内庁　田島道〔以下破損〕〔消印〕24-7. 1953

〔封筒裏〕Shinzo Koizumi

22. July. 1953　皇太子殿下、今日御無事ブラッセルに向け、御立ちになりました。フロレンスで御発熱の為め、幾分御顔色は冴えませんでしたけれども、御元気はすでに御回復、御機嫌よく、御見上げ申すことが出来ました。

小生はパリでの拝顔は予定しなかつたのですが、某国駐在大使の旅行の都合上、少しく旅程を改め、図らずもパリで二日伺候することが出来ました。

殿下には、二十日朝汽車でガル・デユ・リヨンに御入りになり、直ちにAvenue Hoche 7の大使官邸へ御出迎へし、二晩此処に御泊りになりました。この家は往年　陛下御渡欧の節も御泊り遊されました同じ家で、殿下には二階の寝室、浴室、居間付きの一スイトを御使ひになりました。陛下にも或はその部屋々々を御記憶あらせらる﹅やとも存じます。最初の日は偶々徳川夢声君がパリに居りましたので、依頼して午後一席一時〔間〕半ばかりの長談を御きかせ申上ました。その夕の晩餐は徳川君夫妻も参加し、賑かで、食後も日欧文化の比較その他を話題として十一時頃まで、（殿下にも屢々御発言遊され、）雑談致しました。翌日は午後、殿下には黒木及び大使館員の御供で、市中各所御散策、カルチエー・ラタンで印象派に関する本など御求め帰り、夕は大使夫婦、小生夫婦を御相手に御晩餐（随員の多くは「三等船室」で日本食）、別して御快活に積極的に御話しになり、女性達は感激して居りました。小生は数週ぶりでの拝顔ですが、随分御成長になつたと思ひました。人の話に興味を示して御話しになり、また、御自分の方から話題を御提供になることは著しい御進歩です。たゞそれが外形的の社交ぶりでなく、愈々内面的なものの御発露となることを願つてゐます。またその要求は、殿下御自身に御ありと思ひます。それにしても殿下は、元来調子に乗るといふ人間共通の弱点は極めて少なく、それは殿下の御長所の一と思ひますが、それでも、ベルギイ、オランダ、デンマーク、西ドイツ、スヱーデン、ノルヱイと小さい国々を忙はしく御廻りになり、悪るい言葉ですが、旅興行のやうな日々を御続けになることはもう沢山で、日本御出発以来六ヶ月といふ月日は最長限と思ひます。

パリ大使館気付の御手紙拝見しました。外国に出ると、どうも日本のことが気になります。あんまり大きな声でいふことではありませんが、韓国が六十万?の兵力を持ち、持ち慣れぬものを持つた成上り者の倨傲を以て日本に対するとき、果たしてよく道理の言葉に耳を傾けるや否や、随分難問が起りはせぬか、と案ぜられます。

七月十日小生ロンドン出発の朝、ベリヤ罷免の新聞記事あり、飛行場まで見送られた松本大使、朝海公使とその話をしました。午後パリに着いて見ると、当地の新聞(朝刊)にはまだその報道なく、西村大使は別の機関からそれをきいたといふことです。これだけについて見ると、イギリスの新聞の方が勉強してゐるやうです。明二十五日ロオマに往きます。

御健康を祈る。

小泉信三

田島老兄

〔欄外〕御注文の本は、英仏のものは皆な手に入りました。夫々送らせました。右小生の御進物として御受け下さい。

9-22　一九五三(昭和二八)年七月三〇日

〔封筒表〕Signor Michiharu Tajima, Imperial Household, Tokyo, Giappone　東京都千代田区宮内庁　田島道治様　Shinzo Ko

〔切手で判読不明〕〔消印〕31-7. 1953

拝啓　ロオマ大使館気付御手紙も正に拝見しました。

陛下御捻挫その後の御経過如何あらせられますか。何卒よき折りに御見舞言上御願申上ます。

取り急ぎ学習院問題について、旅窓独りで考へたことを申上げます。かういふ問題は人と相談せず、独りで考へ込むと兎角偏し易いので、その辺自分でも弁まへてゐますが、その積りで御読み下さい。

一、学習院に無理を頼み込んで、強いて四年御卒業工作をすることは(少くも今日となつては)禁物と思ひます。事実上或限度内に於る特別の御取扱ひは、学習院側との快き了解の下に今日までは差支なく行はれて来ましたが、すでにあのやうな問題が世間に出たとすれば、この上頼み込むやうな形になることは、厳しく警めねばならぬと思ひます。

一、然らば五、六年かゝつても構はぬと申し得るか。これは世間で受ける説でせうが、事実上は価値少なしと思ひます。

(a)殿下が正規学生として課程履修を遊ばす、最も強き理由の一はクラスメートを御持ちになることですが、茲で一年或は二年お後れになるといふことは、即ちこの高等科以来、或は中等初等科以来の御級友と離れて別のクラスに御入りになるといふことで、それは小生等が従来接した学生の最も苦痛とするところです。それを御嘗めさせ申す丈けの価値ありや否や。

(b)仮りに五年、六年かゝつても構はぬ、是非正規の課程を御履修遊ばさるべきだといふ、世間受け説に従ふとしても、果たしてそれが実行できるものか否か。すでに教授会に感情的虚栄的の正義論が行はれるとすれば、殿下の御為めにする特別的の御取り扱ひは、大小を問はず、一々頼み込まねばなりますまい(現に野村大夫の手紙によれば、殿下が体操をなさらぬことをも問題する教授ある由。恐らくそれは体操などの不得手の中にも不得手なる型の人のいふことでせうが、それを反省する人々ではありますまい)。それは決して殿下の御品位の為め、取るべきではないと思ひます。

一、然らば則ち、殿下としては今後、引き続き学習院に御通学になり、御級友と共に聴くに値する講義を御聴きになり、試験をも御受けになり、寮生活も御続けになり、併し正規学生の義務と権利からは御離れになること、(名は聴講生でも何でもよし)かくして四年の後に正規学生と同等以上の学力を御附けになつて、大学課程を御終了〔修〕になり、若し必要とあらば、御履修になつた課目につき、世間の信用する委員会のやうなもので学力の証明をして発表すれば宜しいと思ひます。

高見の如く、この際御退学は穏かでないと思ひます。同時に何年かゝつても構はぬといふ説は事実実行困難で、これから益々御多忙の殿下が、一般学生とすべて同様の御取り扱ひを御受けになるといふことは、名は則ち美なるも、忽ち障害に打つかる結果となりませう。学習院の教授諸君が、皆なオトナなら話のしようもありませうが、それは無理でせう。

ロンドン滞在中、まだ御若い女皇及びエヂンバラ公が、学問御修業の方は何うして御続けになつて居るゝや、正規の御進講でも御聴きになつて御出でになるかと思ひ、大使に頼んできいて貰ひましたところ、別段何も正規の事はしてゐない。政治の事はチヤーチルが毎週出て御話をする。その他各地へ行幸といふ前にその予定の地方の事を、人が出て御話をする程度なりとの事。これを以て観れば、我陛下の学を廃し給はざることは、他に比類なきことゝ存じます。これも序でながら記します。

殿下の御評判は当地に於ても愈々御宜しく、固より小生に向つて悪るく申上る人もない筈ですが、色々話をきゝ、人々が肩身ひろく思つたとか、誇りを感じたとか、口々にいふは真実の声と存じます。但し各地の大公使夫人その他の夫人に、少しは殿下と御話をせられしやと問ふに、多くは堅くなつて、あまりくだけた御話をした様子に見えず、愚妻と相顧みて、やはり日本人は致し方ございませんわねえ、と一笑するのが常のやうです。ロオマは暑く、ロオマぼけといふのか日中何も出来ません。この手紙は朝早く起きて書きました。祈御自愛。

信三

道治仁兄

9—23　一九五三(昭和二八)年八月一六日

〔封筒表〕Monsieur Michiji Tajima, Imperial Household, Tokyo, Japan　東京都千代田区宮内庁　田島道治様〔消印〕20. 8. 53

〔封筒裏〕S. Koizumi, Stockholm Hotel, Stockholm

ストックホルム公使館気付御手紙拝見しました。小生は昨夜ボンから着きました。今夕殿下御入京御出迎へに出るまでの寸時を利用し、走り書きします。

殿下各地の御評判愈々御宜しく、今日一寸共同の岩永君と話す機会がありましたが、極く無理のない言葉で御褒め申上げて居り、それが真実に近いところと、何よりの事に存じ上げてゐます。各地の御評判の中に、ひとりドイツの寺岡代理大使だけは違つたことを言ふ。それを聴くのも小生の勤めと思ひ、よく聴いては置きましたし、また一理ある節もありますが、この人はどういふ人ですか。小生の初対面で得た印象では、ごく沈重といふタイプではなささうです。何れ帰つて委細御話し致します(御内聞)。

ベルリンにも大急ぎで行つて来ました。ベルリンに限らず、西ドイツ全体到る処できいて歩るきましたが、アメリカ人は到るところ好評です。これは露人、仏人の不評と相対してゐます。小生のきいたところで、一大学生がアメリカは吾等にとつて最小の悪(übel)だといつたのが、一番カライ批評で、その他のものは遥に好意的です。ソ連は問題になりません。共産主義の可否は、ドイツでは問題にならぬやうです。力の威圧といふことも、今となつては利き目なささうで、ドイツ人は昂然として闊歩してゐるやうに見える。一学生の話に、この頃東の地区から出て来たものが帰宅するとき別れを告げるのに、よくY字形に指を二本立てゝ、アイサツする。それは何かといふに、六月十七日の騒擾は失敗した■、二度目のこの次ぎは必ず成功するといふ相図ださうです。

小生が一週間続けて乗つた運転手はスツトガルトのもので、終戦のとき仏人の捕虜に遭つたのでせう。自ら襟を扼する手真似をして、彼れ等はすべてを取つて行つた。Das können wir nie vergessen.〔私達はそれを決して忘れることはできない〕といひました。欧州協同の困難、亦た意外の深きにあると感じます。更に他の学生等と話したときにも、小生が欧州の平和の為め die deutsch-französische Freundschaft〔独仏の友好関係〕のいよ〳〵大切なると思ふ、といつたところ、他の事は何でも快く小生の意見に賛同した彼等が、この時許りは黙つて何もいひません。

に言ひます。

「やはり、さうか」と小生は感じました。アデナウアーは小生のきいた許りでは皆な好評で、人々は選挙の勝利間違なきやうに言ひます。

——

御手紙を読んで第一の心配は朝鮮です。これはかねての心配ですが、遠方に来るといよ〳〵心配です。あの文化の低い、道義を知らない国民が五、六十万といふ大兵を擁し、その政治家は反日的の事をさへいへば人気になるといふ国で、この兵力又は兵力の与へる慢心は何に使はれるか。日鮮間の交渉は、今後少くも当分の間無限の難渋に当面しなければならず、而かも吾々は公然口に出してそれをいふ事ができず、それが出来ないのを知つて、世間体裁のいゝ事を言ひはやす日本人があるといふ訳だから、どうしたら好いのか。吉田、重光〔に〕少し考へて貰ひたいと思ひます。小生の見るところ、ザール、ダンチヒ、ズデーテン、トリエテ等々のやうに陸地続きで異民族が混在してゐるといふことは解き難い厄介で、どう考へて見ても合理的で実際的な解決といふものは得られないと思ふ。幸ひにして日本はそれを免れてゐると思つてゐたが、厄介なのは朝鮮人で、これが内地にやはり五、六十万人居るといふ。将来慢心せる鮮人が難題でも持ちかけたとき、内地にゐる五、六十万人の鮮人は何をするか。それを思へば、今にして彼等を送還し、少くもその数を大にへらして置く用意をする必要があると思ひます。世界全体は当分無事の様子ですが、日本海沿岸諸地は決して無事ならず。政治家諸公に少し忠告して下され。

昨日あたりまだ暑く汗を流しましたが、日ざしはもう秋らしく、港のほとりを歩るくとき、風を冷たく感じました。

祈御健康。奥様へ何卒よろしく。愚妻からも。敬具

八月十六日午後四時　ストックホルム・ホテル　　信三

道治大兄

9–24　一九五三（昭和二八）年九月二日

〔封筒表〕Mr. Michiji Tajima, Imperial Household, Tokyo, Japan

東京都千代田区宮内庁　田島道治様　〔消印〕2 IX. 53

〔封筒裏〕Shinzo Koizumi SUVRETTA HOUSE, ST. MORITZ, SWITZERLAND

皇太子殿下には先刻（九月二日午前九時十五分）このサンモリッツの宿を、御機嫌よく御立ちになりました。天気は数日来の快晴が今日も続き、初秋のアルプスは美しいことであらうと思ひやられます。殿下には今日と明日とを山中山麓で御暮らし遊され、再びベルンにお泊りになり、次いでジユネエヴからアメリカへ御飛びになりますこと、すでに御承知の通りです。小生は明日この地を発して再びジユネエヴに往き、明後日飛行、九月八日ワシントンで殿下を御迎へ申上げ、フイラデルフイアでは専ら御側に侍することゝなる予定です。

さて、殿下去る八月二十四日ベルンに御着きの時は、明かに御疲れの御様子でした。小生は八月十九日の夕、ストックホルムの飛行場で御見送り申上げて以来ですが、御顔色冴えず、承れば飛行機の中でお戻しになつたといふことで、公使館のレセプシヨンなどは御大儀のやうでした。二十八日、このサン・モリツに御着きになつた後も二日許り御食欲なく、部屋に御引籠りなので、佐藤侍医にしつこく所見をたゞしましたが、侍医は動ぜず、御自分で御元気を御出しになれば、すぐよくおなりになりますと言ひ続けてゐましたが、一昨日からテニスを御始めになり、昨日は小生夫婦もネツト裏に居りましたが、松井、戸田それにこの地で御知り合になられました十五才といふイタリア少女をも交ぢへ、四セツト許りなされました。小生が部屋へ引込んでしまつてから、殿下はそのイタリア少女とシングルスをなされ、小生が部屋で物を書いてゐると、窓の外から「失礼」pardon!とか「惜しい」dommage!とか仰有る殿下のフランス語がきこえて来て居りました（イタリア娘は英語を能くせず、フランス、スペイン語のみを語る）。球拾ひのボイ、ホテル滞在客中の少女――といつても小児に近い子供達ちは、殿下の跡をつき廻り、サイドの変る毎に殿下のサイドの方に往つて球を拾ふといふ次第。拾はれる度度毎に殿下は一々「メルシ」と仰有ると、これは愚妻が気付いて御褒め〔そ〕やして居りました。この夕、殿下の御部屋で、小生一人二時間許り色々の御話を致しましたが、いかにも御心地よげで、御疲労の回復、適度の御運動の後の御気分の快さは十分拝察せられました。この分では、アメリカでの御つとめも御無事御果たしになられますことゝ存じます。但し、殿下が頑健で御在りにならぬことは常に忘るべきでなく、この点御側近のものは口癖のやうに申しますから、十分御気付申上ることゝ思ひます。一つ御報告すべきは、殿下がアルコホルに対する御嗜好を殆ど失はれたのではないかと思はれるほど、酒類に対し無趣味におなり遊されたことです。従来御好きであつたのは vin rouge〔赤ワイン〕でしたが、この頃はロクに口をおつけにならず、ストツクホルムのパアテイで、日本酒を一、二杯お飲みになつたのを拝見した以外、何れの機会にも（小生の席に陪する限りでは）「イヤ」といつて御ことはりになり、佐藤侍医の所見も同じでした。若しこれ自制によるものなら、大したものであり、気候風土食物等の関係から御欲求がなくなつたものだとしても、まことに結構な次第だと存じます。（今回は野村大夫に手紙を出す遑《いとま》がないかと思はれます。大夫いつも気にしてゐますから、若し御序でがありましたら、この事を翁に御伝へ下さい）（御自制といへば夜更しの方は中々いけません。昨夕の御話の間に、真顔になつてその事を申上ました）。二時間御話をして「御成長になつた」と感じました。御側近の人々は点がカラク、また殿下も彼等に対しダヾ〔駄々〕をおコネになることも時々あるやうですが、精神的御成長に対する御外遊の効果は争ひ難く、この点は御同慶の至りと存じます。これで欧州通信を終る。

老兄、奥様の御自愛を祈る。小生等両人元気です。

九月二日　サンモリッツ　信三

田島老兄

9-25　一九五三(昭和二八)年九月二六日

〔封筒表〕Mr. Michiji Tajima. Imperial Household. Tokyo, Japan／東京都千代田区宮内庁　田島道治様　Shinzo Koizumi〔消印〕SEP 26. 1953

シカゴまで帰つて来ました。この手紙が果たして自分より先きに日本に着くや否や覚束なく思ひますが、不取敢寸暇をぬすみ一筆します。

殿下には九月二十一日、ニューヨーク、グランドセントラル駅で御別れ申上ました。今日はワイオミングのロックフエラア・ランチで御休息の事と思ひます。

米国に於ける殿下の御行動は終始御立派で、幾度かの機会には、実に申分ないとも感じました。一月に及ぶハードワークの御健康に及ぼす影響は最も心がゝりの点でしたが、それも左したる御疲労なく、殿下がお努めになつて御出での事はよく分りますが、よくそれにお堪えになつたのは難有い事です。アメリカの酷暑が御到着前に去つたのは仕合せでした。しかし随分暑いと思ふ日もありました。

ワシントンで無名戦士の墓前に花環をお置きになるとき、小生は見物人に交ぢつて後ろから拝見しました。真に申し分ないと思つたのはこの時の事です。ニューヨークの大宴会も終始御立派。ボストンの時は小生不在でしたが、多分ニューヨークが第一の御出来ではなかつた〔か〕と思ひます(但しヴイニング夫人はボストンの殿下をもひどく御褒め申します)。ニューヨークの時は千数百人の会衆に面し、会主主賓等は一列をなしてプラツトフオームの上に並び、小生等はその第二列に着席し、ヴア夫人は小生の一人置いて右に座りましたが、会が果てると人々は夫人に近づき握手を求め、「お祝ひ申します」とか、「定めし御満足でせう」とか、祝詞を呈した事によつて、殿下の御出来を想像されたし。この夕、新木大使、ダレス長官の演説もありましたが、ダ氏のは政治に至りすぎて、言はずもがなの個所もあり、新木氏のは主旨甚だ佳なれども、聴き取りにくい個処もありました。その翌夜、ヴア夫人が小生のホテルの部屋に来て会食。愚妻と三人で遠慮のない事を言ひ合ひましたが、小生、殿下の英語の方が大使のより好い発音ではないかといひたるに、夫人は例の淑しいが、ハツキリした言葉と表情で、これを肯定しました。二、三日たつて、ジヨン〔・〕ロツクフエラアに午食に招かれ、食卓を挟んで二人きりで話しましたが、その途中、ロ氏は例の癖で、目をパチ〳〵させ乍ら、「かういう事はミスター・アラキに済まないが」と前置きして、僕と同じ事をいひました。僕がヴァイニング同様にこれを肯定したことは御想像通りです（御内聞々々々）。固より米人は小生に向ひ、強いて小生等の喜ばぬことを言ふ訳もなく、また、小生と雖も、そんなコムプリメンツ許りを数へて好い気になつてゐる訳ではありませんが、兎に角好い印象を人々に御与へになり、また米人が好い印象を受けたがつてゐる心理は、認めてよいと思ひます。一日コロムビア大学教授の人々に招かれて午食を共にした席上、一人の教授小生に問ふて、殿下はアメリカで御覧になつて、何に一番驚かれ surprised されたであらうか、といふ。小生答へて、我が殿下はヴァイニング夫人の御教授もあり、アメリカの歴史、制度を一通り御承知であるから、さういふ点では別に御驚きになるものも思ひ当らない。強いていへば、オートバイの警官が殿下の御車の先駆をし側衛をして、サイレンを吹き鳴らして車馬の往来を制止する、そのエスコートのあまりにも盛んなる事ででもあらうか、といつたら人々は笑ひました。

まづこんな次第です。右の諸項中、上聞に達して差支なきこともありましたら、適当の言葉に御翻訳の上、然るべく御話申上げ被下度存じます。

明日サン・フランシスコに飛び、出来れば四日間客を謝し、書類も読み、手紙も書き、考へも少しはまとめて、十月一日のパンアメリカンに乗り、三日帰京の予定。遠慮のないところをいふと、日本を立つのも億劫でしたが、帰るのも億劫です。

御健康を祈る。九月二十六日朝ホテル居室　信三

道治老兄

◎御供の人々が到る処評判よく、各地で敬愛をあつめてゐるのは世にも快きことです。特に附記す。

9-26　一九五七（昭和三二）年一月一一日

〔封筒表〕豊島区目白四ノ四一　田島道治様　平安親展　〔消印〕3■.1.13

〔封筒裏〕昭和〔三二〕年十月《ママ》十一日　東京都港区麻布広尾町一七

小泉信三

先日は風邪お見舞被下ありがたく存じます。軽微のものながら意外に手間どり、旧冬は寝てすごし、只今は平常通り外出してゐますが、まだ100％回復と参らず、惰弱の嫌ひある動作をしてゐます。

皇太子殿下ラジオにお出になりますこと、一、二の新聞に出ました故、或は御覧のことゝ存じます。ラジオ関係者の熱望は左ることながら、小生は殿下しばらくパブリツ〔ク〕への御出場少なき故、適当の方法を以て、御日常を国民に知らしめること然るべしと存じ、方法さへ宜しきを得れば御放送も強がち悪しからずとの意見でした（先日の御手紙に鑑みるところもありて）。相談の上、岡田〔要〕博士と小生お相手を致すこととなり（始め

は前田陽一君と三人の予定なりしも、小生不快のため延期、その間に前田君は渡米)、一昨日東宮仮御所で三十余分に亘り録音しました。殿下の御話しぶりは御言葉明晰、御態度も自然、御話題も豊富で、よき御出来と、小生等は考へましたが、発表の順序に多少の手違ひがあり、宇佐美長官は意を労したること、推察します。

即ち宇佐美氏は事の慎重を期して、御放送の可否は一度親ら録音をきゝたる上にて決すべしといひ、それまでは御放送の問題は一切発表せざる旨、堅く放送側(NHKと民間放送全部)と約束し置きたるにも拘らず、NHKも民放も十分口堅からず、一部の新聞に問ひつめられて、ダラシなく口を割り、それが翌日の一部新聞に発表され、発表に後れたる新聞は承知せず、文句をいつた模様です。結局放送側が長官、次長に正式陳謝し、今日午後に至り、正式にお許しが出たといふ報告を、今しがたきゝました。

言い訳をきけば、放送者側でも相当用心して、録音器械を常盤松へ運搬するには、タクシを使ふといふ程度の心づかいはしたなるも、偶々東宮職に居合せたる記者にそれを見られ、それから手ぐり寄せられ、NHKできいて来たといふやうなことで民放側が引つかゝつた模様です。しかし御放送の内容等についての報道があるところを見れば、たゞの不用意の外に、誰れか録音をきいたものがシヤベつたことは疑ひなく、要するに今後のために吾々の一層の戒心を促すといふことです。

十四日夜、秩父宮邸で拝顔致し得ること、存じます。秩父宮邸に於けるカルタ取りも殿下の御話の中に出て来まして、この一段は恐らく一般聴取者の欣んで微笑するところであらうと存じます。奥様によろしく。拝眉の上万々。

信三

田島老兄　一月十一日

田辺定義書簡

10-0-0　一九四九(昭和二四)年一〇月一〇日

〔封筒表〕豊島区目白町四ノ四一　田島道治様

〔封筒裏〕東京市日比谷公園市政会館　財団法人東京市政調査会

田辺定義

拝啓　或は不躾にわたるかとも考へますが、婆心別紙を貴覧に供します。

豊川良之助(良平氏息)なる人、GHQに出入し情報も供したりするハーヴアード出の人物が、親しきヴアンカー〔Laurence Elliot Bunker〕副官からの話を高石真五郎氏に話せしところ、非常に大切な事だから古島一雄さんに書いて渡して呉れよとの事に、豊川氏が書かれたものを写したのが別紙です。谷川君(豊川氏の親友)が小生に話したので、是非にと希望して谷川君の手で

写し得たわけです。匆々

十月十日　田辺定義

田島先生

〔10-0-1　別紙〕

元帥副官ヴァンカー氏から豊川氏（良平氏の息）が聴きしもの

日本で今日最もマッカーサー元帥の信頼を受けている人は天皇と吉田総理である。

吉田総理は行政の方法が民主的でない、又政党政治というものを充分理解していないという欠点はあるかも知れないが、占領政策を充分に理解してこれを実行出来る唯一の人物であるということに間違いはない。今日日本の政治を民主的にするということ、又政党政治を確立することよりも、日本の経済力を回復するということの方が大切であつて、この点で吉田の価値がある。

天皇は又マッカーサー元帥の最も信頼する人物の一人である。幼い時から特殊な教育を受けた天皇が、立派な理解力と判断力を持つておられるのは見上げたものである。マッカーサー元帥との会話、又自分も一度お話したことがあるが、誠意をもつて日本の復興に協力するという熱意をもつておられることはたしかである。

我々の心配していることが二つある。一つは政府も宮内庁関係者も、日本の将来の天皇制のあり方ということを誤解して、明治維新前のような状態に持つて行かうといふ工作をしているように思はれることである。他の一つはこの考えに従つてであらうが、現在の関係者が天皇に状勢を知らせまいと努力している跡のあることである。

過日或る謁見者に対して陛下が、米国の七月四日の独立記念日と十月末の感謝祭はどう祝い方をするのかという質問されたのに対し、七月四日は政治的の祭日であるから各種の会合が開かれ一般的に祝われ、感謝祭は宗教的祭日であるから教会中心或は家庭中心に祝われることを御説明したところ、当日通訳の任に当つたチエムバレン（侍従長）は、フランスの独立祭は七月十四日のバスチコール《〔バスティーユ〕》・デーでにぎやかに踊り廻り、時には夜通し踊りあかしますと通訳したとのこと。その謁見者は多少日本語のわかる人なので、全くあきれかえつていたとのこと。

宮内庁には海外にいた人々も多いやうだが、大部分が英仏方面にいた人で英語がわからないのか、米国式の考え方が出来ないのかどうも円満にゆかない。

田島、三谷から時々「この問題はどうしようか」という相談を受けるが、その都度、「こちらは陛下の意志を尊重するのであり、陛下が判断する能力を持つておられるのであるから、陛下に御相談して決定するよう」にという返事をしている。

寺崎が宮内庁をやめたのは実に残念である。外務省も宮内庁も人員整理の必要があり、寺崎もその順序に入つていたので名目は立つようだが、寺崎はアメリカを最も理解した一人であり、自分達のところへよく来てこちらの意志をよく話し、これが陛下につたわつていたのであるが、寺崎がいなくなつたので、いわば元帥や陛下とのパイプラインが無くなつたので困つている。寺崎が意識的に宮内庁の人々と協力しなかつたのが悪かつたのかも知れず、又このために寺崎がやめさせられたとすれば、田島、三谷あたりは困つた人々である。

いづれにしても、日本人に自尊心を持たせて立派な国民になつてもらうためには、陛下に一役買つてもらはなければならないのであるから、何とか考えなければならない。寺崎の後任の松井では、寺崎の役はつとまらない。

前元帥副官ホイーラー大佐がシビリアンで、ホイットニー少将の下でケーディス大佐のもとの地位へ入つたから、ガヴアメント・セクシヨン〔民政局〕も少し良くなるだらう。

秩父宮雍仁親王書簡

11　一九五二（昭和二七）年二月一九日

〔封筒表〕田島長官

〔封筒裏〕二月十九日

田島長官

雍仁

戴冠式の御名代について

本年又は来年挙行され〔る〕であろうクヰンエリザベス二世の戴冠式に若しも陛下の御名代を差遣せられる場合は、皇太子殿下が最適であると考える。万難を排して其実現を期待する。

一．キングジョージ六世の場合、各王室から参列された方は、成年以上の皇太子の居られたところは何れも皇太子であつた。

二．皇太子の海外旅行（留学）は口にするは容易であつても今の世界情勢では現実には其のチヤンスがなか〳〵ないと思はれる。徒らに将来を期待して悔とならむことが大切である。皇太子の地位に鑑み、大学での勉学よりも世界を視ることの方が遥かに大きな価値のあることは今更云うまでもない。

三．戴冠式には各国王室の方々を始め、各国の代表的人物が多数集るから、それらの人々と知己になられることは大いに意義がある。

四．エリザベス二世と皇太子とは年齢も近く、親交を結ばれることは将来日英両国の親善の上に大変好都合であろう。

五．百聞は一見に若かず、民主的、コンスティチューショナル・モナクの有り方を直接学ばれることは新日本の皇太子にとつては、特に大切なことである。右から左に其真似は出来ないにしても。

六．式は盛大で、はれがましいが、外国を知らない皇太子でも決して恥をかゝれる様な心配はない。随員の人選に人を得るならば。

右の件、小泉氏が明日来訪される予定だつたので、其の折お話しようと思つていましたが、令孫死去の為、取り止めとなつたので、取りあえず御参考までに覚書をお送りします。

寺崎英成書簡

12　一九五〇（昭和二五）年四月一四日

〔封筒表〕千代田区宮内庁　田島長官殿　御親披〔消印〕■.4.14
〔封筒裏〕杉並区西荻窪三の百十　寺崎英成

拝啓　昨日B〔Bunker〕さんに会ひ、貴意の存する処を伝達いたし候。諒承せしもの、如く見受け申し候。
右御報告迄。匆々敬具
四月十四日　寺崎英成
田島長官殿　侍史

牧野伸顕書簡

13-0　一九四八（昭和二三）年六月八日

〔封筒表〕東京都豊島区目白町四ノ四一　田島道治殿　親展〔消印〕■.■.8
〔封筒裏〕六月八日　千葉県東葛飾郡田中村大字十余二庚塚　牧野伸顕

前後致候者、四日の御念答正に拝受、却而恐縮候。
拝復致候。過日御多事之際態々貴筆を辱致深謝仕候。実は拝晤願上度存居候処、早急御面会相叶仕合之至に存候。此容易ならざる時機、大任御拝命に付ては御焦慮之程為■余未申、何卒専心御尽力被下度願上候。就ては御相談被為候向も御在りと存上候処、小生気付にては松平康昌君は公平之立場に被居候と存居、宮内府之内部之事情等は能く詳知被致居と存候。封入之少冊は小生就任当時之地方官に口演したる筆記に有之、三十年前之事に而時勢環境等は一変致候今日、御参考にも取少と存候得共、概念丈けにても御汲取被下候はゞ仕合に存候。余計之事と存候乍ら、序に可得御意度、匆々不尽画
六月九日　伸顕
田島長官閣下

13-1　一九四八（昭和二三）年八月四日

〔封筒表〕東京都豊島区目白町四ノ四一　田島道治殿　親展〔消印不鮮明〕
〔封筒裏〕八月四日　千葉県東葛飾郡田中村大字十余二庚塚　牧野伸顕

拝復致候。御健勝御執掌の段、大慶に御座候。縷々落手仕現在

拝読仕御座候は、可相成候はゞ十日頃御用邸に伺候仕度、拝謁差許され候時日御伺被取上御都合御内報賜はり候はば別而難有存候。葉山には縁故者の住居致居候間、前日同家に一泊、翌日御用邸へ参内致様仕度存居候。右段にて差支無くんば、拝謁之前日勝手に御座候得共、午前九時過自動車差廻いたゞけ候はゞ仕合に御座候。東京にて一応拝晤願上度義も有之間、途中宮内府に立寄り御伺致度存候。尚勝手の事にて御座候得共、電車にて葉山迄続行相叶候はゞ好都合に御座候。以上不取敢御伺致度。当用のみ。匆々拝具

八月四日　　伸顕

田島長官閣下

尚々　時日は御都合次第に御座候。為念申上候。
乱筆御寛恕可被下候

松本俊一書簡

14-0　一九五二(昭和二七)年一一月二七日

〔封筒表〕Mr. Michiji Tajima, Imperial Palace, Tokio, Japan　東京都皇居内宮内庁　田島長官殿〔消印〕27 NOV 1952
〔封筒裏〕S. Matsumoto, Japanese Embassy, 32 Belgrave Square, London S.W.1. England
〔中封筒〕田島宮内庁長官殿　必親展　在英　松本大使

拝復　本月十三日附御手紙誠に有難く拝見致しました。立太子式其他にて御多忙の御事と拝察致して居ります。愈々皇太子様戴冠式に御出での事発表せられ、責任の重大を痛感致して居ります。日英間の政治上経済上の関係は必ずしも良好とは言へませんが、それ丈に両皇室の御交際の密接になることは極めて望ましく、又若き女王様の戴冠式に若き皇太子様を御差遣になることは、当国一般に与へる印象も極めて良好、又皇太子様将来の為にも誠に結構な事と存じて居ります。此上は御供の方々もなるべく新進気鋭の方が選ばれ、新興日本の将来に相応する皇太子様となられること望ましく存じて居ります。当国女王様御夫婦共、結婚記念日には、御忍びにて普通の芝居の普通の席に平民と肩を並べて御見物せられた位にて、一般人民から尊敬せられ且親しまれて居る模様は羨しい次第です。

御途中の交通具等もなるべく簡単なものを選ばれ（BOACで来られる事は、当国に与へる印象は最も良好でせう）、御供も成るべく少数がよいのではないかと存じます。それに明年はホテル家屋等も極度に制限を受ける次第ですから、右の点特に御考慮下さいませ。尚時々の戴冠式関係の情報は、外務省の方から関係書類、書籍等と共に回付させますから御覧下さいませ。御尋ねの当国国王のメッセーヂ等に付いては、大件左の通りですから御了承下さいませ。

一、国王の議会開会式におけるメッセイヂは、十三世紀即ち議

会制度のそも〳〵の初めから行はれてゐたものであります。もつともエリザベス一世の頃は、女王自ら書かれたものを大臣が読み上げていたようです。このメッセイヂは、国王の意向を表明したものではなく、国王の大臣等の意向、政策を示すものと云ふ現在の考へ方は、十八世紀以降に発達した考へ方で、ハノーヴァー王朝になつてから、時の政府がこれを作成する様になりました。

これまでのメッセイヂを見てみますと、少くとも政治上の争ひのある様な問題に付ては『my ministers はかくかくのことをするであらう』という表現の仕方がとられてゐます。すなわち、国王の意向としては示されておらず、又従前反対党の内閣がやつてゐたことを非難すると云ふこともない様であります。要するにこのメッセイヂは、憲法上の慣習として、国王の意向を表明するものにあらず、との解釈が確立して居り、又その内容も右の様な本質に即する表現がとられているわけで、同一人にて反対の事を仰せられる御立場と相成るということは起らない様であります。

二、国王のクリスマス・メッセイヂは、ジョーヂ五世(一九一〇―一九三六)時代に初められたことで、ヂヨーヂ五世御自身の発意によるものであります。これは、御自身の御意見なり御感想なりを、時の政府に関係無く一般国民に話しかけられる必要を感ぜられたと云ふことから来たのかも知れませんが、それよりもやはり御存知の様な英連邦の組織上、連邦全体に話しかけられると云ふ意味が強いと思ひます。内容は全くパーソナルなもので、政治には一切関係がありません。この慣習は来るべきクリスマスには、女王様のメッセイヂがあるものと期待される程度に確立されて来ました。

三、御参考迄にジョーヂ六世のメッセイヂ集 King George VI to His Peoples, 1936–1951、外務省官房長から御手許に届く様送つて置きました。

右不取敢御返事申上げます。悪筆悪文御容赦下さいませ。

十一月二十七日　　松本俊一

田島大人　玉案下

14-1　一九五三(昭和二八)年六月一六日

〔封筒表〕宮内庁長官　田島道治殿

〔封筒裏〕六月十六日　在英大使館　松本俊一

拝復　六月十日附御手紙、誠に有難拝誦致しました。

今般皇太子殿下御来英に際しては、万事誠に不行届きにて、申訳なく存じてゐましたのに、御礼の言葉を頂き恐入りました。御宿、御食事等も不慣れの為、御不自由を御かけしたるに拘はらず、皇太子殿下にはパリ行の汽車の中にて「もう一ヶ月位英国にゐられたら」と申され、誠に嬉しく存じました。フオークストンを御元気にて御出発の御姿を拝し、ほんとうに涙のこぼれる位喜ばしう思ひました。色々な意味で、英国御滞在は将来も御思ひ出の深いこと、存じます。又万事誠に美事に大任を果され、私共も肩身広く感じました。プリンス・アキヒトの名と、御姿とは、英国の大衆にも強い印象を残したこと丈は、間違ひ御座いません。又クヰーンやチヤーチル首相の心遣ひも感銘に値するものが御座いました。日英関係の将来に、更に日本の中心となられる皇太子殿下の将来とに大きな窓を開いたことは、私共の有難く思つてゐる所で御座います。

右不取敢御礼旁々、感懐の一端を述べさせて頂きました。

六月十六日　松本俊一

田島長官閣下

三笠宮崇仁親王書簡

15　一九五三（昭和二八）年七月二〇日

〔封筒表〕田島長官様

〔封筒裏〕七月二十日朝　三笠宮

田島長官様

前略　渡欧の件につきいろいろ御配慮を感謝致します。

御質問の件、次の通り解答致します。

29年度に海外へ旅行することは過早のように考えられます。

私個人としては、3～4年後の留学を目標として諸準備を整えたいと思つております。それ以前でも特に好機があれば必ずしも不可能ではありません。

以上の場合、主滞在地は欧州とし、帰途比較的余祐のある日程で米大陸を視察したいと思います。

滞在の期間は、予算の許す限り長いことを希望致します。

家族の件は一に状況に応じて定めたいと思います。たゞしこの1～2年の中であれば、どうしても私一人ということになりましょう。以上

7月20日　三笠宮崇仁

三谷隆信書簡

16-0　一九五一（昭和二六）年七月三〇日

〔封筒表〕宮内庁　田島長官殿　御直披

〔封筒裏〕那須御用邸にて　三谷隆信

拝復　御来示の次第、何れも奏上致し置き候。

東宮、義宮両殿下御成にて、奥は御賑やかに候。

富山博士今日帰京、御研究も四、五日御休みと拝し候。暑熱は相不変強いらしく、那須と雖も此四日間は夕立もなく、中々の暑さに候。尤も今日は少しく雲いで来り候間、午后には一ふりあるやも知れずと思はれ候。

議会は今朝のラヂオによればないかも知れずとか、民主政治も

下らぬ事に手間どることに候。昨日の朝日、読売の記事は、順宮様のときの revenge と今后の用心か。新聞記者も忙しき事に候。
穂積博士とう〳〵薨去せられし由、今朝ラヂオにて承知致し候。
敬具

七月三十日　　三谷隆信

田島道治様

16-1　一九五三(昭和二八)年四月四日

〔封筒表〕M. Tajima, Tokyo, Japan　東京都千代田区紀尾井三
田島道治様　〔消印〕APR 6 1953
〔封筒裏〕T. Mitani, AMERICAN PRESIDENT LINES

四月四日

今日は二日目の四月四日です。昨日の四月四日は東京の四月四日でしたが、今日の四月四日はアメリカの四月四日です。欧州から米国を通つて帰朝した経験は二度あるので、一日とばした事はありましたが、同じ日を二度迎へた事は始めてです。それで今日は余計な日をもうけたやうに思つたので、一つなまけてやらふと朝食をぬいて朝寝をしました。尤もこれには食べ馴れぬ御馳走で注意し乍らも、少し胃腸の負担過重の感があつたので、一回休暇を与へたのです。此休暇は、一行の多くの人が、一回位は已に実行してゐます。殿下は怖らくさきがけてされたでせふ。

殿下は船旅を enjoy されてゐます。船客も importune な人はおらず、殿下に充分敬意を払つてくれ、新聞記者諸君もまづ心配したやうなこともなく、殿下は頗る御自由に快適に、青年らしく振舞つておられます。それで外人船客の間の評判も非常によく、御世辞でなくさういふ評をきゝます。船客中に別にえらい人はゐないやうですが、エルキントン式の羨しき身分の人は沢山ゐるらしいです。さういつた人々とも三、四親しくなりましたが、皆おちついた常識人で感じがよろしい。P.C.R.の重役といふ人が二人ゐますが、一人はトロントの実業家、一人は Winnipeg の小麦王とかいふことです。上代たの女史の紹介をもつた、同女史と同窓といふミネソタの実業家夫人にも会ひましたが、此夫婦もよい人です。そして何れも殿下に特に接近はしませんが、よい感じをもち同情ある態度をとつてゐます。船長はじめ船員の態度もよく、パーマーといふ船会社が頼んだ新聞人もよい人です。昨夕船長が、前記のやうな重な御客に殿下を御ひき合せる意味のコックテール〔カクテル・パーティー〕をやつてくれましたが頗る和やかでした。

布哇《ハワイ》の一日は、早朝から相当忙しいやうです。然し在留民の歓迎会のやうなものは全然なく、知事の御出迎をうけ National Cemetery に花を供へられる事と、新聞記者に Statement をよまれることと、Rusford 海軍大将の来訪をうけられること位の

外は、気楽なdriveやその他の行事です。出航后三、四日うつと〔う〕しい天気でしたが、昨日頃からは日も照り、暑くもなりました。然し、暑さに苦しむやうなことは全然なく、殊に部屋はair-conditionedで贅沢なものです。乱筆御判読下さい。

田島大兄座下　　三谷

ホノルル湾内には沢山船が出て来て汽笛をならしたり。沿道に並ぶ群衆も多いらしく、熱誠なる歓迎が待つてゐるやうです。こちらの準備も出来ました。（五日）

16-2　一九五三(昭和二八)年四月九日

〔封筒表〕Mr. M. Tajima, Tokyo, Japan　東京都千代田区宮内庁

田島長官殿　御直披　〔消印〕AP13 1953

〔封筒裏〕T. Mitani, AMERICAN PRESIDENT LINES, 17/4/28

拝啓　色々御多忙の事と恐察致します。船旅は今日までのところ至極良成積で、殿下も御食事はよくすゝみましたが、御障りもなく頗る御元気に拝します。船客との関係も円満で、外人方面に於ても殿下の御評判は満点です。船客にも色々社会層も人種も異つた人々が居りますが、皆充分殿下に敬意を払つており、あつかましいやうな態度はなく、殿下も御自由に御気軽に人々に接しておられるので、皆よろこんでゐます。ある英人船客が朝日の記者の質問に答へて、殿下の御気品の高いことを賞揚すると共に、一般の人に対し障壁を設けぬ態度に感服したといつてゐたさうです。

内地記者の連中も、三番町ではじめて殿下に謁見したときの様子では、どうなることかと思つたさうですが、段々殿下に親しく接するにつれて、反感の如きものは消えて、同情と敬愛の念が増へると見え、むつかしい質問等をもち出す者もなく、殿下の御評判は嘖々、カメラの方の注文も時にはありますが、これも適当に応じてゐるので文句はありません。

要するに殿下は、船旅を充分エンジヨイせられ、これからの御使命にも資するところ少からずと思ひます。船中に於ける殿下の御生活は、高貴なる一般客としての御生活であつて、皇太子としての面は余り出てゐないわけですが、その故にまた此殿下としては、滅多にない機会を充分御利用されたと思ひます。

明后午前桑港に入港以后は、またすつかり旅の様子もかわりませふ。プレスとの関係も、ホノルルではスムースにゆきました。桑港でも、しかあらんことを祈つてゐます。ホノルルから本船に、国務省儀式局長シモンズ氏が乗つてゐますが、桑港にはホノルルにも来てゐた護衛関係のホール氏、新聞関係のリープ氏等五名、国務省から来てゐるとの報があります。カナダ政府も代表者等を派遣するさうですし、新木・井口両大使が御迎へにでるさうで、多くの官民、代表者の応待、新聞会見、御昼食等に十時半から午后二時までを費し、船から直接飛行場にゆかれる予定です。

船中でも、船長の一等船客全部に対するコックテール、殿下を主とした少数船客の同様のパーテイ、殿下の船長及船員船客の重要人に対するパーテイ、又今夜はA．P．L．船客課長のパーテイ等パーテイも沢山あり、映画、音楽会、マスケレード、遊戯大会等と御想像の通りの毎日です。

船中筆も不精になりがちで恐縮ですが、此手紙を宇佐美、稲田両次長、小泉、野村両先生にも御回覧下されば幸甚です。

三谷隆信

四月九日

田島長官殿　侍史

16-3　一九五三（昭和二八）年四月二四日

〔封筒表〕東京都千代田区宮内庁　田島道治様　Mr. M. Tajima, Tokyo, Japan 〔消印〕28APR 1953

〔封筒裏〕T. Mitani, R.M.S. Queen Elizabeth

四月二十四日　三谷隆信

田島道治様

カナダの様子の概観を申上げます。

一、御日程は接伴委員長 Mr. Measures の名にそむかず、一々よく切り盛られており、それが時間表通りに行われました。何分十二日間に渉る御旅行であり、その間動揺せぬベッドに就眠したのは四夜にすぎぬのですから、殿下はじめ一同多少疲労もし、睡眠不足にもおちいりました。それに停車中のプログラムも相当充実してゐました。然し停車の度毎に、よいホテルに部屋が留保してあつて、一時間余り休養の時間が必ず予定されており、それも着いたときと途中と二回休めるやうに考慮されておつて、風呂等にも入りました。又オタワでは、到着の日は一寸総督官邸に立寄つて総督に敬意を表し、又ホテルで新聞にステートメントを読まれた外は、オタワとモントリオールとの中間にある Seigniory Club といふC．P．R〔Canadian Pacific Railway〕の経営する豪壮なるクラブで、井口大使の招待で午餐から夕餐をすます迄休養しました。殿下も昼食后横になられて御休み后、御元気になつてしばらく御乗馬にもなつたわけです。然し翌日のオタワは、朝から夜まで寸刻も閑のない忙しい一日でした。夜は総督官邸の晩餐后十一時、デインナージヤケットのまゝ汽車に送られたのでありました。

二、オタワ官民の接待振りは満点でした。何処でも温い歓迎ぶりでした。

ヴイクトリアのB．C．州 lieutenant governor ウオレース夫妻の御接待振りは、うるさくならぬやうに充分気をつけ乍ら、行き届いたものでした。官邸も景勝の地にあつてヴイクトリア市を見おろし、遥かに河を巨〔距〕て米国領の高山に白雪が残つてゐるのが見えました。建物は十九世紀半ばすぎのものに建増したものださうですが、外観は質素で内容は中々豪華、殊に設備がよく、維持も手がよく届いて清楚とでもいゝますか、現女王も御宿泊になりましたさうですが、これなら皇太子殿下の御来泊をしきりに御願ひしたのも尤もと思はれるうちでした。それに庭に一面色々花が咲いておるか、咲きかけてゐるかしてゐますし、広い芝生もあり温室も果樹園も相当に広く、主人も得意らしく御案内するのをよろこんでゐました。井口大使の話によると、Wallace 氏は造船所等を所有してゐる富豪で、加奈陀の副総督といふのは頗る薄給で、ウオレース氏自身もいつてゐましたが、夫人の秘書の月給にも足らぬさうですから、此家の維持のため私費を年十万弗費してゐるさうです。かくして、夫婦で一生懸命御接待につとめてゐることはよくわかりました。食事は毎回家族的に少数でしたが、二日目の夜には殿下のため、ヴイクトリア、バンクーバーの名流の御曹司、例へば駐日大使メーヒユー氏令息、州首相ベネツト氏令息、ウオレース氏の令息といふやうな人々に、同地にある兵学校（海陸空合同）の学生二、三名、又高等学校、大学等優秀学生（何れも各校の代表者）四名（それは必しもカナダ人に限らず、仏系の米人も一人居りたり）を加へたといつたやうなメムバーを主とする晩餐会を催すなど、気を配つたあとがよくわかりました。

オタワのマツセイ総督も色々に気を配つてくれた様子がよくわかりました。同氏は夫人が二、三年前に逝〔ママ〕くなられ、令息が秘書官で同じ構内の官舎に住んでおられ、令息夫人が御接待に加はつてゐました。前述のやうに、同官邸には結局余り落ち着いた時間がなく、先方も多忙の様子でしたが、御着きになつたときは勿論、夜セイニヨリー・クラブから御帰りになつたときも、デイナー・ジヤケツトの姿で御帰りを待つてゐて、二十分ばかり雑談し、翌日朝御出かけのときも、一寸出て来て玄関まで送り、又夕方御帰館になると、自ら令息の家の方に御案内して、晩餐の用意にかゝる僅かの時間乍ら御相手する等、随分つとめてゐました。

又、議会に於ける首相サン・ローラン氏の演説と之に対する反対党首領 Drew 氏の演説は、外務電、新聞等によつて御承知の事と思ひますが、殿下が議会の建物を御見学されることはプログラムのうちにありましたが、殿下の御臨席の前であゝいつた公式の歓迎は期待しなかつた丈けに、一層うれしく思ひました。朝海君にその話をしたら、英国では思ひもよらぬといつて感心してゐました。

三、日系人の歓迎ぶりはまた別のカテゴリーに属しますが、これは誠に心温まる思ひでした。ヴアンクーバーでも、ウイニペツグでも、トロントでも、モントリオールでも、多数の日系人のをる処では、どこかに集合して殿下に歓迎の辞を述べ、又多くの場合君が代とカナダ国歌や英国歌をうたひましたが、そのうち最も impressive だつたのは、トロント大学の Convocation Hall に集合した千七百人ばかりの人等の reception であつたでせふ。かゝる場合、殿下は極く簡単な答辞を読んでおられますが、一同の態度は敬虔なものがあり、また大によろこんでゐるやうでした。ヴアンクーバーからロツキーを超へ、プレーリーを過ぎ、レーク地方に到る途中、汽車の停車する処には附近の日系人が集合して御迎へしてゐました。早いのは朝の四時半、晩いのは夜の九時すぎ十時近くのこともありましたが、殿下はその都度、或は列車を離れ、或は列車のなかから応対されました。

時差が西部からオタワに来るまでに三時間あり、それに加へて沿道の出迎が諸所方々にあることが汽車の生活の順序をくるわし、それに最後尾に連結された御料車は、展望にはよいがどうしても揺れること甚しいので、それらが汽車旅を中々くたびれるものにした原因でありました。

四、殿下の御態度は申分なく、新聞でも好評であるし、外人に対しても dignity をもちつゝ愛嬌のある応対をしておられ、日系人に対しても同様で、此方面については殿下が御元気である限り心配ないと思つてゐます。御健康の方も皆と同様御疲れはありますが、たとへば本船に乗つてからもう已に充分御回復されておらるゝと思ひます。夜は兎角おそくなることがありますが、朝は随分よく寝ぼうをされることを覚えられたやうです。御伴も一緒に寝ぼうをしてゐます。今日は船内のピンポン競技に参加された筈ですが、結果はまだきゝません。

五、紐育の光景は、カナダの整然悠然としてゐるに凡そ対蹠的でした。汽車がつくと御料車内に市長の代理とかカナダの総領事、ロツクフエラー氏、ヴアイニング夫人等が数人挨拶に上つて来ましたが、殿下に辛うじて握手した丈けですぐ下車、そこにはカメラマンが密集してギヤーギヤー〔し〕切りに注文を発してゐますが、何のことやらわからず、これでは水の一斗位かけても効果はなさそうでした。やつとそれがすむと進行がはじまるのですが、足並の早いことおどろくばかり。車には新木君と小生とが陪乗、暫く待たされて漸く一同そろつてホテルに向ひましたが、あとできくと其御警衛に自動自転車十八台が両側についてゐたさうで、忙しい紐育の街の自働車が皆停車してゐるなかをホテルに着きました。玄関にはこゝにもカメラ隊が控へてゐましたが、どん／＼案内されて三十七階の留保された部屋に入れば、こゝは絶対安全、騒音も届かず、ゐる人々は我々と関係者丈け、こゝで Mrs. Vining とも久濶を叙しました。同夫人も大よろこびで Could I imagine to have this joy. といつてゐました。

ホテルで殿下はヴア夫人と朝食、小生は新木、井口両大使並に島津総領事と朝食。十時半船にゆき、十一時すぎ新聞に statement を御読みになり、会見は松井君が引受け、ヴアイニング夫人が volunteer であとから援助、御見送りの人々のうち最后に残つた新木大使、ヴアイニング夫人、東ヶ崎君が辞去したのが十二時半。船は一時少し前動き出しました。

兎も角アメリカのやかましいこと、桑港でも多少経験しましたが、紐育のpressはまた格別、これが前味といふわけです。船は大きく、海は静か、字をかくにもウイルソンよりもずつと楽です。にも拘らず乱筆、時々消したり直したりは免し下さい。両陛下にもよろしく御執奏願ひ度く、小泉、野村両先生にもよろしく願ひます。

小泉さんの御渡欧は決定したやうで結構でした。オクスフオード、ケンブリッヂは是非御願ひし度いと思つてゐます。敬具

16-4　一九五三（昭和二八）年五月五日

〔封筒表〕Mr. Tajima, Tokyo, Japan　東京都千代田区紀尾井町
田島道治様〔消印〕6 MAY 1953
〔封筒裏〕T. Mitani, Japanese Embassy, London

拝啓　先日御来信拝見、カナダの様子は船中より報告しておきました。汽車旅行でfunctionをやり乍らゆくのは可成のstrainでした。来英後御日程は楽ですが、色々人に面会したり頭のつかれることはあります。殿下はしかし頗る御元気です。今日のQueen謁見も中々立派だつたさうで、松本君もすつかりよろこんでゐました。殿下はよく落ち着いておられたと見え、色々細い点を観察して来られてゐるのには感服しました。

殿下の御酒は、コツクテール・パーテイの写真等で問題をおこしたかも知れませんが、コツクテール、シヤムパンも殆んどのまれません。赤ブドー酒が御好きのやうですが、これも一杯以上はのまれません。さう御心配になることはないと思つてゐます。然し勿論酒に対する注意は絶えずしており、御自身も要心はしておられるやうに思ひます。

今夜はこれからスコツトランド行きで、今は荷物も出し、車を待つてゐるところ。乱筆御判読を願ひます。

五月五日夜　三谷隆信

田島道治様

16-5　一九五三（昭和二八）年七月三日

〔封筒表〕Mr. M. Tajima, Kunaicho, Tokio, GIAPPONE. 東京都千代田区皇居内宮内庁　田島長官殿　親展〔消印〕3 ■ 1953
〔封筒裏〕T. Mitani, c/o Ambasciata del Giappone, Roma, Italia.
七月三日　ローマにて　三谷侍従長
〔中封筒〕田島長官殿　御直披　三谷隆信

拝啓　其後は御無沙汰しました。半年余の旅行の約半ばを終へ、今朝から当キリナレ宮の賓客となつてゐます。始めは法王の離宮に建てられ、その後サヴォイ王家の宮殿であつた此家は、大〔き〕さもむやみに大きく、なかの装飾もえらく立派で、我々のやうな平民にはどうもおちつきかねる部屋々々のみです。
仏蘭西に於ける御歓迎は丁重コレクトで、国民の態度もsympatheticで、スペインに於けるやうな熱ぽいものはありません

が、結構であつたと思ひます。同国では殿下御滞在中には、ついに新内閣は成立せず、ビドウ外相の招宴も組閣に失敗した直后にあつたやうなわけですが、大統領はじめ重なる政治家の態度は何れも好意に満ちたものでした。仏国では、国民は大体此前の戦争のことは段々に忘れ、現在の世界情勢に対する懸念が一般に深く、政局の不安定は、専門の政治家は知りませんが、国民の最も心配してゐる点と思ひます。そして政局の不安定を来してゐる理由は、やはり政治家相互間の嫉妬、勢力争いといつたものが重で、戦争中 Vichy 派と resistance とに分れて争つたその余勢が、今なほ重なる分岐点だといふ観測もあります。然し国民一般はもうそんなことは問題にしてゐないらしいです。スペインはその国民性を発揮して、中々熱心なものがありました。表現は熱誠で、感情的には真実であると感じましたが、然し主として感情的であることは勿論です。兎も角政府も国民も、心から東宮殿下を御歓迎申上げておりました。

伊太利はこれからですが、此国にも明かなる又かくれたる王党派は沢山ゐるさうで、さういつた意味からも、殿下に対しては御歓迎の熱意が相当にあるやうです。英国のやうに、まだ日本に対し割り切れぬものを持つてゐる国、仏蘭西のやうにそれももう忘れかけてゐる国、スペイン・伊太利のやうに日本に対しては始めから恨みもなにもない国、たゞ世界の大勢に同調せねばならぬ国と色々国情は違いますが、何れも対日関係に於ては一時的の違和を忘れて、昔しの関係に帰らふとしてゐる時期に際し、殿下が御出でになつてそれが更に日本との親善関係増進の機会となつてゐることは、いふまでもないと思ひます。

殿下は御健祥です。スペインの疲労も、アンチーヴで充分御回復と思ひます。これからスウイスに入るまでが一番気にかゝるところですが、精々気をつけ乍ら進行します。殿下は十九才の青年としては、普通人に比して遥かに成長しておられますが、然し子供らしい処も中々御ありで、我儘も仰言ることがあるが、まづ素直で御伴を困らせるやうなことはありません。此度の御旅行で西欧の文明の表面を一応御覧になつてお帰りになりますが、その背景になつてゐるものまでは中々看取出来ないのは誰にても同じですが、さういつた意味からも、御帰朝後は眼で御覧になつたもの、耳で御聞きになつたものをよく消化するやうにせねばならぬのではないかと思ひます。

今朝着後大統領に御会いになつて、陛下の御言葉も御伝達になり、夕方までは御休養ですが、外は日がカン〳〵照つており、此の壁の厚い宮殿のなかでも余り涼しくはありませんが、然し日本の真夏に比すれば楽でせふ。

まだ余り纏らぬ感想を乱筆で書きましたが御判読下さい。敬具

七月三日

三谷隆信

田島道治様　座下

16‐6　一九五三(昭和二八)年七月一六日

〔封筒表〕東京都千代田区宮内庁　田島道治様　御直披　Tokyo, Japan, T. Mitani, EXCELSIOR HOTEL ITALIE, FLORENCE

〔消印〕16. 7. 53

七月十六日　フロレンスにて

東宮様また御不例で恐縮してゐます。スペイン・伊太利とを暑い最中に御旅行なので、出発前からの頭痛の種でしたが、案外に好調でしたのでよろこんでゐた矢先、十三日の夜半といふか、十四日の夜半といふか、十二時少しすぎ、小生は已に床中にあつたところを佐藤、黒木両氏におこされたときはぎよつとしました。然しオクスフオードのときと同様、御案じ申上げるやうなふしは少しもなく、殊に此度のはリゾツトとスパゲツテの食べすぎといふことが主な原因で、熱も一日で降り、その後の経過は御順調で何も問題はありませんが、マイナスを取戻す丈けでなく、此際プラスを稼がうと思ふので、伊太利のみならず仏蘭西の御日程も変更、白耳義までは御休養の一本槍でゆかふと思つてゐます。然しフランスの御日程は、昨年以来折衝の結果出来つた妥協案なので、ケードルセー〔Quai d'Orsay、フランス外務省〕に難色があるらしく、目下在仏大使館と電話で交渉中ですが、今朝はきまるでせふ。

随員内、吉川君が同様下痢でやられましたが、丁度御休養中なので不幸中の幸です。その他の諸君は何れも健在。皆うどんと思つて侮れぬとさとりました。何しろかけるソースに油が多いから、量をすごすといけないのですね。(午前)

フランス側は御日程取りやめに同意しましたが、巴里到着を成るべくおそくして呉れといふので、電報の通りヴエニスでオリエント・エキスプレスに乗る事とし、殿下もヴエニスを一寸でも御覧になれるので御満足ですし、伊太利側も勿論異議なく、まづ之で一まづ解決しましたが、之からも白蘭独北欧と馳走旅行ですから大へんです。殿下も今日の昼は食堂で軽食をとられ、吉川君も元気な顔を見せてくれました。

暑さの折柄、折角御自愛を祈ります。(午后)

七月十六日　三谷隆信

田島道治様　侍史

16‐7　一九五三(昭和二八)年八月二九日

〔封筒表〕東京都千代田区紀尾井三　田島道治様　Tokyo Japan

〔消印〕31. VIII 53

〔封筒裏〕T. Mitani, SUVRETTA HOUSE, ST. MORITZ, SWITZERLAND

拝復　先日は詳細なる御手紙ありがたく拝見致しました。スカンヂナビアの旅もまづ終了。コペンハーゲンを立つた朝から、多少御疲れの様子が見え、発熱とまではゆきませんでしたが、ベルヌの行事は止むを得ざる瑞西政府に対する儀礼の程度に止めて、ホテルで二、三日ぶら〳〵され、昨日当地サン・モリツツに参りました。天気もよく静かで、風景はいふまでもないよい処ですが、殿下は精神的に元気が充分御出になつてゐません。身体的には多少御鼻が出る位でどうもおありにならぬのですが、積極的の気持になられないので、兎角従来の御くせと聞いておりますが、こゝで二、三日御休養の後には、それもすつかり御よろしくなることを希望し期待してゐます。

米国のプログラムは果して heavy なもので、思いきつた削除を注文し、新木大使もそれを了承してくれましたが、華府に於ては、いくら削減してもある程度の日程は止むを得ぬものがあり、紐育も削り致しましたが、まだ暑い際とて容易ならぬものがあるだらふと気をつかつてゐます。これから瑞西滞在が合せて一週間以上ありますが、その間に精々元気を貯へていたゞき度いと念願しております。

ルーズヴエルト夫人に関する御注意、有難く拝読しました。これは夫人が来日の際の経緯もきいておりましたから、御うけにはなつたのですが、御来示のやうな点は心得ておらねばなりません。

スペインの学生寄宿舎の件は、右寄宿舎を御見学になつた際、突然さういふ申出があり、具体的には西国外ム省と日本大使館との間でよく話合ふといふ事で、殿下もさうですがそれはどうもといふやうな挨拶をされる外はなかつたので、その後いかなる具体的な案が呈出されてゐるのか我々は知りません。西国人は御承知の通りの熱血ですから、感激すると突然 generous な言動に出ますが、それが後になつて必ずしも実を結ぶとは限らぬので、此問題等も果して如何に具体的に実行されるのか多少の疑念と思つて私は聞いておつたのでした。然しその場で reserve をする必要は感じなかつたので、問題の性質上又先方の説明によつても充分 reserve のついてゐることは明かと思つてゐます。

日本も此夏は度々水害があり、九州、和歌山又最近京都府下にもあつたらしく、行く先々でその見舞をいはれますが、私等も度々経験しましたが、外国にゐて本国についての悪い報知をきくことは心を傷めるものです。

両陛下は那須で御気嫌〔ママ〕麗しく被在るらしく、最近の新聞で御写真を拝見しました。

朝鮮、中共、ロシア、アメリカと日本の外交関係は中々むつかしく、それに政府も力が弱く中々大体な事と思ひます。今ジユネーヴには有田さんもおられるさうですが、まだ会ひません。

小泉さんとはストツクホルムで御会ひし、スウイスでも御一緒になり、今サン・モリツツに来ておられますが、まだゆつくり御話しておりません。

紀尾井町ではテレビの塔から厚板が鈴木さんと小生の宅の屋根におちて来たり、平家の筈であつた家が二階になつたり、色々事件が起つてゐるさうですが、私共の帰る頃はそれもすつかり出来上つて、塔の避雷針も出来て、家の者共も安心(?)してゐる頃でせふか。
今年の夏は東京は大変に暑い日があつた由。欧州はむしろ雨の多い日光の足りない夏といつてゐます。尤も西班牙、伊太利はさうでもないやうですが、然し丁抹あたり収穫は大変よいといつてゐました。白耳義、和蘭、西独、丁抹、ノルウエー、スウエーデン、スウイスと何れも国は小さいがよく働きます。そしてノルウエーのやうな比較的貧乏といはれる国も、日本に比べて遥かに生活程度が高いと思ひます、それからスカン〔ジ〕ナビア三国の国王から何れも儀式ばらぬ御饗応をうけましたが、democratic king として御苦労も多いのでせふが、その挙措態度には感服するものがあります。何れ帰国の上御話します。
こゝまでかいた処で小泉さんが見え、四方八方話をしたところですが、小泉さんは我々よりは少しくアメリカに渡られ、ヴアイニング夫人のときは御援助を願ふつもりです。又紐育には我々より残られる予定の由、紐育は中々多忙で、出発前御話したやうな機会は私にはないかと思ひますが、小泉さんにはあり得ると思ひます。
下手な字で長々とかきました。御判読願ひます。
令夫人によろしく。敬具
八月二十九日　三谷隆信
田島道治様　侍史

湯川秀樹書簡

17　一九四九(昭和二四)年一一月二一日

〔封筒表〕Mr. M. Tajima, Minister of The Imperial House of Japan, Chiyodaku, Tokyo JAPAN, 東京都千代田区宮内庁長官田島道治殿／Hideki Yukawa, Department of Physics Columbia University, New York 27, N.Y. 〔消印〕NOV23 1949

拝復　今回小生ノーベル物理学賞を受領致すことゝ相成りましたにつき、早速御鄭重なる御祝詞を頂戴致し、誠に有難く感謝の至りに堪えません。今回の受賞は学徒として望外の名誉でありまして、小生に取りましてこれ以上嬉しいことは御座いませんが、それにも増して感激致しますことは、日本国民の皆様方が、衷心よりわがことのように喜んで下さることです。
殊に御手紙によりますれば、今回の発表に対し天皇陛下にも非常に御満足の御趣き、日本人の一人として実に感激の至りであります。かねてより御自ら科学者として生物学の御研究に深き御造詣を御持ち遊ばす御方として、一入科学に深き御理解を有せられますことは当然ながら、今後平和的な文化国家を再建致します途上にあります日本に取つて、誠に心強きことで御座います。小生の研究はまだ〳〵完成の域に遠く、アメリカにあると日本にあるとを問わず、前途多年に亘つて努力を積まねばならぬのは勿論でありますが、今回の発表が、日本の科学者初め一般の方々に多少なりともよき刺戟となりましたらば、小生に取りましてこの上もなき仕合せであります。来る十二月七日にはストックホルム宛出発致し、十日の受賞式に参列致すべく公私とも多忙を極めおりますが、取急ぎ航空便を以つて厚く御礼申上げる次第で御座います。

十一月二十一日

ニューヨーク、コロンビヤ大学にて　湯川秀樹

田島長官殿

吉田茂書簡

18-0　一九四八(昭和二三)年六月一一日

〔封筒表〕宮内省　田嶋〔ママ〕宮内府長官閣下

〔封筒裏〕六月十一日　吉田茂　東京都杉並区西田町一ノ七四三

荻外荘(電話　中野(38)三〇八番　荻窪三、〇〇〇番)

拝啓　未得拝晤候得共、此際の御就任、誠に御苦労千万之至に拝察、只管国家之為御奉公奉冀望仕候。直に拝晤を得度事に存候得共、議会の昨今御承知之如き状況にて其意に任かせず、何れ来週中にでも御都合可相伺度心得に御座候。先は不取敢御挨拶迄、如此に御座候。敬具

六月十一日　吉田茂

田嶋宮内府長官閣下

18-1　一九四九(昭和二四)年五月二七日

〔封筒表〕田嶋宮内府長官閣下　必親展

〔封筒裏〕東京にて　吉田茂

謹啓　長途之御旅にも拘らず、天機愈々麗敷被為渡、御同慶之至に奉存候。

昨夕も元帥往訪、御旅先よりの日文電報英文再訳を持参致、各地奉迎の熱狂振大要を語り、往年陛下地方御巡幸に対し小生憂慮御止め申上候処、元帥は却而勧められ存候結果、　陛下益々御決意を固められ候回憶談後、地方御巡幸之都度、国民奉迎之熱誠は共産党を圧し去れし状況は、各地同様と申聞候処、元帥は喜色満面、　陛下の御人物と拝接せる所の悉く感得せしめざれば止まざるべく、御巡幸の当初は如何にもドラスチックと思はれた者が、自分斯る結果を当然将来すべしと信じ居たり云々と申居候。

尚ほ余談にて、自分は日本に関しては四十年来研究怠らず、自分の兄が団匪事件当時北京の米国軍に属し候。団匪事件の当時、北京に於而掠奪を行はざりしは日本軍隊のみ、又日露戦役に於而日本軍が俘虜を優待せるは顕著の事実に有之、当時の勇将大

山、乃木其他各将軍には親敷面接し、其風貌今に記憶に新なるが、大東亜戦に従事せる日本の将軍とは全く別人の様の感あり。何故に然るか全く不可解なりと申居候。

陛下御旅行中の談柄とし而御序に奏上被下候御為と存申上候。

朝夕殊の外御苦心と存候得共、折角御加養奉願候。

尚又参議院は明年の選挙を差控、議院に於て行政整理に反対し、失業問題之為めに奮闘せりとの評判を残す作戦にて、議事進行妨害に野党懸命に致処、漸く昨今社、共両党反省の色を生じ、兎に角にも定員法は今夕通過の運と可相成御安心可被下、議長の入場を阻止し、其職務執行妨害等之行為は決して不可許行為と糾弾に力め居候。厄介千万に御座候。其他別状無之、対米干係も益々宜敷、援日予算も下院に於て復活、マ元帥にも社民自党一致振をほめられ申居候。ドッヂ予算丸呑には大に好感を得候。■の如くに御座候。近況速報まで、如此に候。頓首。乱筆御推読被下度候。

五月二十七日　吉田茂

田嶋長官閣下　侍曹

18-2　一九四九（昭和二四）年七月一九日

〔封筒表〕田嶋宮内府長官閣下
〔封筒裏〕七月十九日　吉田茂

拝復　早速小泉氏に御話被下、難有奉存候。過日電話にて申上候後、小泉氏より書面参、決意の程も推測せられ、到底六ヶ敷乎とか想像仕候。昨日池田氏大磯にて面談、一寸右にて如此候処、過般貴台と共に大磯に被来候由、実は小生自ら往訪試談の考に候得共、池田翁の話にて、却而小泉氏に於て迷惑に可被感歟とも存じ差控候処、貴書にて同氏に来訪の意なきにあらぬやに被存、文教委員問題とは全く別に、来週いつか晩餐旁御語合せ御来食如何。久々振閑談暢語之間、御気付の事を御承知、御話合など得者幸甚に奉存候。不取敢御礼旁得貴意候。頓首

吉田茂

田嶋長官閣下

18-3　一九四九（昭和二四）年七月二九日

〔封筒表〕宮内府　田嶋長官閣下　親展
〔封筒裏〕大磯　吉田茂　七月二十九日

拝啓　過日御殿場に参候処、風土不変忽ち胃腸を害し当地を延着候処、道路あしき為更にふりかへり惨たる状に候。幸に全快致候得共、医戒を守、今週は逗留と仕候。従て御光来を無候事と存居候所、何れ吏に御都合を伺候心得に候。扨て寺崎氏の身上、日本石油にて引受られ候に付御安心可被下候。
書余拝青万陳に心得候。敬具

七月二十九日　吉田茂

田嶋長官閣下

18-4-0　一九五〇（昭和二五）年一月一六日

〔封筒表〕田嶋宮内府長官閣下　必親展

拝啓　一昨日電話にて一応申上置候得共、其儀に不及旨沙汰致候様との思召に有之候に付、別紙の辞表は其儘御手許迄御返申し候。

尚ほ書外拝青に譲候。敬具

一月十六日　吉田茂

田嶋宮内府長官閣下

〔18-4-1　別紙〕

進退伺

旧臘東宮御仮寓所炎上につきましては御場所柄洵に恐懼に堪えませぬ。茲に謹んで進退伺ひ申上げます。

昭和二十五年一月　日　宮内庁長官田島道治〔花押〕

内閣総理大臣吉田茂殿

18-5　一九五〇（昭和二五）年三月一七日

〔封筒表〕御巡幸先　田嶋長官閣下　親拝

〔封筒裏〕三月十七日　目黒官邸　吉田茂

拝啓　御体日々御心労御大儀と拝察、先以て御障り無之、天機麗敷被為入候様、諸種之報告にて逐一拝承、御同慶之至に御座候。過日元帥と雑談之砌、御巡幸無滞之旨申聞、自分は御巡幸は見合せ度願出たる処、御上には元帥は賛意を表せりとの事にて、元来諸方御出ましになるに到れり、其結果は意外に良好にて安心せりと申候処、元帥は御勧いたし候得共、実は内心心配《Anxiety》せりとて打明け話致居候。政界之模様は特に申上候程は無之、天下事なければ大慶と可被思召候。幸使に托一書敬呈致候。尚ほ前途少からず、折角御自重被成度奉存候。

三月十七日　吉田茂

田嶋長官閣下

18-6　一九五〇（昭和二五）年五月一日

〔封筒表〕田嶋長官閣下　必親展

〔封筒裏〕五月一日夜　吉田茂

拝啓　一寸至急御話申上度儀有之、就ては乍恐明二日朝食を御一しよに致しながら御相談願敷、御都合取計間敷候哉、御都合相伺候。実は新聞を恐れ、明朝ソツト御入来を願度奉存候。早朝なれば無難と存、此段願ひ候。御都合宜敷ければ午前八時ころ奉待候。頓首

五月一日　吉田茂

田嶋長官閣下

18–7　一九五〇（昭和二五）年五月四日

〔封筒表〕田嶋宮内府長官閣下　必親展
〔封筒裏〕五月四日　港区芝白金台町二ノ二六外務大臣官邸　吉田茂

拝啓　過日御光来奉謝候。扨而其節申上候次第と有之候得共、参議院選挙後の大改造は中止、此際欠員補充之程度に止、天野博士を文相に、増田甲子七君を建設相にし、官房長官を新任することとして、明後六日午前中に宮中御都合相計候得共、認証式を御願伺度奉存候。

何れ内閣より後刻手続可被為致、此段御含奉願。頓首

五月四日　吉田茂

田嶋長官閣下

追伸　小生十三日夜行にて地方遊説の為山形地方に出罷候。従而十二日宮中午餐は難有御請可致候。

18–8　一九五〇（昭和二五）年八月二九日

〔封筒表〕田嶋宮内府長官閣下　親展
〔封筒裏〕八月二十九日　港区芝白金台町二ノ二六　外務大臣官邸　吉田茂

拝復　御依頼の件、何か適当なる位地可無哉を岡崎官房長官に兼て依頼致居候処、何分大正年間に大学卒業にて、次官相当官如くでは叶まじとて困難致居候。其内よき工夫も生ずべきやと甚だたよ〔り〕なき事をたより不致候始末、右之次第にて何かの考案出来候節可申上候得共、唯今の処急に妙案も無之、サリトテ実業界には小生余り存寄のところ以無之、一応此段御返事迄、如此候。小生明日帰山、来週初上京の予定にて御座候。

八月二十九日　敬具　吉田茂

田嶋宮内府長官閣下

18–9　一九五〇（昭和二五）年九月四日

〔封筒表〕（特使便）田嶋宮内府長官殿　侍史
〔封筒裏〕九月四日　港区芝白金台町二ノ二六　外務大臣官邸　吉田茂

拝啓　兼て鈴木氏之役方依頼下受、種々工夫致候得共、何分相当の年輩にて適当の地位見当らず難渋仕候処、今回林氏を割愛せられ候に就ては、鈴木君の後始末候ては不相済と存候。外務省に新設之入国監理事務局長官（局名は相違致候哉に不斗）に推挙致候事に相談仕候。右にて御勘弁被下度、委細は官房長官若くは外務次官より直接説明致させべく候得共、不取敢為決定之次第申上度。草々敬具

九月四日　吉田茂

田嶋長官閣下

18-10　一九五一（昭和二六）年一月七日

〔封筒表〕田嶋宮内府長官閣下
〔封筒裏〕一月七日　吉田茂

拝啓　昨日高橋誠一郎博士被参、帝室博物館長後任に付相談有之、一応浅野前侯爵を推挙となれる旨を仰候事、小生に同意を被求候に付、小生に相談とあらば直に賛意を表し難しと申述、其他如何なる人の銓衡に上れたるにやと相尋し処、和辻博士も其一人なるが、固辞して受けくれねばとの事に候。小生は和辻博士なれば同意にチョウチョ〔躊躇〕せず、同氏を是非にもとは思はる次第述置候。

就ては幸に御同見なれば、貴台より同博士に就任御勧誘被下間敷哉。博物館は種々の意味にて軽々にては取扱難しと被存候に付、特に御尽力をと被存候次第に候。昨日官房長官に電話、天野文相に於ても同博士を勧説方依頼致し置候。

右要用斗候、得貴意候。敬具

一月七日　吉田茂

田嶋宮内府長官閣下

18-11　一九五一（昭和二六）年二月九日

〔封筒表〕田嶋長官閣下　必親展
〔封筒裏〕二月九日　吉田茂

拝啓　ダレス氏との話合は、甚だ好感情の下にスラ〳〵と取運び、別段の難問題も無之、本日前以て終了、今夕送別会仕候。

右一後始末早速にて、御前へ具報言上可致義には可致候得共、右は彼我主張話合の性質にて、条約交渉と申候次第には無之に付、世間の注意一応収まり候上にて、来週中御都合を伺ひ、委細言上仕候心得に存候。此段可然御執奏置奉願上候。

尚又ダレス氏、退京前参内拝謁を希望致候節は、陛下の御都合如何可有之哉、為念承り置度奉存候。此書持参候松井秘書官へ、御内言願上候。

二月九日　吉田茂

田嶋長官閣下

18-12-0　一九五一（昭和二六）年三月一四日

〔封筒表〕田嶋宮内府長官閣下　親展
〔封筒裏〕三月十四日　吉田茂

拝復　御沙汰書案拝見候。早速閣僚及参議院議長及衆議院副議長に一応協議仕候。一同結構に拝承候。此段拝答迄如此候。敬具

三月十四日　吉田茂

田嶋長官閣下

〔18-12-1　別紙〕

故衆議院議長幣原喜重郎に賜ふ御沙汰書　案

道を信ずること篤固、官を守ること勤恪、屢閣班に列して著績を国交に挙げ、再び縮軍に参して偉勲を折衝に樹つ。遂に家宰に位して利器能く盤錯を剖き、又衆院に長として深智善く燮理に任ず。斯の多艱の秋に方り、遂に長逝を聞く。何ぞ痛悼に堪へむ。宜しく使を遣はし、祭粢を賜ひ、以て弔慰すべし。

右御沙汰あらせらる。

18-13　一九五一（昭和二六）年八月三日

〔封筒表〕宮内府　田嶋長官閣下　親展

〔封筒裏〕箱根小涌谷　吉田茂　八月三日

拝啓　暑中益々御壮剛奉賀候。陳者、媾和全権団構成に付取急報告之為、松井秘書官差出候処、直に上奏致候由、甚だ手落有之、侍従長経由に当然有之、右に可取計と存候得者、注意不行届之段、誠に恐縮千万と存候。可然御詫言上方奉願候。

尚ほ本日一応の構成終了、米国政府に通告之手続可仕候に付乍略儀同報松井秘書官差出候様取計置候。多分今夕那須御用邸に参候可致候。

尚ほ又、百余才の老母を有する人よりの話に候得共、全国にて百余才の高齢者百人位あるも、右高齢者に立太子式の折にても、陛下より御言葉若くは記念の印に何か御下賜になる様にならぬものかと申出候。道義衰へるかとも思はる、当世、よき思付かとも被存候。忘れぬ内に御耳に達置候。書外拝晤に譲候。敬具

八月三日　吉田茂

田嶋長官閣下

18-14　一九五一（昭和二六）年九月一九日

〔封筒表〕田嶋長官閣下

〔封筒裏〕九月十九日朝　吉田茂

拝啓　近時民主主義取違ひ、宮中まで及ぼして以て得意の風、殊に上流、分けてお直の宮家にみられ候は遺憾千万至候。故に昨日、式部長官〔官長〕には写真などは以ての外と切言致候次第に有之、又昨日平服との御内示にて、お客への思召はさることながら、宮中奉仕側近まで平服は心得不申、側近奉仕の輩はモーニング若くはフロックコートにて君側に侍するは英国宮中の慣例と存候。別して外賓を迎られ候砌には、極少の用意ありて可然と相考候。お上は御平服の方御打解気に見、却て結構と存候。気付の儘無遠慮に申上候。御寛恕可被下候。

九月十九日　吉田茂

田嶋長官閣下

18-15　一九五一（昭和二六）年一一月一四日

〔封筒表〕田嶋宮内府長官閣下

〔封筒裏〕十一月十四日　吉田茂

拝復　天皇陛下御巡幸中御機嫌麗敷奉大慶御座候処、京都大学にて学生運動　御目には留まらず候由に付、不取敢侍従長まで官房長官より御見舞申上候様申入置候。尚ほ文部及法務より係官特派、事情取調候様申付置候。文教之事希望懸念罷在候得共、戦後之特殊之事情もありて懸念不尠、一層留意可仕心得に候。多日に亘る御巡幸、只管御無事を万祈に罷在候。敬具

十四日　　吉田茂

田嶋長官閣下

18-16　一九五一（昭和二六）年一一月一八日

〔封筒表〕田嶋宮内府長官殿　親展

〔封筒裏〕十一月十八日　吉田茂

拝啓　連日の御供奉し御苦労と奉拝察候。先以て、天機益々麗敷被為入恐悦至極奉存候。日々の御模様は其筋の報告にて拝承仕候。扨て京都学生事件は心外千万の事、徒らに学内自治を噵結果、教授中不心得者も存在致居、其掃蕩を如何可致哉。兼て頗る苦慮中に候。教育問題は国本にも関し候重要案件に有之、其全般に更に再検討可致筈にて、夫々文教審議会に付議致候。確たる成案を得度と焦心罷在候。

両条約審議も日々無用の論議、意外の時間を懸候得共、尚ほ昨夕結了の筈の処、少々の与党の手違より遂に反対論の引延策に引かゝり、今日にも及候得共、今夕には通過可致、予て野党は党略上種々無実の論拠を以て、折角の外国政府の善意好意を誹謗し、国際上反響如何、些か懸念仕候得共、其低級なる如何とも言論を封殺し難情に候、慨嘆之至、国家全象の利害に思及ばざりし段、哀嘆之外無之候。委細の経過は菅野副長官より具申致候様申聞置候。幸便へ托し候。敬具

十八日　　吉田茂

田嶋長官殿　侍曹

18-17-0　一九五二（昭和二七）年四月三日

〔封筒表〕田嶋宮内府長官閣下

〔封筒裏〕四月三日　吉田茂

拝啓　一両日来少々不快之為、本日午後大磯にて休養致度、従て書面にて御貴意御内示の案文、此際の御言葉承て少々余りに平易に過ぎ、荘重を欠くやに感ぜられ候か如何。小泉氏には更に御協議如何か思付の儘申上候。御再考を仰度奉存候。

四月三日　　吉田茂

田嶋長官閣下

〔18-17-1　別紙、田島道治書簡下書き〕

拝啓　愈御清安奉大賀候。就者、過日御話有之候平和条約発効の直後、陛下のおことばとして発表するものゝ文案同封致候間、

御高覧被下度、御意見も有之候はゞ、折返し御書示賜り度し。五日迄に別段の御回示無之候はゞ、御裁可の手続相運可申候。リッヂウエー司令官御訪問の日取は御都合も被為在候間、可成早めに御知らせの程願候。次に五月三日式典に関しても、前便申上候通りの次第に付、是亦早めに御内示相願度、其折のおことばは先達て御耳に入れ候節、御意見拝承致し、将来の我国の抱負の点加筆、大体成案を得、目下仮名遣ひ等研討中に候間、右御了承被成下度候。先右得貴意度如此候。頓首

四月一日三時十五分　植秘書官に手交

吉田首相宛　書類交印必親展

18-18　一九五二(昭和二七)年四月五日

〔封筒表〕宮内庁　田嶋長官閣下

〔封筒裏〕吉田茂

拝復　過日来少々不快にて此地に引籠候。御書の御返事相遅候。扨て御内示の条約発効当日の御言葉案は、五月三日の祝日当日の分と取違候。御前に祝日当日の分あるのなれば、前記御内示案は結構に可有之と奉存候。委細は岡崎大臣より御聞取可被下、不取敢御答迄。

何れ来週早々帰京、書外其節に譲候。

四月五日　敬具

吉田茂

田嶋長官閣下　侍史

18-19　一九五二(昭和二七)年五月七日

〔封筒表〕田嶋宮内府長官閣下　必親展

〔封筒裏〕五月七日　吉田茂

拝啓　今日午後参内、貴官辞意奏上仕候儀、陛下より其儀に不及旨を以て御取上不為成候に付、何卒御翻意相成度、不取敢此段申上度、委細は拝晤万縷に心得候。頓首

五月七日

吉田茂

田嶋長官閣下

18-20　一九五二(昭和二七)年五月二六日

〔封筒表〕宮内府　田嶋長官閣下　親展

〔封筒裏〕五月二十六日　吉田茂

拝復　御祝電之件、過日直接英外務省に説明方相成候処、多少了解し難き筋なきに非ず、乍去荒立て候如何か、畢竟不注意にて他意無き歟に被存候に付、此際は兎に角も前例通り発電可然と奉存候。不取敢御答迄。敬具頓首

五月二十六日

吉田茂

田嶋長官閣下

18-21　一九五二（昭和二七）年七月一〇日

〔封筒表〕田嶋宮相閣下　親展
〔封筒裏〕七月十日箱根にて　吉田茂

拝啓　御書敬読仕候。党内々紛に付余り御懸念被下間敷、其内自然納まるところに収まり可申、小生は斯の泥仕合には一向興味無之呵々。
当分此地滞在の予定に致居、尤政府・国会の都合にては何時にても上京の筈に致居、又新任大公使認証式之為、来週葉山に参向の筈に承知致候得共、此考不取敢貴答迄如斯候。敬具

七月十日　吉田茂
田嶋宮相閣下

18-22　一九五二（昭和二七）年八月二二日

〔封筒表〕田嶋宮内府長官閣下

拝復　御不快とは存じ御座候。小生は今朝上京、松井秘書官より委細報告有之、貴命拝承仕候。残暑■暖別して御加養奉万祈候。
其内拝青に万縷御心得可被下候。敬具

八月二十二日　吉田茂
田嶋長官閣下

18-23　一九五二（昭和二七）年九月二五日

〔封筒表〕宮内府　田嶋長官閣下　親展
〔封筒裏〕九月二十四日　目黒官邸　吉田茂

拝復　昨夕帰京仕候。御尋の件、東宮殿下勲章親授の件は、国会再開政局安定後、立太子式直前可然歟。内親王様方の分は、思召次第にて如何様にも取計可相叶歟。思召一応伺ふか、御内報願敷奉存候。
一応不取敢御答迄。書外拝青別紙。匆々頓首

九月二十五日朝　吉田茂
田嶋長官閣下

18-24　一九五二（昭和二七）年九月三〇日

〔封筒表〕宮内府　田嶋長官閣下　必親展
〔封筒裏〕九月三十日　吉田茂

拝復　内親王方叙勲之義、むしろ当然の事と存候。御降嫁後、皇族たる御身分を尚ほ保持せられ候事英国の如くならんか、何等か其方法をとも私考致居候次第に有之、慎重の取扱可申候はゞ、持廻りの閣議の略式手続によらず、皇族に類する義に付、閣員一同出揃ひたる正式閣議にて決定可致との趣旨にて副官房長官の話に候。多少誤解など被認候に付、此段改て得貴意候。頓首

九月三十日　吉田茂

田嶋宮内長官閣下

18-25　一九五二(昭和二七)年一一月一三日

〔封筒表〕宮内庁　田嶋長官閣下　親展
〔封筒裏〕十一月十三日　目黒官邸　吉田茂

拝復　東宮殿下御渡欧随員の件、来週匆々閣議に懸候筈に候。小泉博士略御内諾之趣結構御同慶之至に御座候。折角の御旅行に付、是非共同氏の随行を小生よりも願ひ度と存居候次第に有之、当分内秘之事は拝諾、[redacted]伝[redacted]に小生非常に喜び居候次第、御伝声願上度候。
小生之より帰磯、取急一応御返迄如此候。敬具

吉田茂

田嶋長官閣下

十三日

18-26　一九五二(昭和二七)年一二月一一日

〔封筒表〕田嶋宮内府長官閣下　親展
〔封筒裏〕目黒官邸　吉田茂　十二月十一日

拝復　東宮様御渡欧之件、随員は可成少き方、殿下御見学上にも便宜に被存候。一面に小泉君随行不相叶とせば、他を物色しても適当の御輔導役を随行せしめ、御旅行中、歴史、地理、政治等に付、随時御教導申上候様仕度、委細唯今来訪の緒方官房長官に私見申述度候間、御相談願敷、過日拝謁之砌、東宮殿下御教導之為めには、旅費一切御心を懸させられぬ様にと言上仕置候。
拝答迄如此候。敬具

吉田茂

田嶋長官閣下

十二月十一日

18-27　一九五三(昭和二八)年九月九日

〔封筒表〕田嶋長官殿　必親展
〔封筒裏〕吉田茂　九月九日

拝復　クラーク大将叙勲之義は、米国政府は叙勲に就ては、内規にて推薦の方針なるやに承知致候。何れにても皇室の御発意とし、賜品などは大に徳となり得哉に愚考致候。委細は拝晤に申上候談願敷、マーフヰー大使に対しては叙勲の沙汰なきやう承知致し候。又賜品の有無に拘らず、賜餐の御沙汰有之度被存候。同大将は対日関係には特に注意を加へ、日韓関係に就ては深甚の注意を払、李大統領を招日、日韓親交を勧説致呉候経緯も有之、皇室に於て厚き思召を玉はり候得ば難有仕合に候。不取敢拝眉意如此候。敬具

吉田茂

田嶋長官殿

18-28　一九五三(昭和二八)年一一月一日

〔封筒表〕田嶋宮内府長官殿　親展
〔封筒裏〕目黒官邸　吉田茂　十一月一日

拝復　四国地方御巡幸中之出来事を御書にて始めて承知致候様之次第にて、恐懼此事に御座候。早速取計度、兎に角御無事御巡幸すみ候由にて安堵にて御座候。警察側多少手ぬかりありしやにて、今後は充分戒告致候様申付度候。何分市警国警と別れ候はば、命令徹底を欠候趣、申訳次第も無之、今後充分注意可仕候。何れ明朝参内之砌、御詫申上候心得に御座候。頓首

吉田茂

田嶋長官殿　侍史

十一月一日

ロバート・D・マーフィー(Robert Daniel Murphy)書簡

19—0　一九五二(昭和二七)年五月二日

〔封筒表〕Mr. Michiji Tajima, Grand Steward of the Imperial Household Agency, Tokyo. THE FOREIGN SERVICE OF THE UNITED STATES OF AMERICA／

Tokyo, May 2, 1952

Mr. Michiji Tajima,
Grand Steward of the Imperial Household Agency, Tokyo.
Sir:

I have been requested by the Department of State to transmit the following message from Mr. John Foster Dulles to His Majesty Hirohito:

"I have just returned from participating in the ceremony which has brought into force the Treaty of Peace and the Security Treaty. I desire to express personally to your Majesty my great satisfaction at this accomplishment and my appreciation of the opportunities which you have given me on several occasions to discuss together problems of mutual concern. I know your Majesty's dedication to the cause of lasting peace between our nations and I am deeply gratified to learn through General Ridgway that you have been good enough to express your appreciation for my own efforts in this connection, I feel confident that the spirit on both sides which ushers in this new era will be enduring and promote not merely the welfare of our two countries but the influence of that spirit will promote peace and justice everywhere."

I would be grateful for your assistance in delivering this communication to its high destination.

Very truly yours,
Robert Murphy

19—1　一九五二(昭和二七)年五月九日

〔封筒表〕Mr. Michiji Tajima, Grand Steward of the Imperial Household, Tokyo.／Robert Murphy, THE FOREIGN SER-

VICE OF THE UNITED STATES OF AMERICA, American Embassy, Tokyo〔消印〕27. 5. 12

〔封筒裏〕東京都千代田区丸ノ内二丁目十番地三菱商事ビルディング　米国政治顧問事務局

American Embassy, Tokyo, Japan,
May 9, 1952.

My dear Mr. Tajima:

I take pleasure in refering to your letter of May 4 in which you were kind enough to inform me that you have laid before the Emperor Mr. Dulles' message.

I very much appreciate your courtesy in mentioning this to me and I have taken the liberty of sending a copy of your letter to Mr. Dulles in New York. I am sure he will be happy to have this news.

Thanking you for your courtesy, I have the honor to be

Yours very sincerely,
Robert Murphy

Mr. Michiji Tajima,
Grand Steward of the Imperial Household, Tokyo.

ウィリアム・J・シーボルト（William Joseph Sebald）書簡

20-0　一九五二（昭和二七）年四月七日

〔封筒表〕The Honorable Michiji Tajima, The Grand Chamberlain of the Imperial Household, Tokyo. / DEPARTMENT OF STATE, WASHINGTON

April 7, 1952.

My dear Mr. Tajima,

On behalf of Mrs. Sebald and myself, I should consider it a great favor if you will kindly convey to Their Majesties the Emperor and Empress our sincere appreciation for their graciousness in presenting to us their autographed photographs.

We were indeed most happy and honored to receive these marks of Their Majesties' regard.

Sincerely yours,
W. J. Sebald

The Honorable Michiji Tajima,
The Grand Chamberlain of the Imperial Household, Tokyo.

20-1　一九五二（昭和二七）年四月一五日　田島道治書簡控

April 15th, 1952.

Dear Mr. Sebald,

I have just received your letter dated April 7th, and wish to inform you that the contents at once have been duly laid before Their Majesties.

May I take this opportunity of thanking you again for your kindness in making inquiries about your brother-in-law's secretary in connection with our family affair? I now am happy to tell you that the marriage has been successfully arranged.

With my heartiest congratulations on your promotion and kindest regards to you and Mrs. Sebald from my wife and myself,

Yours very sincerely,
Michiji Tajima,
Grand Steward of the Imperial Household.

エリザベス・J・G・ヴァイニング(Elizabeth Janet Gray Vining)書簡

21-0　一九四八(昭和二三)年九月九日

〔封筒表〕Mr. Michiji Tajima, By Hand

430 1-Chome, Shimo-Ochiai, Shinjuku-ku, Tokyo.
September 9, 1948.

Dear Mr. Tajima:

Your very kind letter with its discriminating praise of Penn 〔William Penn〕 (Penn the man and also "Penn." my little book) was forwarded to me in Karuizawa and pleased me so very much. In fact, I am going to keep it with my own copy of "Penn." I have postponed answering it until I returned to Tokyo, for I wanted to be sure that I had the "Everyman's" Peace of Europe among my books here. I find that I have, and it gives me the greatest pleasure to bind it to you.

I also want to thank you and through you the Imperial Household for the truly delightful and refreshing vacation I have just enjoyed in Karuizawa. I went up there really tired, and I have come back rested and feel of renewed gest for the writer's work. I am so grateful to all the people who made this happy vacation possible, including the truck drivers who carried the necessary impedimenta back and forth.

And while I am expressing my gratitude for a particular favor, perhaps it is not amiss to speak again of my daily awareness of constant kindness and consideration from all those with whom I am associated in this work. I am especially indebted to Miss Takahashi for her skillful and understanding interpretation and her able and unselfish help in other ways too numerous to mention.

Very sincerely yours,

Elizabeth Gray Vining

21-1　一九四九（昭和二四）年三月　日

〔封筒表〕Mr. Michiji Tajima

430 1-Chome, Shimo-Ochiai, Shinjuku-ku, Tokyo.

Dear Mr. Tajima:

If it's not too late I want to thank you again, for both my sister and myself, for the delightful supper party last Wednesday evening. We both enjoyed it immensely and have spoken of it together many times since. It was so kind of you, too, to have the violets and the lovely little cloisonné box for my sister, and she will long remember her Japanese birthday.

I appreciated very much also the conference in the afternoon with you and Mr. Koizumi and Mr. Nomura. I felt much better acquainted with Mr. Koizumi than I could be in our first meeting; and I am indeed happy that he has consented to take more responsibility for the Crown Prince. I hope he can be after with the Prince and so exert personal influence.

I hope Mrs. Tajima is feeling stronger. Please remember me to her.

Very sincerely yours,

Elizabeth Gray Vining

21-2　一九四九（昭和二四）年八月一六日　田島道治書簡控

Tokyo, August 16, 1949.

Dear Mrs. Vining,

It was a source of real pleasure to me to have your letter of August 13th in which you told me about the immense success of H.I.H. The Crown Prince's three-day visit to your summer house at Karuizawa. This is indeed a great matter for mutual congratulation, and it will be a delightful duty of mine to-morrow personally to take to T.M. The Emperor and Empress your message of kind sentiment, which, I am sure, they will be most pleased to receive and deeply appreciate.

I can very well imagine how carefully you had previously prepared for the reception of His Imperial Highness and how much constant attention you were showing him all the time during his stay with you. It may perhaps be quite unnecessary for me to add that your never-failing devotion and tender-heartedness to the Prince, for which I always feel grateful, must have been the sole cause of this fine success. While myself fully convinced from the first that his bodyguards would be only necessary members to attend on him and to help you at your house, I am very glad to hear that his chamberlains, without troubling you about accommodation, were also able to be helpful to you in some way.

Among new experiences for the Prince, he was certainly very fortunate in having the opportunity of mixing with some of his classmates who happened to be up there, and again of being invited together with a former princess to a foreigner's home.

Gladly knowing that, thanks to recent favorable changes of the situation here, many of the plans which seemed mere wishful thoughts only one or two years ago are now coming true, I wish to take this opportunity of requesting you kindly and more boldly to suggest us any helpful and constructive ideas as to the further improvement of the Prince's education. I should be much obliged if you would be good enough to tell me or Dr. Koizumi about happy plans of not only ways of utilizing his holidays but general educational matters whenever you may think of some. In this connection I particularly appreciate your kindness in having extended the contract with us for another year, which, with your valuable help and cooperation, I trust will be most fruitful of many fine achievements in bringing up the Prince from the standpoint of his character-building.

I am looking forward to hearing from you more in detail about his visit when you are back in Tokyo, and in the meantime I sincerely hope your strain surely felt during his stay at yours has not been too trying, and that you and your sister are both well and happy, enjoying your well-deserved holidays.

With renewed thanks for all your kindness and cordial good wishes,

Yours very sincerely,
Michiji Tajima,
Grand Steward of the Imperial Household.

To Mrs. Elizabeth G. Vining,
Karuizawa, Nagano Prefecture.

21-3　一九四九(昭和二四)年九月二七日

〔封筒表〕Mr. Michiji Tajima, Kindness of miss Takahashi

Dear Mr. Tajima:

Just a note to thank you again for last Thursday. We all enjoyed the day immensely and I appreciated more than I can say your kindness and generosity in giving us so much pleasure. My mind has been full ever since of the brilliant scenes.

The beauty and the drama and the humor of the Kabuki plays, and my heart warm with the memory of the fellowship with you and your family.

Last week was a wonderful week altogether! The Prime Minister was so good to me and I had a most memorable visit to Gotemba. I feel immensely privileged.

Please give Mrs. Tajima my warm regards.

Very sincerely yours,

Elizabeth Gray Vining

September twenty-seventh

21–4　一九五三(昭和二八)年一〇月一日　田島道治書簡控

Imperial Household Office, Tokyo, Japan,

October 1st, 1953.

Dear Mrs. Vining,

Your kind telegram welcoming His Imperial Highness to Philadelphia, as I cabled to you in return, have at once been laid before Their Majesties, and your thought was very much appreciated, to say nothing of all your kindness in going up as far as to Boston to meet him, your most cordial hospitality accorded him at your home, and many of your thoughtful arrangements made for him.

I have today got a letter from Dr. Koizumi, saying that the Crown Prince's manners have always been very admirable and particularly that his English has been so much improved that I am sure you as his former tutor, too, must have been really proud of his progress. I am looking forward to seeing and listening to him when he returned here the day after tomorrow, as told by his letter.

I had thought that there might come an opportunity for you and His Imperial Highness to see each other as former tutor and pupil some time after your resignment and going home, and I can very well imagine how full your heart must have been, since the opportunity came so unexpectedly soon owing to his mission to attend H.M. Queen Elizabeth's Coronation.

May I request you to write me about your true impression of the Crown Prince as a public character and of the changes and progress he has made since after you parted from him? I would like to hear all about his reputations not only complimentary and favorable, but also honest and frank, and even outspoken criticisms passed upon him by your friends and other people. Further I should be grateful if you would tell me about the matters of improvement to be expected of the

Prince, if any you thought of, in future. I hope you will understand that I am asking this favor of you, so that I may transmit all the information to Their Majesties as soon as I am given.

The Crown Prince had to change his itinerary three times in Europe to have necessary rest in order to be recovered from fatigue resulted from his heavy programs, and I had prayed that he would be able to complete his program, which seemed pretty heavy, in your country without the need of the fourth rest. I feel now relieved to know from Dr. Koizumi's letter that he is now on the Pacific coast and has almost come to his journey's end enjoying excellent health. I hope that a few days to be leisurely spent in Hawaii will give him a good rest after his strenuous itinerary in the Continent. We all now keenly look forward to welcoming His Imperial Highness home.

H.I.H. Princess Takako Sugano-Miya stayed in Karuizawa this summer. I went to pay her respects and spent a night at the New Grand Lodge. I passed by the house you stayed and was reminded of the day when you first disclosed to me your strong intention to resign from your post in connection with the outbreak of the Korean Incident. A thousand emotions crowded upon my mind, when I looked upon the past. It was a pity that the Korean Incident had lasted unexpectedly long, although the truce has finally been concluded after many difficulties.

With kindest regards and cordial good wishes to you and Miss Gray, in which my wife joins me,

Yours very sincerely,

Michiji Tajima.

21-5　一九五三(昭和二八)年一一月七日

〔封筒表〕Mr. Michiji Tajima, Kunaicho, Imperial Palace, Tokyo, JAPAN／333 West Mt. Airy Avenue, Philadelphia 19, Pennsylvania〔消印〕Nov 8 1953

〔日本語は田島が訳を書き込んだ部分〕

333 West Mt. Airy Avenue, Philadelphia 19, Penna.

November 7, 1953

Dear Mr. Tajima:

As usual, I am far behind with my correspondence and panting to catch up. Your very kind letter of October first was put aside in order that I might take time to answer it full and carefully, and time, in those proportions, has been lacking.

This morning we are in the clutch of an unprecedentedly early blizzard, with high winds and seven inches of snow, and nobody ready so early in the year to cope with it. Engagements are cancelled and a hushed silence prevails.

The visit of H.I.H. the Crown Prince to our simple household is a vivid and much cherished memory. So often my sister or I will say, "I can see the Crown Prince sitting there in the corner of the sofa", or, "Wasn't it wonderful that he was so unspoiled!" or, "He really is fine, isn't he!"

While I was in New York with him, I wrote to Mrs. Takaki with messages for Her Majesty, so that Their Majesties already have a picture of H.I.H.'s visit to our house and—I hope—some idea of our delight in having him. I hope too that my gratitude for the privilege of accompanying the Crown Prince to New York and Boston has reached the proper offices of the Japanese Government.

Now I will try to give you my "true impression of the Crown Prince as a public character and of the changes and progress he has made." As I wrote in a brief statement for the Mainichi Graphic, I think that there are really not many changes but rather, early promise abundantly fulfilled.（変化といふよりはかねて想像した事が充たされた。）The only real change that I see is that his interests have broadened very greatly with his widening opportunities, and that as a result he talks more than he used to and talks very well. He is observant and he retains clear impressions of what he has seen. His humor and intelligence make his comments interesting.（若し変化といへば、機会のあつた為にいろ〳〵の物に興味を持たれる事になつた事。御口数が多くなつた事。観察の周密、印象明確。ユーモアもあり。）

He has become, in the best sense of the word, a man of the world, able to fit with ease into any situation, from our simple household to the most important and exacting social occasions. I saw him at the reception given by Ambassador Araki in Washington, which has been called the most brilliant affair of the season, and also at the Japan Society dinner in New York and the smaller but still important Japan Society luncheon in Boston.（〝世界の人〟小家庭より大会食■にふさわしい。華府の会。紐育、ボストン日本会。）In New York, as you know, he met many of the well-known international figures, and he was called upon to read his speech to the 1500 guests at the end of a long evening after others had spoken—always a trying situation. His whole manner could not have been better.（紐育千五百人の前に立つての御態度、音声等何人もこれ以

上ではあり得ない。) He delivered his speech in a clear, firm voice, with evident sincerity and no evidence of nervousness (the same could not be said for Mr. Rockefeller(ロックフェラー)) and in English almost without accent. He was gracious and friendly with everyone, with the calm dignity that is truly "royal."(威厳あり友交的、これこそ真の「帝王的」。) It was amazing to me that he was able to be day after day in the company of an endless succession of older men, many of them old enough to be his grandfather and some of them self-important and tiresome, and still he remained attentive, interested, appreciative.(祖父程度の老人とうまく御接触となつた。これに無理がある故休養必要。) It called for a remarkable degree of self-discipline in so young a man and I am not surprised that he was obliged now and then to take time off to rest. What was perhaps even more remarkable was that when he was in the company of young people of his own age he could enjoy himself with them thoroughly and informally, yet never indiscreetly. There are some young people who because of a desire to please and conform are "good with the old" but who are correspondingly ill at ease with their contemporaries, H.I.H. is not one of these. He is truly himself with all kinds and all ages of people.(老人にいゝ為、同年輩にわるい人もあるが、そうでもない。) He is, incidentally, delightful with children, and his way with the press fills me with admiration and some envy!(新聞との関係は驚くべき程でねたましい程だ。)

He was greatly liked in this country, as from all accounts he was wherever he went in Europe. What Mr. John D. Rockefeller Jr. wrote to me of him is typical of hundreds of other comments which have been made to me: "How proud you must be of the fine way in which he carried himself throughout this visit and his dignified and friendly attitude toward all those with whom he came in contact!"(ロックフェラーの言、代表的「自慢してもいゝ、実に御立派だ」。)

I did not hear an criticism at all. The reporters often wrote of him as "sober" or "serious", but that was not in criticism. (批難は一つもきかぬ、新聞に sober serious 生真面目、几帳面すぎる。) There are accustomed to the sort of grinning mask that most public figures wear, and when the Crown Prince was unsmiling they recorded the fact as a piece of description. I think everybody felt sympathetically that he had heavy schedule of public duties, which he carried out in an exemplary manner, and rejoiced to hear of the comparatively few occasions when he could relax with friends of his own age, go shopping with members of his suite, or enjoy fishing, riding, or swimming.(「外国にやにや」に馴れてるからだ。)

It was a great relief to me when I heard over the radio that H.I.H. had reached Japan safely and a joy a little later to see the photograph of the Imperial Family reunited once more.(御無事御帰朝ホッとした。) Flying is safe, I know—but I was glad to have him on the ground again!

I was interested that you passed the house where I spent four happy summer vacations. I often think of it, especially as it was in the early mornings when the rays of the sun slanted through the trees and the cuckoo called or the uguisu sang in that fresh, clear air. I often think, too, of the many happy occasions when my sister and I enjoyed your hospitality—the day at Tokiwamatsu when you and Dr. Koizumi and Mr. Nomura and I conferred about H.I.H. and Violet came in for dinner afterwards and there were Violets and a little cloisonné box for her birthday; and the wonderful Kabuki performance that you took us to, and the dinner parties at your house when Princess Chichibu was also of the party.

My sister joins me in best wishes to you and Mrs. Tajima.

Ever very sincerely yours,

Elizabeth Gray Vining

P.S. I wonder if the title for the New Year's poem has been announced yet?

21-6 一九五三(昭和二八)年一二月一四日 田島道治書簡控

Imperial Household Office,
December 14th, 1953.

Dear Mrs. Vining,

I have laid before His Majesty all about your impression of H.I.H. the Crown Prince during his stay in Philadelphia and other places, although I knew that you had written to Mrs. Takaki, too, about it. What I wish to tell you, if you do not mind it, is that your impression seems rather partial in his favour, which appears quite natural and unavoidable in your case. It is true that the Crown Prince has grown up in not a few ways since you left, but I should say, to be frank with you, that something more is at this moment expected from him, who should follow his father's example, even if the difference of ages is taken into consideration. I am glad to think that Dr. Koizumi, his adviser in attendance, being of the same opinion with me, will always help His Imperial Highness attain what should be expected of him.

I have tendered my resignation as Grand Steward of the

Imperial Household, which post I retained for about five and a half years. I shall be relieved of office in a few days, and Mr. Usami, Vice-Grand Steward, is to be my successor. I would like to take this opportunity of assuring you again how much I appreciated not only the hearty assistance given by you as a colleague for over two years during my tenure as Grand Steward, but also the great kindness shown me by you as a good friend. I always shall cherish the pleasant recollection of the days when we worked together for the good cause. Needless to say, it is only fair and right for me to try my utmost to do my duty until the very last moment of my service, but once I am relieved of it, it will be my rule and principle to have nothing whatever to do with the Imperial Household. I shall look up to the Imperial Family just like any individual of the Japanese people, and follow them in their life and activities just as you do as an American.

With all the best wishes for a very Merry Christmas to you and Miss Gray from my wife and myself,

Yours very sincerely,

Michiji Tajima.

21-7　一九五四（昭和二九）年二月二三日

〔封筒表〕Mr. Michiji Tajima, Kunaicho, Imperial Palace, Tokyo, JAPAN〔消印〕FEB23 1954.

February 23, 1954

Dear Mr. Tajima:

I am distressed to think how you may be interpreting my long and so rude silence. It is because I have been wanting to have a long, unbroken time in which to write you a particularly nice letter that I have no written at all! So now I must just make the best of what time I have.

I had heard rumors of your resignation from the Imperial Household, but I had hoped that there was no substance to them. Your work there was so devoted and so fine that I hoped for the sake of the Imperial Family that you might feel able to continue it. But at the same time, I understand very well what a heavy burden and strain it was and how it might well become necessary for you to lay it down. Two weddings, two funerals, a coming-of-age, and a world tour are surely much more than the usual responsibility, even for Imperial Household ministers. You must feel deeply happy that everything under your care went so well.

It is also a loss to me personally, if I may venture to say

such a thing. I hope that even though you will no longer have any official reason to write to me, I may still keep your friendship, for I have valued it very much.

The winter here is passing very quickly—too quickly for me, for I like winter. Already the willows are in bloom and the maple buds are bursting, some green spears are thrusting through the ground, and song sparrows sing in the early mornings. I am at work on a book about a little-known incident in American history, and I don't like to see the time go so fast.

The Japanese students whom I see often in the three Philadelphia colleges of Bryn Mawr, Haverford, and Swarthmore are all doing credit to themselves and to Japan, and they give me much joy as well. Tane Takahashi, who has been doing splendid work in the Bryn Mawr College Library, returns to Japan in June to take up a post in the Library of the International Christian University. I shall miss her terribly. I believe that there is to be a scholarship student from Tsuda at Bryn Mawr next year, and I look forward with pleasure to seeing her.

My sister joins me in very best wishes to you and to Mrs. Tajima.

Very sincerely yours,
Elizabeth Gray Vining

21-8　一九五四(昭和二九)年五月八日　田島道治書簡控

41, 4-chome, Mejiro-machi, Toshima-ku, Tokyo, Japan,
May 8th, 1954.

Dear Mrs. Vining,

First of all I have to apologize to you sincerely for this long undesigned delay in writing to thank you for your letter, of which I was most appreciative.

Having been relieved of my post, I have been quite busy dealing with all sorts of the affairs to wind up and start my former and my new life including a visit to my native town and the removal from the official residence to our present house. My English which is getting ever rustier, as you may well imagine, is another cause for my unintentional negligence. I do hope you will kindly understand this situation and excuse me for the long silence.

I appreciate your kind words about what little service I have had the honor and pleasure of doing for the Imperial Family as Grand Steward. I am particularly glad that Mr. Usami who had helped and cooperated with me for the past three years as my most capable deputy was appointed to be my successor. I need hardly describe the great joy I felt when H.I.H. The Crown Prince came home after his successful tour abroad of over six months. I, if I am allowed to say, had given myself, body and soul, to the preparation and effectuation of the arrangement for his tour, and I thought his safe return might be a good reason for me to ask to be excused from the responsibilities which I had burdened for five and a half years.

A short while ago I met a Japanese diplomat of highest rank, who had been responsible for the arrangement for His Imperial Highness's visit in a certain country and from which he had just returned. The instant he saw me, he said, "It was indeed a daring attempt, that tour of The Crown Prince's!" It was beyond question that we had deliberated most carefully on this matter of greatest importance and used all forethought and prudence, but still I must admit I had to pray secretly, since "Man proposes, God disposes."

The Crown Prince had been recuperating from the strain of half a year of his tour abroad which had told on his health and also from Izumi fever, something like scarlet fever, but of milder nature. He came back at the end of last month from Hayama after over a month's stay, and from May 4th started attending university lectures again, not as a regular student, but as a special student. He will be privately tutored for most of the week-days on various subjects. I hope this new system for The Crown Prince's education will prove most helpful for his future.

Just after my resignation, I was invited by His Imperial Highness to dine with him and then had time to talk personally and freely with him. I felt grateful to know that His Imperial Highness has grown up really with his knowledge and experience deepened and widened through his visits abroad. He is new possessed of discernment and can pass a ready judgment on anything in question.

I am very pleased to be able again to take up my old hobby, or the study of Chinese classics, in which I am almost engrossed with deep satisfaction these days. I, now having warmed up to the subject, very often sit up quite late reading. I have recently come to realize how hard it is to write both expressly and expressively, and I have been trying to arrange the results of my study into a small work.

I expect soon to come to the conclusion of my study of one subject I have so far engaged in, and after that I, getting more leisure, am hoping to write such a long letter as, I warn you, you will have to take time to read and find it difficult to make out. I assure you it will always be my great pleasure to keep the friendship of you who stayed in Japan for four long years entrusted with such a unique mission and cooperated with me as a colleague in the days when I held the post of Grand Steward of the Imperial Household in the unusual situation and amid circumstances of embarrassment and hardship. I shall not be able to forget all your kindness.

Dr. Koizumi will shortly visit the States again at the invitation of Columbia University. I do hope you will have the opportunity of seeing him and hearing from him all about us more in detail.

With cordial good wishes to you and Miss Gray, in which my wife joins me,

Yours very sincerely,
Michiji Tajima.

21-9　一九五八（昭和三三）年一二月二九日

〔封筒表〕Mr. Michiji Tajima, 44, 1-chome, Mejiro machi, Toshima-ku, Tokyo, Japan

December 29, 1958

Dear Mr. Tajima:

The little transistor radio arrived the day before Christmas, a beautiful little instrument almost incredibly small and dainty. In a miraculous way, however, it gathers in large and even quite distant sounds! I am using it at present in my bedroom, but I look forward to taking it with me in my handbag when I make trips. It was most kind and generous of you and Mrs. Tajima to send it to me, and I thank you very much indeed.

Thank you too for your warm letter, which I found most interesting. It is so good to know that everyone is rejoicing in the Crown Prince's choice of a bride and that Miss Shoda is really as perfect to those who know her so she appears to us who only read about her. Her poise and gentle dignity on the difficult day of the announcement were, I thought, beyond praise. And how heartwarming it is to see the Crown Prince's look of happiness in all his recent pictures!

The newspaper folk are now satisfied that I have said all I can say and have gone away, to my relief. I have been somewhat embarrassed by their reporting that I would go to the wedding. What I said, in answer to their questions, was that it was premature to think about it! Of course, if I should be invited, nothing would keep me away. I have been planning a trip to Europe, but I should go most happily to Japan instead.

You must be very happy that the several years—long responsibility for finding a bride for the Crown Prince has come to so perfect a conclusion. I do congratulate you with all my heart.

Violet joins me in warmest wishes to you and Mrs. Tajima for a happy New Year.

Ever very sincerely yours,
Elizabeth Gray Vining

田島道治関係文書

A　戦争回顧メモ

〔宮内府用箋、田島筆、ペン書き〕

〔一頁〕

○東条内閣低調

1．マリアナ失陥

2．憲兵

3．東条兼職

東条

一生懸命

思慮周密　　　インテリの意向を知らず

一九、七、一七　　嶋田海相―野村海相ダメ　ヒツトラー

　参謀総長　　後宮―梅津

　東条は平沼にいはれて辞職　　米内の国務大臣をたのみ

　断られる

○小磯内閣　米内平沼、すゝめる〔次行「小磯」から引線〕

寺内　小磯　畑　　野村の七、二〇米内妨害〔五行前「野村海相」に矢印〕

（肚なく　自信なく）（ぐらつきづめ）〔前行「小磯」に矢印〕三月事件　稍神がゝり　経済駄目

〔二頁〕

一九、一〇、二〇レイテ上陸

　山下

寺内

参謀本部

海軍

一〇、二四―二六　　海軍非科学的海戦

　ニユーギニア、スタンレー山脈

二〇、二月　連日　重臣各個下問

○伊勢神宮名代参拝

繆斌

最高幕僚長　　朝香―米内

○杉山に代り陸相た〔ら〕んとして辞職　　二〇、四、五

〔三頁〕
東条　広田　畑
平沼近衛若槻　鈴木　木戸〔次行「重光にふくむ」に引線〕
外相　小磯重光にふくむ―東郷
陸相　小磯のとき　梅津は山下阿南〔第二司令官〕〔次行「東条は」から「阿南」に引線〕
東条は総理が陸相として留任するといふ
総軍《〔ママ〕》司令官　杉山―阿南
東久邇、賀陽、梨本、朝香、三笠
〔「賀陽」と前行「杉山」の間に↕〕

○沖縄
二ヶ師団と三ヶ師団　大和も馬鹿〳〵しき出陣
○六月八日　御前会議　X項　豊田、と参謀次長〔勝利疑なし〕
平沼狡猾　強がりや〔前行「豊田」から引線〕
ソビエト経由講和手続　二股かけはいかぬ

〔四頁〕
広田、マリツク、を近衛とする
八、九、深夜、御前会議
国体護持

戦争犯罪人処罰
武装解除
保障占領
○鈴木、○平沼、○米内、阿南、○東郷、梅津、豊田
〔前行「阿南」「梅津」「豊田」から四行前「戦争犯罪人処罰」、二行前「保障占領」に矢印して〕我方にて
賀陽、松平恒雄排斥　白鳥、徳富推薦
〔前行「賀陽」から矢印〕口と腹と違ふ
高松〔アマ■〕　当局者の意見に余り賛成せず
同年輩の周囲のもの又は出入の者の意見
八、一四　阿南↕木戸激論

〔五頁〕
米国工業力の誤算
情報部の作戦部に圧倒されたこと
ゴムとキナ
電波探知機　一七、四、一八　中を小と思ひ　三時間の差
軍務局の圧倒的勢力〔航空本部　艦船《〔ママ〕》本部　整備局戦争反対〕
一六、一一　作戦と技術は問題を通りこす
○比島　前田参謀長　マニラ占領に焦慮
○第一期作戦後　マリアナを防備すればよかつた。戦争すんだつもりで防備撤去した。

○第二期　ミッドウエー失敗　航空母艦四隻
　キスカアッツ　一貫せず
　　珊瑚海戦は　五分五分　　ラビ上陸すればよかつた
　　　　中将井上成美　マーシヤル迄引き返したい不可

〔六頁〕
○ソロモン
■■で注意したが軍令部軽視
　ガダルカナルを捨て　ニウギニヤ、ポートモレスビーを攻撃した方よかつた　両総長きかず
　近藤信竹　ソロモン勝つたが駄目
○行はれざりし作戦
1　濠米、中断
2　印度洋
3　キスカ

〔七頁〕
陸海軍不一致
　陸　大陸的　独　後方作戦重し　最後五分　島伝ひ作戦
　海　英国的　　　後方作戦重をおかず　最初五分　大洋作戦

科学戦争水準低く　水兵器械使用不能
○マリアナ奪回と岡田大将
○伏見宮■意張《(ママ)》り　無責任
敗因
孫子の敵を知らず己れを知らず　徒らに武力によらんとして情報も都合のよいものを集め判断を誤り、精神に重きを置き科学を忘れ、陸海軍協調を破り、常に慢心油断反省心を持たず。
パラオ　井上貞衛中将

〔八頁〕
冨士川の水鳥
　ダバオ—白波を上陸用舟艇と思ひ、飛行機を退避させ、本当の上陸の時間にあはず
　八、一一—一二　原子爆弾　B29捕虜の出鱈目

〔九頁〕
結言
長年に亘る因果反覆複雑な原因
近衛、平和的思想で邁進せんとしたが、世間の人気を考へ過ぎ、勇気なし
東条、回避せんとしたが駄目

鈴木米内、政治技術近衛に及ばず　大勇あり
国民動向、
一部煽動者の言説に附和雷同
　英米打倒論（軍閥）
　反動論（共産）
国民の教養と。〔ママ〕宗教心。
世界人類の幸福を害ひ、国家発展阻止、股肱を戦場に失ひ、整
備した軍備を武装解除　忠誠者犯罪人〔次頁に続く〕

〔一〇頁〕
又は表面より追放、祖先に申訳なし　将来最善の努力を払つて
国家再建に邁進の覚悟

人種問題
自己の信念によつて行動する自由闊達の国民は、祖宗の希求し
給ふ真の大和民族の姿

〔一一頁〕
八、一四　八、三〇　総理召す
　一一、　会議
　午後九時署名ずみ
畑中少佐　森師団長

　　田中静壱
平沼は陸軍に巧言令辞を使ひながら、陸軍に攻撃さ
れる不思議の人　二股かけ

〔一二頁〕
◎作戦
○満洲国独立は失敗
○支那事変
　○陸軍見透しの錯誤―孫子
　○上海の時、情報駄目　◎大兵力短く　池田成彬　少兵力、
　長く
　○漢口が南京のあとは駄目
　○南寧、今村均、はよし。
○支那人の人心収攬失敗
○日本化
○セクシヨナリズム　｝Mc司令部
比島の作戦の誤り
ソロモン反抗を考慮せず

〔一三頁〕〔白紙〕

〔一四頁〕〔回顧談とは異なる書き込みなので省略〕

〔一五頁〕

本庄武官長　山下奉文の案　検死者

○昭和十一年　日独伊《〔ママ〕》防共協定

附属秘密協定―防禦同盟―ソ連対象

　独ソ不可侵条約〔前行「防禦同盟」との間に↕〕

日ソ不侵略協定―

重光　ソにわるし

日ソ開戦計画は明治天皇以来のやり来り

日ソ中立条約のソ連廃棄―但し仲裁役を■へばソ連勢力

○昭和十二年　支那事変　三国同盟

　陸軍日支非親善行為（旋風二十年正確）

七月七日盧溝橋　支那から仕掛けたとは思はぬ

八月十二日上海　上海兵力手薄　十二月南京陥落

〔一六頁〕

　東久邇　参本　多田（弱）

　畑　陸軍杉山　（強）

板垣起用―軍を押へる意思が逆となる

支那事変―人心転換　日独伊三国同盟―秩父宮主張

ソ連　英米ソ〔前行「日独伊三国同盟」か
　らそれぞれに矢印〕

宇垣の為人―首相希望―「聞きおく」

　　一三、七　張鼓峰

◎米内、池田。有田石渡米内

○ノモンハン　昭和十四年

　国境線最早不要

○阿部内閣人事　〃　阿部遠藤有末

板垣―有末（多田町尻中島石原）伍堂？

梅津、㊥ 板垣反対〔「梅津」から引線〕

〔一七頁〕

　　木下　稲田

昭和四年　田中内閣辞職　張作霖爆死問題

　六、二一　処罰意見　河本大作（荒木）（小川平吉と田中義一）

六、二七　非処罰意見　辞職したらどうだ　強い語気

重臣ブロック宮中陰謀

七、二　辞表

　閣議決定と意見及べトー

昭和五年　倫敦会議問題　帷幄上奏問題

　四、一　三、四〇―四、一五　首相拝謁

〔「首相拝謁」の下に〕三、三一、加藤軍令部長拝謁願出
一日延す
四、二　一〇、二〇―一〇、四五　政府と軍令部一
致　軍令部長拝謁
末次次長の反対私見―宮中府中混同
加藤部長の辞表は大臣経由すべきもの

昭和六年　満洲事件
中村大尉　正当抗議権はなし
柳条溝〔ママ〕　無鉄砲　板垣　石原
戦闘継続は　支那軍が攻める　南

〔一八頁〕
統一派　田中　宇垣（鈴木荘六）金谷
皇道派　上原　武藤
満洲皇帝との交際
満洲国不賛成　リットンを認めなし
○昭和七年　上海事件
白川大将　野村　重光
をとめらのひなまつる日に　いくさをは
と丶めしいさを　おもひてにけり
○同年〔ママ〕　機関説
脳髄、器官―本庄、真崎

現神（武官長いふ）
○昭和十一年　二、二六事件
町田忠治―討伐命令〔「町田忠治」から引線〕パニック論―荒木
主席参議官

〔一九頁〕
大杉栄事件　陸相田中　福田（上原）
参謀総長事件　陸相宇垣―金谷　酒のみ　上原―武藤
侍従武官長事件　陸相荒木―本庄（阿部除外）―宇垣
信賞必罰の公正を欠く　永田事件　三月事件　十月事件
陸相予備現役問題―宇垣内閣流産―軍を強くしたが派閥清算の
為已むなし―宇垣は総督はよきも、や丶買被つた。
東条―、非荒木系―統制派とい丶、
加藤寛治　加藤隆義　末次信正〔「加藤隆義」の上から次行「財部」
の下に↔、「加藤寛治」と次行「谷口」に↔〕
財部　小林　寺島　谷口
陸海軍　下剋上　麻雀デマ　クリスマス（出光　山本信）二、
二六には近衛師団参加
米内海軍省　日独同盟反対　志摩中将
高松宮　主戦論
閑院宮総長　強硬論―試みに軟論を出せば賛成

〔一二〇頁〕

杉山も個人的には常識だが下の強い意見にはどうも出来ぬ

九月六日会議　参列員平和論　書類強硬論

書面と実際との差―（戦争不可能（議論の結論）
　　　　　　　　　　戦争継続（書面の結論））

X項の扱ひ（東条近衛及川）

〔一二一頁〕

○御前会議は　枢相のみ反対立場に立ち論

○米内内閣　日独同盟反対

（湯浅　岡田　伏見宮）―　近衛　平沼

○湯浅、剛直で正しい、がとかくからまわり　湯浅と軍との間にはさまる―若槻、湯浅、
　木戸、広幡、康昌

木戸、平和的　■■を■す　政治眼

○日独同盟論

独ソ不可侵条約　複雑怪奇で一応けり。―独乙の強大と日米争覇で再燃　　米国の対独宣戦阻止　米国の独乙種

松岡　米国の軍備着手―吉田海相自殺未遂　半信半疑　スターマー　三国同盟と単独不媾和条約　独乙の過大評価　日本の過小評価

〔一二二頁〕

松岡の性格　独乙行の後別人　○他人の立てた計画に反対
　○条約破毀平気

五、八　二―三　一旦入御　三―四

七、二　御前会議　イルクック迄攻撃（松岡）を止め　南仏
　〔印〕進駐

七、一六　総辞職

七、二六　仏印進駐―　経済封鎖

○日米交渉

1（一六、四　野村大使（松岡反対）

2　近衛ルーズベルト　―軍務局長

3　一一　ハル）

○九月六日御前会議　「四方の海」

1. 戦争決意

2. 交渉并行

3. 十月上旬開戦

〔一二三頁〕

一六、一〇　伏見宮　六人の所見論　不可

近衛　及川　永野　豊田貞　杉山　東条

平和　東久邇　梨本　賀陽

近衛辞職後
　東条　及川　豊田貞
　　東久邇
戦争回避案―油　人造石油　二百万屯鉄
主戦論を抑へれば　クーデター
一一、二九　重臣賜食
広田　玄洋社で矢張り戦争軍人と関係あり
阿部常識　林戦争好き
　一二、一　御前会議
一六、一二、八　三―三、一五　外相拝謁　ル親電
　親電―事務的

〔二四頁〕

○「豈朕〔ママ〕ノ志ナランヤ」「神霊上ニ在リ」
「国際条規ニ従ヒ」なし　シンゴラ中立違反
○ローマ法王使節
○一七、詔書渙発拒否と伊勢神宮参拝　「平和を祈る」
○敗因
　1.孫子の兵法
　2.精神に重を置きすぎ　科学軽視
　3.陸海軍不一致
　4.常識主脳者欠乏　山県　大山　権兵衛
　下剋上

B　気付き事項いろいろ

〔（小倉）用箋、小倉庫次（元侍従）筆、ペン書き〕

気付き事項いろいろ

一、前長官から聴きおかれたき事項
㈠お上みの現在のご心境
㈡長官の御召しは主としてどんな事柄についてか、奉答の要領はどうか
㈢マックアーサー元帥ご訪問の事情、この手続、ご会話の内容に長官はどの程度に関与するのか
㈣GHQとの関係の現状、とくに皇室に対する向うの考え方
㈤ヴァイニング夫人関係、とくに約束について
㈥地方ご巡幸と将来の方針
㈦親王、内親王のご将来についての三陛下のお考え、および内定されている方針
㈧お直宮の現状とご心境
㈨元皇族に対する方針
二、前次長より聴きおかれたき事項（新次長をしてきかしむる

が可）
㈠宮内府整理の方針
㈡隠退蔵物資に相当するものはないか（近衛師団または海軍よりの引継品など）
㈢内廷会計の見透し、ならびに対議会策
㈣職員労働組合の現況

三、職員に対する訓示

従来の宮内大臣の例に徴しても比較的簡単にて可、もちろん、整理などは一切臭わさざるがよろしかるべし、但しぴりっとしたところは示されてほしい。例えば、皇室の今後の在り方についての所信をお述べになることは最も適当であるが、内外の関係上はつきり方針を宣明してかかることは、のつぴきならぬ破目におちいらぬとも限らないので、ごく抽象的に表明する以外は避けられるが可か。よつて、

「日本再建のためには、今後さらに困難を忍んで全国民努力することが絶対に必要であると思うが、宮内府に職を奉ずる諸子は新らしい時代に向つて活眼を開き、社会情勢を正しく認識し、謙虚な大らかな気持をもつて、極端に走らず、進むべき道をあやまたず邁進されんことを切望する」というようなことも一法か。

四、新聞記者のインタービュウにおける応答要領

質問　今後の皇室の在り方についてどういうお考えをおもちか

答　新らしい憲法の精神ならびにその条章に従うのが、今後の皇室の在り方の根本であると思う

質問　ご退位の問題についてはどうお考えになつておられるか

答　その問題はもはや解決済みの過ぎ去つた問題だと考えている

質問　宮内府の整理はやられるか

答　宮内府も政府の一環であるから、政府の方針には従わなければならないとは思うが、宮内府には宮内府として特殊事情もあることと思うから、主張すべきものはあくまで主張する

質問　地方ご巡幸はいつどの地方へお願いするか

答　とくと研究する

五、安倍能成さんとその一統の問題

安倍さんが皇室に勢力を振い、その一統を陛下にお近かづけしているという声はすでにある。いままた、宮内府の新首脳部が同氏のお声がかりのような感を世間にあたえるのは、この声を大きくする可能性がある。よつて、こんごは、同氏に

なんら他意ないにしても(もちろんさうであると思うが)、こういう動きは新長官としては強くチェックすることが肝要である。火の手があがってからではおそい。

六、さし当つての問題

速かに各部局長から、事務の現況ならびに従来の方針を聴取され(メンタルテストをかねて)、問題の所在を承知せらるべきであるが、さしあたつて次のような問題があると思われる。

(一)地方ご巡幸の問題

従来の経緯、効果のプラス、マイナス、「濠端」の考えなどを参考にして決定すべきである。既定方針は曲げられぬと思うが、やり方については工夫の余地があると思われる。

(二)市が谷の裁判の判決のあつた際、お上みがなにかご行動をおとりになるべきかどうか。じっとご謹慎のかたちでなにもなさらないのが常識と思うが、さらになにか考うべきものがあるかどうか。

(三)東宮のご教育

新憲法により天皇の天職は非常にかわったのであるから、将来の天皇としての従来のご教育方針、ご教育機構などについては、当然再検討が加えらるべきである。少くともなんらかの変化を与えることが、内外を納得させる道ではないか。

(四)三陛下のご行動

旧憲法時代の残滓のような臭いのあるご行動はつとめておやめいただき、新憲法に即したご行動にきりかえること、とくに天皇陛下が政治に関与なさるような印象を与えるご行動は、「濠端」に言われるまでもなく絶対におさけいただくことにつき検討を加えなければならない。よい伝統はもちろん尊重すべきであるが、ただ国民に封建的感じを印象するにすぎぬようなことはつとめて払拭いたしたい。

七、主要部課長略歴関係

侍従次長　鈴木一　農林省—鈴木首相秘書官、退官—宮内省主殿頭—現職

侍従職庶務課長　鈴木菊男　厚生省—宮内省官房—島根県経済部長—現職

東宮大夫　穂積重遠

東宮職　侍従　角倉志朗　内務省—衆議院—宮内省官房—宗秩寮—現職

同　侍従　栄木忠常　会計検査院—宮内省諸部局—現職

皇太后宮大夫　坊城俊良　明治天皇呼次—式部職—次長—現職(夫人は三笠宮妃殿下実母及び入江侍従と姉弟、即ち入江為守の息女)

皇太后宮職事務官　筧素彦　内務省—宮内省、筧克彦博士の長男

官房　秘書課長　三井安彌　内務省―宮内省―侍従―現職
　総務課長　犬丸実　内務省―宮内省、文部省犬丸秀雄の弟
　主計課長　飯田〔良一〕　大蔵省―宮内省、塚越〔虎男〕内蔵頭と同時に宮内省入り
　秘書官　高尾亮一　宮内省育ち、参事官―文書課長
式部寮
　頭　松平康昌
　事務官　吉川重国　剣橋《ケンブリッジ》大卒？　松平慶民女婿
主殿寮
　頭　大場茂行　逓信省―法制局―宮内省参事官、人事課長―図書頭―現職
　事務官　石川忠　司法省―宮内省―松平恒雄大臣秘書官―現職。一松国務相縁者
図書寮
　頭　城富次　司法省―宮内省―人事課長―宗親課長―現職
掌典長　甘露寺受長　伯、大正天皇ご学友、侍従、侍従次長―現職。夫人は北白川宮より降嫁、従って保科女官長、二荒伯夫人、小松輝久夫人等と兄弟、聖上に親近す。

〔「七」が記載された用紙及び次ページの裏のメモ、田島筆〕

Arita―Mibuchi
Kido〔前行「Arita」へ引線〕
Qb は反対でないやうす。

pro. japanese

○G.H.Q. Willoughby General. 第二部長。
S. Yoshida　Marquis Matsudaira
Signal corps 通信課
太平洋戦史編纂中
終戦の記事　陛下の memoir から quote していゝか。
荒木光太郎
Mrs. Araki
1. memoir なし。
2. 誰かに記録は考へやう。
Matsudaira 氏が政府側等の材料にする事を認められて返事する形。

○侍従次長　（加藤次長からいふ）
東宮顧問＝大金を入れる
東宮御教育に関する全般問題―よく考へる

◎北海道巡幸　お上御希望
　弊害のない措置をして。
　G．H．Q．—政府に協議。

◎七月　巡幸やめれば、どうする。
八月　裁判。—どうしたらい〔、〕。葉山。宗教課。
対外　Justice—Potsdam Declaration
対内　Political

C　無題

〔大日本育英会用箋、田島筆、ペン書き〕

(1)陛下の御召
○陛下の御関心
　政治の実際の大体の事
　宮内府御愛護
　宮内府官吏の進退、内閣更迭に伴はぬこと
　祭祀、旧慣の事
○陛下の御心遣ひ無用に願ひたき事
　比較的小さき事、予算の少額の問題
(2)皇族方の公職問題—退位問題
(3)スペルマン写真問題（六月八日）
(4)皇族御差遣の方式
(5)皇室経済会議（松本治一郎問題）
(6)次官問題
(7)東宮大夫問題
○役目大事の積極性なし、責任回避の消極性あり
○気の利いた通俗話しの範囲
○東宮仮御所の行動
○部下心服せず
○後任にあつといふ人あれば更迭すべきこと
○客観的要件具備—主観的要件皆無
○市ヶ谷問題に対する策
○御退位問題再燃
○ニウスウキーク記事　侍医

次長問題
(1)秘書課長　更迭論?
(2)侍従次長　加藤説
(3)式部頭　更迭論（反対
(4)松平前長官　更迭論（塚越説
(5)石渡前大臣　加藤説　不得已鈴木ならんも劣る万々
(6)松平前大臣　頭はよきも人間の点は如何
(7)牧野前大臣　更迭論?

○G.H.Q.、国会、内閣　皇族評判わるし　○外部よりも風当たり強し
○敏腕なるも猶粗雑〔二行前「○外部」と次行「○内部」へ矢印〕
○首切りの後始末として怨■る　○内部にも怨嗟の声あり

御上拝謁
六月五日　○祭祀の事　○宮内府の誤解　○退位　○巡幸
○皇子教育　○元老　○回顧録　○予算(雅楽)　○人員整理　○赤坂離宮
六月十二日(那須)　予算。相談
○六月二十日(〃)　宮様問題
六月二十九日　ウイットニーとの会談。地震
○七月一日　地震と皇族の差遣
○七月八日　皇族問題　犬丸のこと
○七月九日　芦田参内後、皇族問題

進駐軍
六月七日　Bunker
六月十五日―(Whitney Kades Hussy)

皇太后様　六月八日
皇太子様　六月六日
義宮様　七月二日?
孝宮様　六月十八日
順宮様
清宮様）七月五日

（高松宮　六月五日　六月二十三日
秩父宮　六月五日　六月十日
三笠宮　六月五日　七月四日
李王　六月二十日　七月六日
（降下宮様は久邇様一年祭に御挨拶）

松平恒雄氏　六月五日　六月十六日　六月二十二日(招待)　七月九日
石渡荘太郎氏　六月六日
松平慶民氏　六月五日　六月九日

衆参、議長副議長　最高裁判所長　会計検査院長

D　昭和二三年九月二七日
芦田首相宛書簡のメモ

〔大日本育英会用箋、田島筆、ペン書き〕

九月二十七日午前、手紙にて芦田氏に送付、午後三時半―四時、外相官邸にて会見。

九月二十二日首相申入に対する回答趣旨

一、首相マ元帥会見の際、序を以て、首相一個の存寄《ぞんじょ》りとして今上陛下御退位然る可からずとの両者の意見一致を見るやう話合ひせらる丶事は、異議無之こと。

二、首相一個の存寄りとしての話合ひに付、　陛下には奏上せず、田島の責任に於て異議なき旨申上ぐる次第に有之。　陛下に於ては何等御関知なき点、特に御了承の上、先方にも此旨明かにせられたきこと。

三、現下マ元帥より新憲法再検討に関し、申入れある際にも有之。万一マ元帥に於て、此問題についても、国会の意思又は一般投票による国民の意思等　陛下の御意思以外のものにも依るが如き意見を有するらしき様の場合には、此問題に付、累を後日に残さざるやう、首相には可然臨機話題を転じ一応話合ひの意図を中止せられたきこと。

四、又、　今上陛下御退位然るべからずとの両者の完全なる意見の一致を見たる場合にも、之を発表公示するの可否、及可なりとしたる時の其具体的方法、形式内容時期等は幾多至難の問題を包含するにつき、今後の話合に残し此際一切御決定無之完全に自由を留保せられたきこと。

〔宮内府用箋、異筆、ペン書き〕

芦田総理大臣に於て「マックアーサー」司令官と天皇御退位に関し意見を交換せらる丶に当りては

（イ）総理は御退位の必要なしとの意見を開陳すること

（ロ）マ司令官の（イ）に対する応答が無条件の肯定に非ずして、国民の総意に依る決定を必要とすといふ如き何等か条件付なる場合には、総理は深入せられざること

（ハ）戦争裁判と関連して陛下の御心境に付き何等かの発表をなすことに関し、其具体的方法に付ては更に考究することとし、何等「コムミット」せられざること

〔大日本育英会用箋、田島筆、ペン書き〕

芦田の心境推測

内部
一、地方遊説の結果　インテリの言論は一部分なる事
二、超党派問題とすれば民主党にてやる方有利と考ふる
点
三、興銀問題等にて内閣の運命に関する場合、民主党と
しては留位断行する方有利との観測を生ぜしか
四、社会党との分岐点か
外部　五、Vaugn〔ママ〕其他の言論等にて大体G．H．Qかscapかの
意向を嗅ぎ出せし為か

本月二十七、二十八日とする事由
月末陛下拝謁の時の土産か

九月二十二日　芦田マック会見と長官談の話
九月二十三日　牧野伯訪問
九月二十七日　書面にて芦田より回答、会見の節なほいふ。
十月十五日　首相親任式
十月二十六日　首相訪問　話す　無用論
十月二十九日　首相参内、一時間、Ｍｃと前日会見。
十月三十日　首相御殿場行
十一月一日　ハンドルマン事件
十一月一日　三谷邸
十一月四日　（東京裁判開始の日）
八日　開院式
十一月十一日　三谷邸
吉田首相来訪―相談案文作成　首相議会にて会
見不能
十一月十二日　朝総理訪問、翻訳。発送
（東京裁判決定の日）
十三日　天機奉伺
憲法問題
十六日（松岡議長
十七日　届上）
十七日　松平議長（Keenan）
十九日　Keenan
二十二日　松影会
○芦田がＭｃに切り出した時。
Ｍｃの返事の予想。天皇の意思
天皇の御意思と日本国民の意思（は過去
現在の意思か、此事に付更めての意思か）
日本国民の意思表現。
(1)総理の意思
(2)国会の意思
(3)国民投票の意思

○Mcのコメントは出すか出さぬか。
　出す方よきかあしきか。

○ステートメント。
　勅語か
　総理談か
　長官談か
○ステートメントの時期。
　東京裁判のあと。

天
霊譴
戦争の結果、日本の悲惨たる現状、苦難。
　其過を言ふ責務が躬に在り。
不徳（徳菲薄）によりて此の災殃を致せり。其咎を言《念》ひて
　仰ぎて慚ぢ惶れ。敢て寧処せず。
朝夕惻惕　天下に愧づ。
　至誠　慙づ。
自ら勉めたれども未だ天心に達せず、責一人にあり。
　一身の艱難辛苦

自ら訟むれば　責元首に帰す。憂心灼くが如し。
　祖宗
日に慎み夕に惕れ。遠く列強を辱しめ
　近く国民を苦しめ

E　天皇陛下御退位問題についての政府の所見

〔宮内府用箋、田島筆、ペン書き〕

天皇陛下御退位の問題について政府の所見を申述べます。終戦以来、内外に於て御退位に関する是非の議論乃至は其のことの実現せらるゝや否やの予想について諸種の言論が行われているのでありますが、其の根拠は今次太平洋戦争の開戦及敗戦の責任が日本帝国の元首たる天皇の御一身に関わるに非ずや、別言すれば陛下も何れかの意味における戦争責任を有せらるるに非ずやとの見解に立脚するものと思考せられるのであります。所謂戦争責任と申しまするも、其の内容を考察するに、第一に我が国家制度上の責任即ち憲法上法律上の責任、第二に政治上又は実質上の責任、第三に道義上の責任を分つことが出来るのであります。

第一の制度上乃至法律上の責任について考へまするに、旧憲法の下に於て天皇は国の元首にして統治権の総攬者であり、且つ大元帥であられたが故に戦争責任ありと考へるのが一般である

ように見受けられるのでありますが、旧憲法に於ける制度の建前及び厳密なる慣行に於て、国務については凡て国務大臣の輔弼により、又統帥については凡て参謀総長又は軍令部総長の輔弼によられ、一の例外を有せられず、天皇は完全に無答責の位置に在られたのであります。たゞ、唯一の例外とすべきはポツダム宣言の受諾を決定せられたる所謂終戦の聖断であります。勿論此の際と雖も、政府、軍部の責任ある輔弼者が一致して戦争の継続を決意し、其の結果を以て輔弼申上げたのであつたならば、陛下は如何に終戦を希望せられたにせよ、立憲君主として当然おそらくは其の輔弼によられたに相違ないと存ずるのであります。

第二に政治上の責任と申しますのは、或は語弊があるかと思われますが、如何に制度の上からは無答責の地位に在られたにしても、陛下の御力により終戦に決し得たる如く、何故に陛下の至高の御威徳によつて、政軍輔弼の臣僚に対し、陛下の真の御意向に従わしむることが出来ざりしや、その方途なかりしや、そのことなくして結局臣僚の主張を容れて開戦を宣せられたるところに(少くとも、此際若し陛下にして率先して開戦を積極的に推進し、希望せられたとの事実ありとせば)其処に陛下の事実上の御責任を問題とする余地あるに非ずやという論議であります。斯る見地からする謂わば実質的な責任を政治上の責任と称するならば、斯る政治上の責任をも亦有せられずと断ずるのほかありません。即ち今日内外に周知せられている如く、満洲事変以来、日米開戦に至る迄、あらゆる機会を通じ、殆ど不断に軍部の行動に対して注意を与へ、又反対不満の意思を示され、凡そ立憲君主としての限界を超えんばかりの御努力を続けられたのであります。即ち今上陛下としては戦争を阻止する為に殆ど孤軍奮闘、最善をつくされたのでありますが、開戦以外に途なしとして内閣、軍部一致して輔弼申上げたが故に、陛下は立憲君主として其の輔弼によられたのであり、最終的には事実上此等の諸機関が一致して奏上するもの以外に、御判断の有権的資料を有せられなかつたのであります。

併しながら、更に一歩を進めて、陛下が其の場合反対の御意見を最後迄押し通し、立憲君主の軌範を破り、独裁を敢行せられて迄も、宣戦を拒否されるべきであつたという議論について考察をすゝめて見度いと思います。若しその場合、内閣及軍部が天皇の御意見に服従し得なかつたとすれば、天皇は内閣を罷免せられなければならなかつたぬ御立場に立たれたでありませう。然し乍ら△思うに立憲政治の運用に於て内閣の方針を公に批判し、内閣の進退を決すべきものは議会であり、終局的には国民であるべきであります。然るに当時の議会は内閣及び軍部の方針を全面的に支持し、大勢はただそれに従う以外に能なく、又国民一般の間にも対外強硬の議論が優勢であり、裏面は兎も角表面では国を挙げてとうとうたる主戦論に拍車する趨勢にあつたのであります。斯くの如き情勢下に於ては、仮りに内閣の交迭が行われたとしても、開戦論の主流たる軍部の方針を変へることは不可能であり、陛下が強いて之を抑圧して非常の手段をとられたとすれば、それは恐らくクーデターを招来し、国内擾乱を惹起する惧れがあつたと申すべきであります。斯ることは当時支那事変下の緊迫した情勢下に於て、思いもよらぬことであり、模範的△かくの如き方途は、当時の情勢下、而も立憲君主たることを信条とし且つ実践せられたる陛下のよくされるところで無いことは申迄もありません。以上により、陛下は政治上の責任をも有せられざることが明らかであります。

次に最も問題となる所謂道義的責任であります。

一般に責任という場合、常に行為者の自由意思の存在が前提となることは云う迄もありません。即ち或る行為について行為者が責任を負うということは、其の行為について行為者が意思の自由を有したということが欠くべからざる条件をなすのであります。縷々申述べましたる今次戦争に関する陛下の法律上又は政治上の御責任の問題も、斯る責任論に立脚するものでありますが、次に申述べまする所謂道義的責任論は全く其の趣を異にしているのであります。

即ち我国の歴史的な伝統に基づき陛下の御地位が特種の倫理的性格を保有し、謂わば責任の無い責任を有せられると解する一種の国民感情が存在するのであります。それは例えば天災地変というが如き自然現象の災禍に対してすらお感じになられるであらう御責任というのに近似したものであります。況んや戦争は自然現象に非ず、斯る前古未曽有の人為的大兇難が陛下の御代に於て惹起されたという事実に対して、陛下自らにおかれて、祖宗に対し、又国民に対し、更に又関係の諸外国に対して、特殊の道徳的責任をお感じになられるであらうと拝察するところから起こる問題であります。

近代の倫理思想から申しますれば、斯る特殊の道徳的感情は所謂責任と呼ぶことの出来ないものであり、他から其の責を問うということの出来ないものであります。

併し乍ら、斯る意味の終戦否開戦以来の陛下御自らの御苦悩御軫念は、之を拝察するに余りあるのであります。終戦の詔勅の玉音に、又昭和二十一年元旦の詔書の行間に、又地方御巡幸の幾多の場面を通し、陛下の御心情御悲嘆苦悩を国民の何人が感得しないものがありませうか。

陛下は国民の誰一人並ぶもののない御誠意と御赤心をもつて、祖宗に詫び対し一国民に謝対し、御自身をひたすらにお責め遊ばしておいでになると存じます。諸外国に対する自責の御感情についても、申迄もないところであります。

陛下は固より国運の打開、国民の幸福の為に御一身を御省みにはなられません。若しそれによつて国民が幸福になり我国再建の基礎が固まり、又国民が真にそれを希望するならば、進んで御退位なさることも敢て意となされないでありませう。終戦の際「私のことはどうならうとも」と仰せられたと伝へられていますが、その御心境は其の場限りのものでは御座いませんし、又其の時初めて唐突に顕われたものでもありません。陛下前半生の苦悩に充ちたけいきよく《（荊棘）》の道に於て、御生得の歴史的伝統の御地位の御自覚を深く深く掘り下げられ、世界の平和、人類の幸福、別して我国民に対する切実な愛惜を御信条として体得せられ、御自身に対しては無私の御人格を磨きに磨かれた御修練の結果、人類至高至誠の御境地に到達せられたが故に他ならないのであります。我々国民は斯る陛下を此の上なく敬慕し、敬愛し、又陛下を我々の誇りといたします。

以上、私は斯る所謂道義的責任についての陛下の御心境に立入つて拝察したのでありますが、今や総べてを綜合して陛下はの御退位を願うべきや否やのの問題について政府の所見について申述ぶべき時機に到達したと考へます。

先づ第一に、陛下には法律上及び政治上の戦争責任は存在致しません。随つて、此の意味からする御退位ということはあり得ません。此のことは連合国側に於ても、既に結論を得られていると諒解致します。

次に所謂道義的責任として申述べました陛下の特殊の御心境から発せられる、宗教的とも申すべき道徳的御感情に対して、如何に御解決を願うべきか、これが御退位問題の中核を為すものであります。これにつきましては、先づ新しき日本国憲法に於ける陛下の御地位について深く考察し、我国民の総意のあるところに根拠を求めるべきであると存じます。

我々はポツダム宣言の示す処に従い、我国民の自由に表明せる総意によつて、最終的の日本国政府の形態を決定すべく、終戦以来一年有余の努力を以て新に日本国憲法を制定し、茲に民主的日本の国家組織を確定致したのであります。即ち国家の主権は国民にあることを明らかにし、天皇の御地位は主権の存する国民の総意に基づいて我国の象徴として、又我国民統合の象徴として仰ぐことに確定致したのであります。

有史以来の我国の伝統に於て、最も特徴的であり本質的であるのは、国家の中枢として、国民意識の中核として万世一系の天皇を仰ぎ来たつたということであります。近代国家学に従えば、我国の政体については歴史の流れに応じて幾変遷を見たのでありますが、国の存在の中枢として、国民の信仰と敬愛と尊重と栄誉の源泉として、天皇の御存在は歴史的現実に於て我国の本質を成すものであります。

此度の新憲法に於て、天皇の御地位をかく規定致した所以のものは、斯かる有史以来の、随つて又将来に亘つて永遠に存続すべき天皇の御本質をば、あらゆる夾雑物をとり除き、又時に付随することあるべき一切の悪しきものの萌芽を芟除して、その醇乎として醇なる形に於て表明したものであります。即ち一切の政治的権力から超絶し唯、日本国と日本国民の象徴として国民愛敬の中心として存在せられることを、国民の意思によつて決定したのであります。これによつて陛下の御存在は国民に対し、些かの圧迫を感ぜしめず、権力を覚えしめず、又何等の心理的負担を課すものでもなく、又国民の自由なる一切の活動に障碍を与へるものでもなく、要するに国民にとつて悪しき存在たるべき懸念は全然あり得ないのであります。之に反して、我新生日本の理想でありまする道義文化の香り高く、平和と友愛と幸福に満ち、凡そ人類の善なる可能性を自由に発現し得べき理想国家の建設について、天皇の果さるべき積極的な御任務は無限であると申さねばなりません。

翻つて我国現下の情勢は、破壊された焦土に於て国民の食衣住の最少限の生存物資すら~~未だ~~自給されず、辛うじて連合軍の温情により、飢餓と寒さから~~辛うじて~~国民の生命を守りつゝあるのでありまして、敗戦後の荒涼たる相は我が四つの島を被つているのであります。併しながら連合軍最高司令部の厚意ある適切有効な占領政策によつて、物心両面に光明が与えられ、再建の希望に心ある国民は立ち上りつゝあります。私は此の我国再建の成否の問題に立ち、未だ幾多の危機をはらむ重大なる時に於て、消極的には人心を安定し、国の基礎を固める為に、又積極的には我国再建の精神的な拠りどころとして、我等国民の象徴たる天皇の御力を仰ぎ度いと思います。

思うに今度の敗戦のもたらした人心の動揺は、我国未曽有のものであります。あらゆる秩序の破壊と価値の転倒の後につづく、空前の窮乏と混乱のうちに於て、思想と言論の自由が時を得た結果として当然のことであります。併し乍ら、それが為に国民思想に分裂を来たし、国家組織に及ぶが如きは、健全なる中庸の道を歩んで新憲法に具体化された新生日本の理想に挺身せんとする大多数国民の、よく黙過し得る処ではありません。此際特に、我国の象徴たる天皇の御地位の安定が、絶対に要請せられる所以であります。而して象徴の安定とは、単に天皇の地位が~~満たされて~~空位でなく満たされあればよろしいということではありません。凡そ如何なる時代に於ても、天皇の御地位が何人かの恣意や政治的権力等により動揺せらるべきでなく、~~能う限り~~絶対厳格に~~安定~~確固不動のものでなければならぬという要請は、~~本来~~元来象徴たる地位の本質から生ずる処であり、其の故に新憲法及皇室典範に於て、御退位が規定せられていないのであります。特に現在の如き未曽有の不安動揺の時代に於て、逆説的に申せば、陛下の御退位が問題とせらるゝが如き今日に於てこそ、愈々陛下の御地位の不変を要請せざるを得ないのであります。先程来屢々申述べましたるが如き今上陛下の公正無私にして誠実なる御人格及び平和的、文化的、民主的な御性向は、今や内外あまねく之を知ると申してよろしいと思います。此の陛下のもとに於てこそ、民主日本再建の希望も可能であり、又此の狂瀾怒濤の危機に於ても、国礎は安全であるとの安定感見解は寧ろ内外に共通のものであります。元来陛下は、夙に新生日本の理想を体顕せられたと申上ぐべきであります。勿論陛下は何等政治的な御力は御持ちにはあられません。併し斯る日本の理想を体現せられる陛下が天皇の御地位に在られるという事実、そして其の誠実と仁愛と熱意とを傾けられて正しい日本再建の為に国民を御激励になり、其の努力の過程に於て国民と共に苦しみ、其の達成の一歩一歩に於て国民と共に楽しまれるということで、此の危機に於ける我日本国の象徴としての御責務を御果し願えるのであります。即ち仮令陛下御自身それを御希望なされても、国民の総意に於て陛下の御退位を御願することは出来ないとの結論に帰するのであります。而して此の結論が陛下御自身に於かれても、寧ろ所謂道徳的御責任を果たされる唯一の方途であることを御納得になられることを確信するものであります。

以上の政府の所見は、完全に国民大多数の総意を表わすものとしての自信を以つて、茲に表明する次第であります。

F　天皇陛下御退位問題についての政府の所見及びその趣意とそれら所見に対する批判

〔宮内府用箋、異筆、ペン書き（挿入は異筆、鉛筆書き）〕

問、天皇陛下御退位の問題、特に今回の東京裁判の結果に関連して、天皇御退位に関する賛否の論が行われているが、これについての政府の所見はどうか。

答、

㈠、御承知の如く、終戦後、日本国民の自由なる意思の表示として制定せられました新憲法により、天皇は国家の象徴であり、国民統合の象徴であります。又新憲法と同時に施行を見ました現行の皇室典範においては、天皇の御退位とか御譲位とかは、これを認めていないのであります。

㈡、陛下御自身としては【△】、終戦後今日に至るまで、その御心のうちには、「日本はかゝる戦争をして大きな過ちをおかした。しかも今日の問題として、このため【カツコじる《〔ママ〕》？ 損失】国民の生活は極度に窮乏し【イカンに思召されると[redacted]今後】苦しんでいる。【又この苦難にあへぎ再建に苦悶する国民を一人でも多く】従つてこれを慰めて茲にたすけ合つて国民生活を再建させるためには、もし自分で出来ることならばなんでもする。そのため必要であれば譲位もしよう。は勿論、更にもつと必要ならばたとえ、我が身はどうなつても……」とまで真剣に思召されておられることは、私の日頃、種々の機会を通して、よく拝察しているところであります。【一生十字架[redacted]】

㈢、しかし乍ら翻つて按じまするに申す迄もなく、天皇の地位及びその地位にお[redacted]は、【陛下の御心事を拝察しつゝしかも】【国家、像、国民として】【方今世界の大勢きまらず国内亦未曽有不安動揺秩序の混らん人心の動揺より漸く立直らんとする】政治的な権限はもたれませんが、民意に基く、【新憲法に規定せらる、】、国家としてのにおいて、又国民としてにとつての、大切な【地位、ものとして】本的憲法上の地位であります。（また、もとより政治等より超然たる地位であり常に安定性ある地位たるべきものと存じます。また、この見地に基いて現行の憲法及び皇室典範は出来ているものと存じます。）【従つてその御在り方は公的に考えらるべきものと存じます。】かゝる地位に在られる陛下としては、【胸に苦しみをいだかれつゝもこの際国民今後の幸福のため国家今後の再建のため、大きな公的な見地にたゝれ[redacted]、】洵に恐れ多いことではありますが、この国家国民ともに艱苦努力の【このときにこそその御誠意と御人柄とを以つて】ときに当つて、此の際むしろその思召しをむしろ積極的にお生かし賜つて【りたい】、【益々】国家再建のため国民を励まし、苦しい人々を慰められ、常に国民と共に在つていたゞきたいと存じます。このことこそ現在の日本としても、また国民としても、必要なことであり、そして天皇の地位に在られる方の最も正しい行き方であろうと存じ上げるのであります。

㈣、従つて政府と致しましては、これらの点に関する憲法及び皇室典範の規定は現行通りであることが最も適当であると信じます。

何卒八千万国民を代表せらるゝ議員各位の御諒承と御賛同とを得たいと存じます。

〔㈡△に挿入する欄外の記述〕

△日本としてが、かゝる戦争を行い、その結果、[redacted]には、夫を失いたる寡婦、父を失つた子、子を失つた国民、老いたる父母、[redacted]の人々、その他近親を失い不孝を嘆ずるつた多くの人々数を知らざる故[redacted]その他資財家財を損失、食糧失いたる不足等国民の生活に深く遺憾とせられ天皇の地位にあるかたとして真に安心を[redacted]つて祖国、諸外国に対し、只管御自身をせめてしんねん

〔㈢の「立直らんとする」の欄外〕

国家国境

〔㈢の「現在の日本」の横〕

歴史的国民感情

参考　所論の趣意

①御退位のことは、終戦直後こそ大いに問題たるべきであつたろうが、現在では、国民の総意として、新憲法及び新皇室典

範により、その在り方及び今後の行き方は、一応落着しているものであること。

②陛下の御気持は、国民が生きて建て直つて行くため必要ならば、たとえ我身はどうならうとも、とまで御考えになつて居られ、本当に国民の幸福のためのみを念ぜられる、没我の御心境で、恐懼にたえない御立派なものであること。

③しかし天皇の地位は、(a)今日では民意に基くものであり、(b)国家国民にとつて大切な公的地位であるから、(又、制度としても、皇位は政治その他の争いより超然たる、そして、常に安定性をもたしむべきものなるが故に、御退位の制度が認められていないわけなのだから、)、陛下の御気持は我々はそれを有り難く拝察しつゝも、公的見地にたつて、又現在の日本の姿ともにらみ合せて、考えなければならぬ性質のものであること。

④そうして考えると、恐れ多いことではあるが、陛下のその御心持をむしろ積極的にお生かし賜つて、国家再建のため国民を慰め励ましていたゞくことが、国家として、国民として、公的に考えて必要且つ適切な措置であり、また陛下としての此の難局に処しての正しい御在り方であると信ずること。

⑤戦争責任は天皇にはおありにならぬことは、裁判の行き方を見ても明らかであるから、あえて言及する必要なく(言うと却つていけない)、又精神道義的の無過失責任的に近い、どこか割り切れぬような感じは、一般個人の場合なら兎に角、天皇という公的地位についての問題としては、公的に、国家として考えて(又国民の総意的見地から考えて)決めるべきものであること。

参考資料

以上の所論に対する批判

㋑天皇の責任について一言もふれていないこと、道義的責任すらあるとも云つていないこと。

㋺天皇の御意思があいまいであること。(考え方によつては、自分が退位して、それでよいのなら、いつでも退位するが、それでは国民がこまるだろうという居直つたような感じを与へること)

a.道ギ〔ママ〕的責任を御自身としては感じて居られるのかどうか

b.御自身は御退位したいと考えて居られるのかどうか

㋩天皇の御気持を政府が無視している感じがすること。

㋥裕仁天皇の責任論と一般的天皇の地位についての制度論とを混同していること。

㋭御留位の結論を感情論的に述べただけで、理由がないこと。

参考資料(藤樫氏の本より抜萃)

巡幸計画の実行に当つて側近幹部に対して

「祖先をはじめ国民に対し道義上真に責任を痛感する。しかし大いに考慮するところがあつて、祖国再建に努力することこそ自分に課せられた使命と信ずる」と、悲壮にも固い決意—即ち陛下としての「今後の在り方」を披歴明示になつたのである。人一倍良心的な陛下は内外の輿論というよりも、むしろ道徳精神上の呵責から自発的に退位すべきや否やについて相当苦悩された様子である。連合軍占領下の立場からむろんその方面の意向もおきゝになつたことでもあろうし、また当時の総理大臣等の政府要路にも諮問になつたことでもあろう。そして、最後に〝国民の幸福を齎す最善の努力〟をとのお気持から退位を思い留めになり建設への新構想のもとに、雄々しく発足されたものと想像するのである。

【23. 5. 28　u.p. ボーン記事→】「われわれの知る限り天皇はその地位に留るものと思う、新憲法は天皇の地位をはつきり定め、皇室典範は天皇が退位を望んでも極めて困難となつている。」
【Mac.→】「天皇は国家の幸福のため、献身する愛国的市民」
【23. 6. 23　於 Diet Dr. Ashida 答弁→】「日本の憲法は天皇の存在を認めている、批判は自由なるも天皇退位に関しては今日まで考えたことはない」
【Mac.→】「家族を愛しあらゆる点でも国民に好模範を示す正直で勤勉な紳士」

G　昭和二三年一一月一二日ダグラス・マッカーサー宛田島道治書簡控

〔封筒表、タイプ打ち〕General of the Army Douglas MacArthur, Supreme Commander for the Allied Powers, Tokyo.

〔宮内府用箋、異筆、ペン書き〕

陛下の命により左記を閣下に申進ずるの光栄を有します。

「過日吉田首相より閣下の御親切なる伝言を拝承し感謝に堪えません。世界平和と国民の福祉との為め、全力を尽すことが自分の終世の念願であつて、此際国民と共に万難を排し、日本再建の為め最善を尽し度いと思ひます。」　敬具

宮内府長官

マックアーサー閣下

〔宮内府仏語用箋、タイプ打ち〕

November 12, 1948

General of the Army Douglas MacArthur, Supreme Commander for the Allied Powers, Tokyo.

Excellency,

By Imperial command I have the honor to transmit to Your Excellency a message from His Majesty as follows:

"I am most grateful for the kind and considerate message

Your Excellency was good enough to send me by Prime Minister Yoshida the other day. It is my lifelong desire to serve the cause of world peace as well as to promote the welfare and happiness of my people. I am determined now more than ever to do my best in concert with the people to surmount all difficulties and speed the national reconstruction of Japan."

I avail myself of this opportunity to renew to Your Excellency the assurance of my highest consideration.

Michiji Tajima
Grand Steward of Imperial Household.

H　参内後の総理謹話発表案

〔宮内府用箋、異筆、ペン書き〕

参内後の総理謹話発表案

唯今皇宮に参内、今回の国際裁判の結果に関し御軫念の御見解を言上申上げました処、天皇陛下には、判決を受けた人々の身の上を案ぜられ、感慨深げにおいたはりの御言葉を漏され、次いで戦争が如何に国民の幸福を破壊し世界文化を退歩せしめるものであるかを歎ぜらるると同時に、此の戦争を防止出来なかつたのは自分としても実に遺憾であつたと御述懐になり、更に今後とも一層国民と苦しみを分ち万難を排して日本再建の為に努力することこそ、自分に残された使命であると思ふと、固い御決意をお漏しになりました。最後に、日本国民は此の機会に人類の進化に逆行する戦争には二度と再び参加しないと云ふ決意を新にして貰ひたいものであると仰せになりました。私は陛下の御言葉を拝して、此の感激を一刻も速かに国民諸君に伝へ、諸君も亦陛下と共に、日本の再建を通して世界平和の為に渾身の努力を尽されんことを期待する次第であります。

I　無題

〔宮内省用箋、異筆、ペン書き（挿入は田島筆カ、ペン書き）〕

極東軍事裁判の判決が確定し（茲に）我等（々）は（再び）過（ぎ）去（つた戦争と、之に先立つ）十数年間の日本国の歩み（方に）つき（いて）更めて反省を深くせざるを得ない。次第であり（まして）（国民中）内幾百万の戦争犠牲者（死者、傷者、寡婦、孤児）を出し、又幾億（万）の国富を失つたのみならず、外、連合国民に対し~~て~~はかり知れぬ精神的物質的損害を与えたことについては、国民全体粛然として沈思せねばならぬのであります。（天皇陛下には此判決を前に、軫念殊の外であらせられます。）天皇陛下が（如何に平和を愛せられ、）立憲君主として其~~の御地~~

位の許す限りに於て、如何に平和を愛し、求■平和の為に尽くされたかは、今や内外等しく之を知るのでありますが、事志とに添わず御意志にも係らず、満洲事変に始まつた軍国主義的な（国の）歩みは、遂に我が国（歴）史（上）未曽有の惨害と不名誉とを招来したのであり【ますが、】まして、陛下の御傷心は此上もなく深くあられるのであります。又日本が（幸にして）焦土となるのを免かれ終戦となりましたのは、一に陛下の御決断の賜であります。陛下は世界の平和と国民の幸福を終生の念願とせられ、其の為（に必要）とあれば仮令御身の上は如何にならうとも、敢て辞されぬ堅い御決意と拝察いたします。現況の下に今日に立至つたことを深く遺憾とせられ、日本の今日に対する御傷心は此上もなく深くあられるのであります。

翻つて思ひまするに、日本は今や興亡の岐路に立つております。過去の失敗の重荷に圧し潰されて倒れるか、失敗の貴い教訓に学んで他国からも愛敬せられる新日本を建設するか、これこそ現代の日本に課せられた重大なる課題であり、これが又世界の判決に対する我国民の返答でなければならぬと思ひます。斯かる難関に立ち私共の眼は自ら陛下に向けられるのであり、（まして、陛下を）国民統合の象徴として仰ぎ、我々の中枢に陛下が我等と共に我等の中にあつていただく【きたいといふ願は】という事は、前途に横たわる困難が（大きければ）大きい程だけ、願は一層切なる【ものが】我々の念願であります。

陛下におかれても深くは御一身の潔きをのみ許さぬ内外諸般の情勢に深く想ひを致され、御一身の安易とをすて栄辱を省みず【超えて】、戦争の惨禍を償ひ日本を再建する為に、躬を以て難艱の先に立ち、国民の康福の為積極的に力を致さることこそ、積極的に御責務を果たされることが、採らるべき最上の唯一の正しい方途であることを【ものとして】御認めになり、（永く我国の象徴として）国民と苦難を共にされる御決意で【を更に新たにせられたことにより】あられることは、国民諸君と共に喜びに堪えません。

陛下が其の御一生を通じ、戦争犠牲者に報ずる御心尽しを以て所謂荊棘の道を御採りいただく以上、我々国民も亦陛下の崇高なる御心を体し、日本再建の為に一層奮励しなければ

〔以下空白〕

〔二枚目書類欄外〕

終戦は実一に陛下の決断により日本が焦土たるを免れたのは実に其賜であります。

J 政府発表総理談案

〔宮内府用箋、異筆、ペン書き〕

政府発表総理談　案

国際裁判の終局に当り政府の所信を申述べます。第一に、最近

世論の一部に於て天皇御退位の問題を取上げてゐる様でありますが、本問題は終戦当初に於てこそ問題となるべきもので、裁判に関連して論ぜらるべきものではないと存じます。陛下が終始一貫国民の幸福と世界平和の為に努力せられましたことは、世界周知の事実でありまして、特に終戦に当り自分の身はどうならうともとの御言葉を頂き、御一身を犠牲にせられて国民の一人でも多くを救ひたいとの御覚悟は、拝するだに畏き極みであります。此の御勇断により始めて文字通りの壊滅から救はれた我国は、此の陛下を国民の象徴として仰ぎてこそ、再建の途は開かれるものと信じます。仁慈の御心深き陛下の御心状を拝察すれば、戦争の惨禍に如何ばかり胸を痛めて居られるかのみならず、一生その荊棘を背負はれるの御心境に至つては、まことに恐懼の外はないと存じます。国民一同は些々たる一部の言論に惑ふことなく、此の英明なる陛下を末永く頂き、真に平和日本の再建に一致協力致さねばならぬものと確信致します。

第二に〔裁判に対する国民の覚悟〕

〔以下空白〕

K　内閣総理大臣談

〔宮内府用箋、異筆、ペン書き〕

内閣総理大臣談

極東軍事裁判の判決が確定し、我々は再び過ぎ去つた戦争と之に先立つ十数年間の日本国の歩み方について反省を深くせざるを得ない次第でありまして、国民中幾百万の死者、傷者、寡婦、孤児を出し、又幾億万の国富を失つたのみならず、連合国民に対してはかり知れぬ精神的、物質的損害を与へた事については、国民全体粛然として沈思せねばならぬのであります。〔市ヶ谷法廷に於ける裁判は、そこに裁かれる二五被告のみならず、我国民凡てがうくる世界の審判であります。〕

天皇陛下に於かせられては、此判決を前に御軫念殊の外であらせられます。陛下が如何に平和を愛せられ、立憲君主の御地位の許す限りに於て、如何に平和の為め御尽し遊ばされたかは、我々もよく拝承しておるのでありますが、事叡慮に添はず、満洲事変に始つた軍国主義的な国の歩みは、遂に我国歴史上未曽有の惨害と不名誉とを招来したのでありまして、陛下の御傷心は此上もなく深くあらせられるのであります。日本が幸ひにして焦土となるを免かれ、終戦となりましたのは、一に陛下の御聖【決】断の賜でありますが、陛下に於せられては、御一身に関しては世界の平和と国民の為とあれば【幸福の為には】、如何なる苦痛も恥辱も敢て辞し遊ばされぬ御決意と拝します。

翻つて思ひまするに、日本は今や興亡の岐路に立つております。過去の失敗の重荷に圧し潰されて倒れるか、失敗の貴い教訓に学んで他国からも愛敬せらる、新日本を建設するか、これこそ現代の日本国民に課せられたる重大なる課題であり、これが又世界の判決に対する我国民の返答でなければならぬと思ひます。か丶る難関に立ち、私共の眼は、自ら英明にして平和を愛せらる丶事深き陛下に向けられるのでありまして、陛下を国民の象徴として仰ぎ、その先頭に立つていたゞくといふ事は、かゝる時に我々の前途に横はる困難が大きければ大きい丈け、一層切なる我々の念願でありまして、之は国民一般に共通の事と信じます。

〔数文字分空白〕日参内の際、私は右に述べました様の所信を陛下に申上げましたところ、陛下には日頃の御念願と日本国にも拘らず、今日の如き事態に立到つたことは、内国民に対し、外連合諸国に対し、誠に遺憾の到りであると仰せられ、更に語をついで、戦後幸ひにして、占領軍当局の寛大なる措置によつて、徐々に秩序も整ひ、国家再建の緒にもつくことを得たことは感謝に堪えない所であるが、民主々義の精神に基き、平和と自由と正義の支配する国として新しき日本を建て直すことは、一朝一夕の事ではない。此重大なる時機に際して、自分の責任のまた極めて重大なるを感ずる。自分も色々に考へたが、此際あらゆる困難と闘いつゝ、現地位に留つて日本再建のため努力することが、自分の為す執るべきしと道であると信ずると仰せられました。此御言葉を拝し、誠に感激に堪えないのでありまして、国民一致して陛下の驥尾に附しつゝ、新日本再建に邁進し度いと存じます。

L　戦争裁判確定の直後に発表すべき、天皇の戦争責任及び御退位問題に付ての内閣総理大臣のステートメント(案)

〔宮内府用箋、異筆、鉛筆書き〕

戦争裁判確定の直後に発表すべき、天皇の戦争責任及び御退位問題に付ての内閣総理大臣のステートメント(案)

一、終戦以来、天皇の戦争責任又は天皇の御退位問題に関し、種々の論議が行われているのでありますが、東京裁判の決定を見た此の機会に於いて、陛下の御心事について申し述べ、且つ、これらに対する責任ある政府としての見解を申したいと存じます。

二、天皇の戦争責任については、政府としては、連合国側の戦争裁判に於ける公正妥当なる取扱に対し、深き敬意を表するものであります。

三、もとより、過般の戦争とこれに伴つて生じた曠古の不幸なる結果については、天皇の地位にあられる陛下としては、何人《ナンビト》にも増して深く御軫念あらせられていることは申すに及ばぬところであります。その御心のうちには「日本はかゝる戦争をして大きな過ちを内外におかした、またこれがため多くの不幸に沈み、生活に苦しむ人々のあることを思うとき、洵に身の裂くる思いである。この苦難にあえぎ、生活に苦闘する国民を一人でも多く慰め励まし、相扶けて国家の再建に進むためには、もとより自分は出来る限りのことはなんでもしよう。また、国民の幸福のため必要であるならば、退位のことは勿論、更にたとえ我身はどうなつても構わない」とまで真実に思召されておられることは、私が、終戦以来種々の機会を通じて、常に拝察しているところであります。

四、しかし乍ら、天皇の地位は憲法に基き国家の象徴として、又国民統合の象徴として、国家国民にとつて大切な公的地位であります。従つて、天皇の御在り方は陛下の御心事を拝察しつゝ、しかも国家的に又国民的に考えらるべきものと存じます。方今世界の風雲いまだ収まらず、国内また未曽有の不安、動揺より漸く立直らんとする曙光の明滅する、この重大時期に際し、かゝる地位に在られる陛下としては、胸に苦しみをいだかれつゝも、大きな公的見地にたつて、むしろその思召しを積極的にお生かしいたゞき、国民今後の幸福のため、国家今後の再建のため、~~常に国民と共に在つて~~御努力を給わりたいと存ずるものであります。この国家国民ともに艱苦努力のときにこそ、我々国民統合の象徴として、常に、その御誠心と御人柄とをもつて国民を励まし、苦しい人々を慰められ、~~常に~~永く国民と共に在つていたゞきたいと存じます。このことは現在の日本として、亦国民にとつても必要なことであり、そして又天皇の地位に在られる方の、最も正しい御行き方であろうと存じあげるものであります。

五、以上は不肖、民意に基く国会において指名せられました内閣総理大臣としての所信であります。何卒国民諸君の御諒承と御賛同とを願う次第であります。

〔書類裏〕

1) Asakai

(~~Sebald Columbia~~　慈善事業)

2) ×

3)〔以下空白〕

M　内閣総理大臣謹話

〔宮内省用箋、田島筆、ペン書き〕

内閣総理大臣謹話

天皇陛下には満洲事変以来、戦死、戦災等の戦争犠牲者は数百万を算し、一般国民亦衣食住とも不自由なる苦難の生活を~~して~~~~ある今日に~~するに至つたことを、深く遺憾とせられ、終戦以来常に誤つた戦争の惨禍を償ひ、又日本を再建する為には「自分はどうなつてもよろしい」との堅《カタ》き御決意を御持ちつゞけのやうに拝察致します。

然るに他面、天皇たる公的の御地位と内外各般の情勢とを考へますれば、此際陛下には御躬を以て此艱難の先頭に御立ち頂き、国民と共に、世界の平和は勿論、国運の恢弘と国民の康福との為に、此上とも日本国の象徴として又日本国民統合の象徴として御力を御尽し頂くやう、御願するより外ないと確信致します。陛下が其御一生を通じて、戦死者等総ての戦争犠牲者に報ずる御心尽しを以て、所謂荊棘の道を御採り頂く以上、我々国民も亦陛下の崇高なる御心を体して日本前途の為に一層奮励し、誓つて国運を扶持しなければならぬと存するのであります。

〔大日本育英会用箋、田島筆、ペン書き〕

極東軍事裁判の判決確定に際し、我等は過去十数年間の国の歩みを顧み、更めて反省を深くせざるを得ません。内、幾百万の戦争犠牲者を出だし、又一般国民を今日の苦難に当面せしめたのみならず、外、連合国民に対し、はかり知れぬ精神的、物質的損害を与へたことについては、国民全体粛然として襟を正し、沈思せねばならぬと思ひます。

天皇陛下には、此際御軫念殊の外であります。陛下が立憲君主として其許さる丶限りに於て、如何に平和を愛し、平和の為に焦慮されたかは、今や内外の均しく認むる所であるが、勢の趣くところ陛下の意志と違ひ、満洲事変に始まつた軍国主義的の歩みは、遂に我国歴史上未曽有の惨害と不名誉とを招来したことは、陛下の深く遺憾とせられる所で、仮令御身の上は如何にならうとも、敢て辞されぬ堅い御決意を終戦以来御持ち続けのやうに拝察します。

翻て思ふに、今や日本は過去の失敗の重荷に圧し潰されるか、此失敗に教へられて国際的に敬愛せらる丶日本に更生するかの、興亡の岐路に立つて居ります。これこそ全国民に課せられた問題であり、又同時に世界の判決に対する国民の返答であります。斯る危難の関頭に立ち、我等の眼は自ら陛下に向けられ、陛下が日本国の象徴として、我等と共に、又国民統合の象徴として我等の中にあられて、始めて此難関を突破出来ると思ふのであります。之は日本人として自然な希望であり、又必【当】然な念願でもあると思ひますが、前途に横〔た〕はる困難が大きいだけ、此希望念願は一層切実なるものがあります。

〔大日本育英会用箋、田島筆、ペン書き〕

極東軍事裁判の判決確定に際し、我等は過去十数年間の日本国の歩みにつきを顧み、更めて反省を深くせざるを得ないません。内幾百万の戦争犠牲者を出だし又【たる上】又幾億の国富を失つた一般国民を衣食住にも不自由なる今日の苦難に当面せしめたのみならず、外、連合国民に対し、はかり知れぬ精神的、物質的損害を与へたことについては、国民全体粛然として沈思せねばならぬと思ふひます。

天皇陛下が常にには、世界の平和と国民の幸福を終生の念願とせられ、立憲君主として其許す限りに於て、如何に平和を愛し平和の為に尽されたかは、今や内外の等しく之を知る所であるが、勢の趨く所、陛下の意志と違ひ、御意志にも拘らず、満洲事変に始まつた軍国主義的な歩みが、遂に我が国史上未曽有の惨害と不名誉とを招来したのであり、たことを深く遺憾とせられ、陛下の御傷心は此上もなく深くあられるのであります、陛下は世界の平和と国民の幸福を終生の念願とせられて居り【る陛下は】その為とあれば、仮令御身の上は如何にならうとも、敢て辞されぬ堅い御決意を終戦以来御持ち続けのやうに拝察します。

翻て思ふに、今や日本は興亡の岐路に立ち、過去の失敗の重荷に圧し潰されるか、過去の失敗に教へられて国際的に敬愛せらるゝ新日本となるかの興亡の岐路に立つて居ります。これこそ此課題は国民に課せられた課題であるより又未に世界の判決に対する国民の返答である。

斯る難局に立ち、私共の眼は自ら陛下に向けられるのであり、国民統合の象徴として、陛下が私共我等と共に、私共我等の中にあつて【あられ】国民と共に国運を開く苦難を共にして頂きたい【いてこそ日本再建が可能】といふ願は日本人たる以上当然のことで、前途の困難が大きいだけ一層切なるものであります。

然るに陛下におかれては、方今希有の世変に際し、内外諸般の情勢容易ならざるものあるに深く想を致され、御一身の安易をすて、栄辱を超え、戦争の惨禍を償ひ、日本を再建する為の躬【区々たる世論】を以て艱難の先に立ち、国民の康福の為め、積極的に力を致さるゝ事こそ最上の方途であるとしての国民と苦難を共にせらるゝ御決意を更新にせられました世界の平和と国民の康福との為め一生を終始したい念願を承り、国民諸君と共に喜びに堪えません。

陛下が今後其御生涯を通じ、戦争犠牲者に報する御心尽しを以て、所謂荊棘の道を御採りになる以上、我等国民も亦陛下の崇高なる御心を体し、日本再建の為一層奮励しなければならぬと存じます。

N　無題

〔大日本育英会用箋、田島筆、ペン書き〕

天皇陛下には満洲事変以来【の幾百万の戦死者】、君国の為に或は屍を戦場に累し、或は身を職域に殉じたる何万といふ人々及其遺族の上に思を寄せられ、常に断腸の思をしてお出でになります。又戦傷者、戦災者、引揚者、引揚未済者及其家族等の直接戦争犠牲者は勿論、一般に産業の委靡、諸物価の騰貴、生活物資の窮乏等の為め、国民全般が衣食住にも不自由し、塗炭の苦難に当面して居ることを日夜御心配になつてお出でになります。そして此未曽有の災殃を招いたことは、時勢の趨く所支へ難きものであつたにも拘らず、陛下としては御自分の不徳に由るもの、如く御考えになり、仰いでは祖宗に愧ぢ畏れ、俯しては国民に済まなく御思ひつゞけのやうに拝します。

斯様に御心を常に国民の上に寄せられ、御身は皇居に御出でになつても、一刻も安き御心持でない様に拝察致しますが、去りとて、方今世界の大勢は猶騒然たる上に、国内に於ても諸事革新の際とて、思潮の対立、紀綱の廃弛等容易ならざる時であり、内外諸般の情勢を大観しますれば、陛下御一身の潔きことに急なるの余り、~~中さば易きに御就きになるやうなことは、一旦の安きを偸んで~~国家百年の憂を御閑却になる結果を生じ~~ますので~~ますやふなことは到底許されませぬ事情が存しますので、陛下は此際最も至難な荊棘の道を御とりになる御覚悟を以て、大義名分の存する所に則り、天下人心の帰向する所に従ひ、国民と共に新なる決意に燃えて身骨を労し、心志を苦しめ躬を以て難艱の先に立ち、四国宣言受諾の際の「自分はどうなつてもよろしい」との恐れ多い御決意を更に新たにせられ、世論に超越して再建日本の為に全力を挙げて象徴たる御本分を御尽しになり、以て戦争による犠牲者達に酬ゆる所あらんと固く御決意の様に拝します。

我々国民は、国の象徴たる又国民統合の象徴たる　陛下の此崇高なる犠牲的な御心を体して、日本再建の為に一同感奮興起し、戮力協心誓つて国運を扶持恢弘しなければならぬと存ずるものであります。

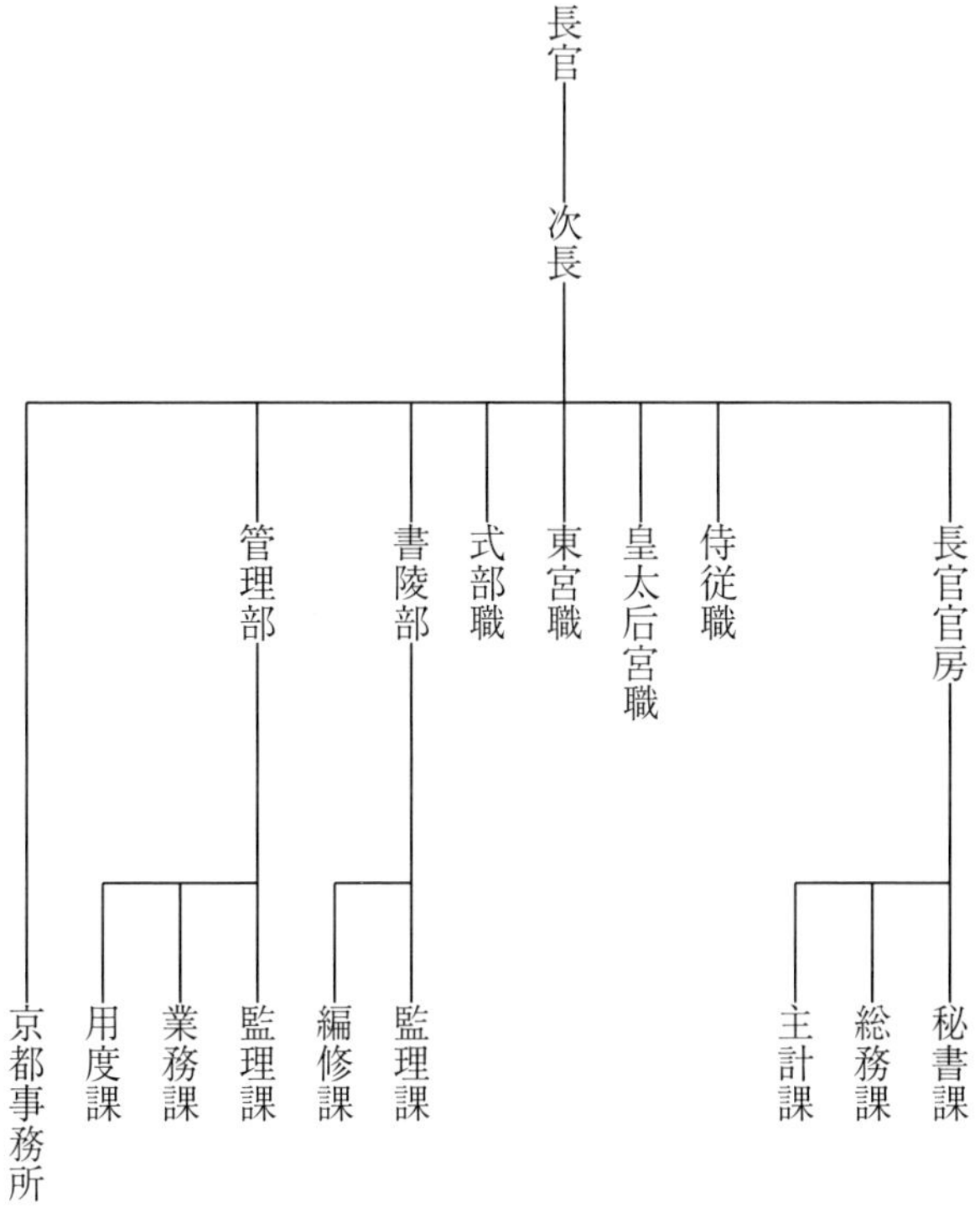

宮内庁機構図(1949年6月)

「機構・定員の変遷」宮内庁秘書課法規係「宮内庁関係機構法令(沿革)」第五分冊(情報公開請求にて入手)をもとに作成.

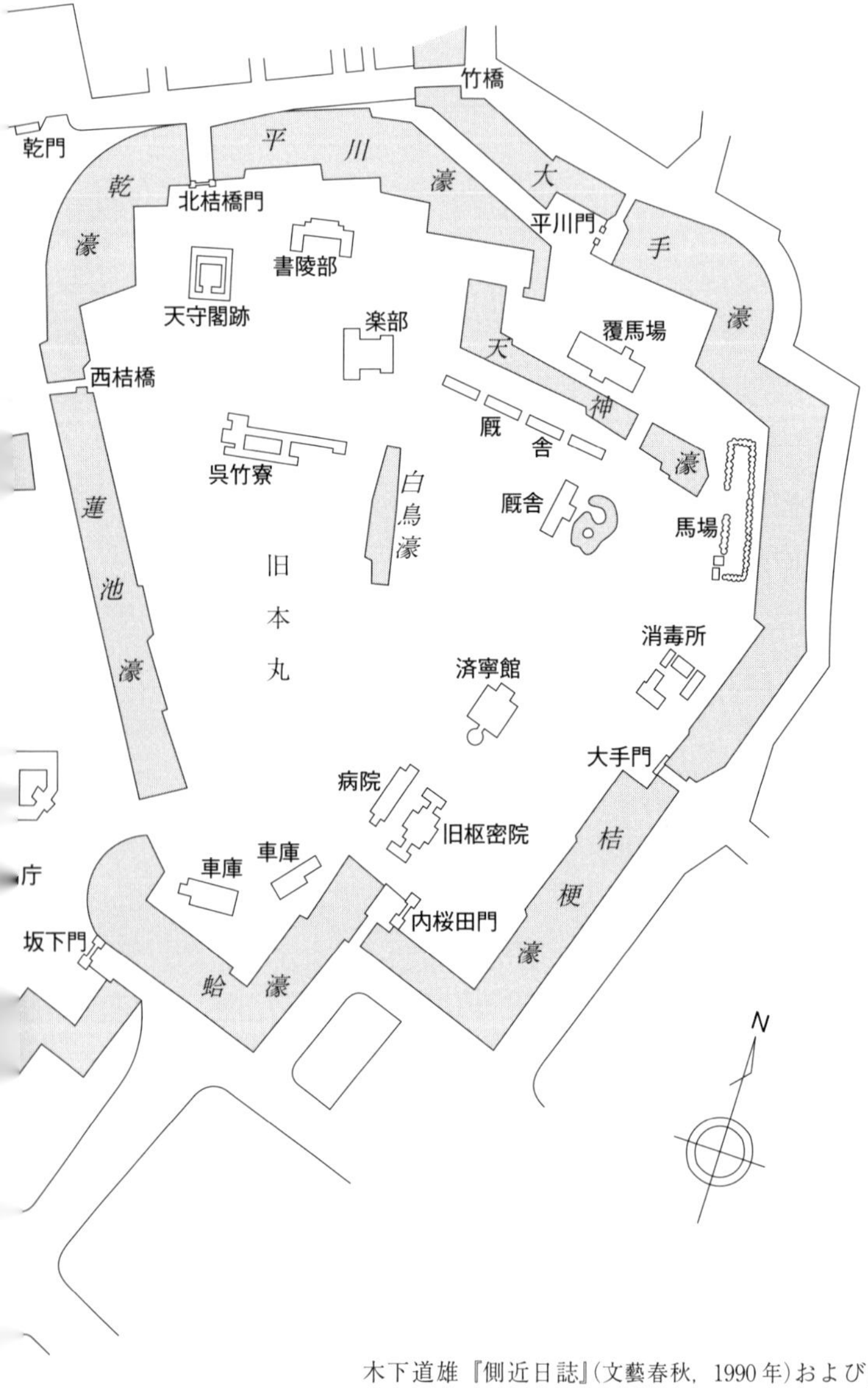

木下道雄『側近日誌』(文藝春秋，1990年)および高橋紘・粟屋憲太郎・小田部雄次編『昭和初期の天皇と宮中——侍従次長河井弥八日記』第1巻(岩波書店，1993年)に掲載の図をもとに作成.

1950年頃の皇居図

千鳥ヶ淵
北門
半
蔵
濠
望岳台
寒香亭
馬場
御文庫
（吹上御所）
花蔭亭
半蔵門
霜錦亭
瓢
池
下
道
灌
濠
山
生物学
御研究所
濾過池
賢所
宮中三殿
義宮御殿
仮賢所
桜
参集所
上
道
灌
濠
伏見櫓
田
振天府
鉄橋
濠
桜田門

旧皇族家系図（一九五三年一二月末）

太字は一九四七年一〇月（皇籍離脱）当時の当主　•は故人　［　］は皇籍離脱前の称
故人については最終配偶者のみ記載した

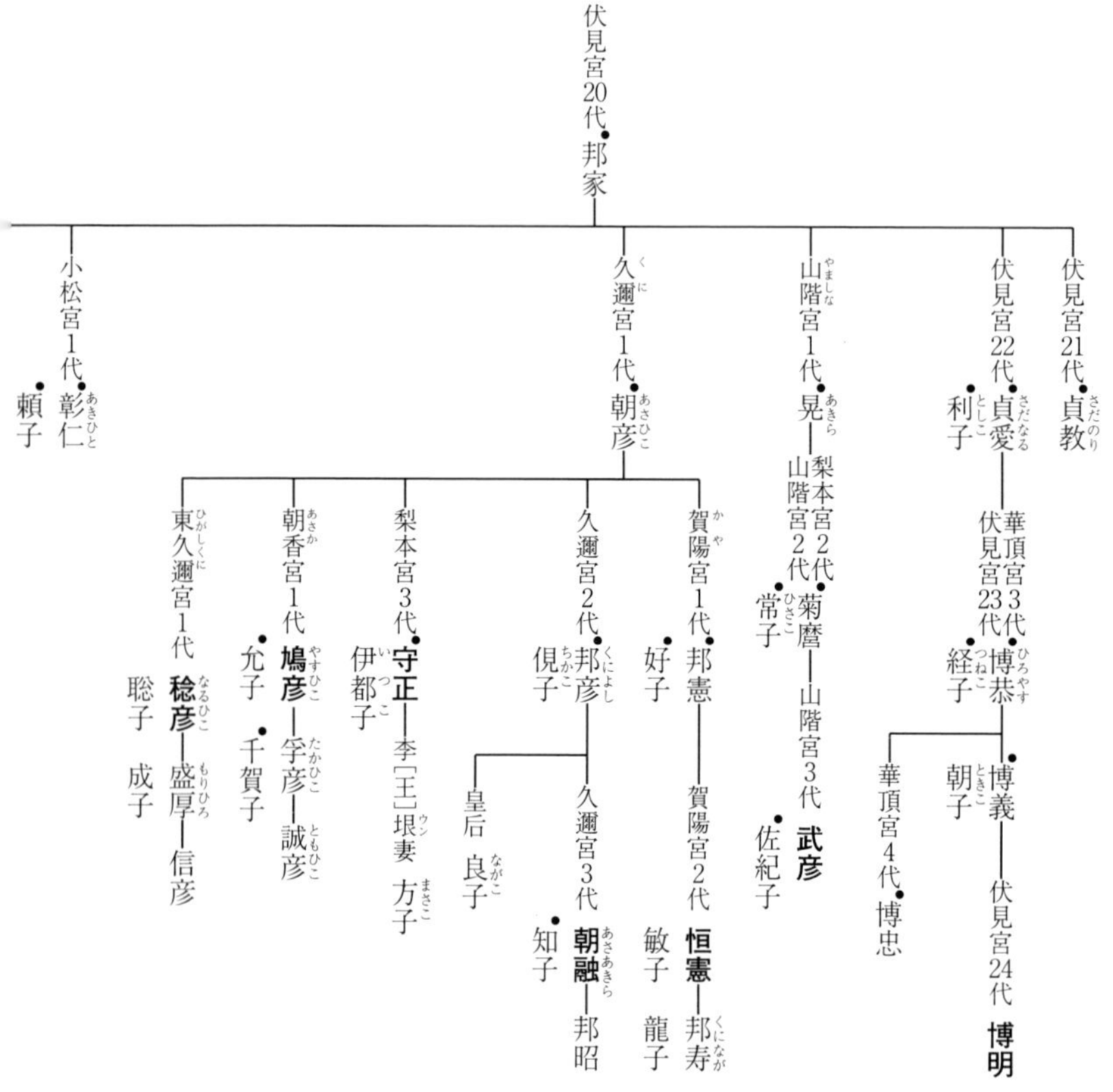

高橋紘・粟屋憲太郎・小田部雄次編『昭和初期の天皇と宮中――侍従次長河井弥八日記』第1巻（岩波書店，1993年）および霞会館華族家系大成編輯委員会編『平成新修旧華族家系大成』上巻（霞会館，1996年）に掲載の系図をもとに作成．

北白川宮2代 能久
富子
北白川宮3代 成久
房子
北白川宮4代 永久
祥子
北白川宮5代 **道久**

竹田宮1代 恒久
昌子
竹田宮2代 **恒徳《つねよし》**
光子
恒正

北白川《きたしらかわ》宮1代 智成《さとなり》

華頂《かちょう》宮1代 博経
郁子
華頂宮2代 博厚

閑院《かんいん》宮6代 載仁《ことひと》
智恵子
閑院宮7代 **春仁**
直子

東伏見宮1代 依仁《よりひと》
周子《かねこ》

天皇家系図（一九五三年一二月末）

明治天皇
昭憲皇太后 美子《はるこ》

大正天皇
貞明皇后 節子《さだこ》
竹田宮恒久妃 昌子
北白川［宮成久妃］房子
朝香宮鳩彦妃 允子《のぶこ》
東久邇稔彦妻 聡子《としこ》

裕仁《ひろひと》
良子
秩父宮 雍仁《やすひと》
勢津子《せつこ》
高松宮 宣仁《のぶひと》
喜久子
三笠宮 崇仁《たかひと》
百合子

東久邇盛厚妻（照宮）成子《しげこ》
久宮 祐子《さちこ》
鷹司平通妻（孝宮）和子
池田隆政妻（順宮）厚子
継宮《つぐのみや》 明仁《あきひと》（皇太子）
義宮《よしのみや》 正仁《まさひと》
清宮《すがのみや》 貴子

甯子《やすこ》
寛仁《ともひと》
宜仁《よしひと》
容子《まさこ》

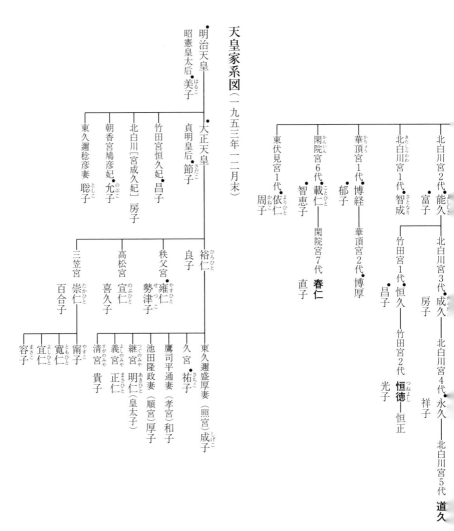

田島道治長官在任中(1948年6月5日～1953年12月16日)の宮内(府)庁幹部一覧

役職名	氏名
長官	田島道治
次長	加藤進(～1948年8月2日), 林敬三(1948年8月2日～1950年10月9日), 宇佐美毅(1950年10月9日～)
長官秘書官	植秀男, 高尾亮一(侍従兼任, ～1948年11月1日), 三井安彌(秘書課長兼任, 1948年11月1日～1949年3月15日)
皇室経済主管	塚越虎男(～1950年2月10日), 近藤直人(1950年3月1日～1952年1月22日), 西原英次(1952年4月1日(15日まで総務課長兼任)～1953年7月6日), 三井安彌(書陵部長兼任, 1953年7月6日～)
官房秘書課長	三井安彌(～1949年12月28日), 高尾亮一(1949年12月28日～)
官房総務課長	犬丸実(～1948年8月1日), 鈴木菊男(1948年8月11日～1950年7月1日), 西原英次(1950年7月1日～1952年4月15日), 曽我部久(1952年4月15日～)
官房主計課長	飯田良一(～1949年6月1日), 牧野誠一(1949年6月1日～1950年8月30日), 遠藤胖(1950年8月30日～1953年5月16日), 高田寿史(1953年5月16日～)
侍従長	三谷隆信
侍従次長	鈴木一(～1950年10月1日), 稲田周一(1950年10月30日～)
女官長	保科武子
皇太后宮大夫	坊城俊良(～1952年1月1日, 廃止)
東宮大夫	穂積重遠(～1949年2月26日), 野村行一(1949年2月26日～, 1951年12月23日から東宮侍従長兼任)
式部官長	松平康昌
書陵部長	城富次(～1950年7月1日), 鈴木菊男(1950年7月1日～1952年4月1日), 三井安彌(1952年4月1日～)
管理部長	大場茂行(～1949年8月31日), 塚越虎男(皇室経済主管兼任, 1949年8月31日～1949年12月28日), 三井安彌(1949年12月28日～1952年4月1日), 鈴木菊男(1952年4月1日～)
皇宮警察本部長	木村行蔵(～1949年4月11日), 藤田次郎(1949年4月11日～1950年4月15日), 樺山俊夫(1950年4月15日～1952年4月1日), 武末辰雄(1952年4月1日～)
掌典長	甘露寺受長
東宮職参与	小泉信三(元慶應義塾長, 教育常時参与は1949年2月26日～), 安倍能成(学習院長), 坪井忠二(東大教授), 松平信子(恒雄元宮相妻・秩父宮妃母, 1949年12月14日～)

注:「事務取扱」(後任が決まる前に辞職した際, 上官が職務を兼任する)は含めない.

第七巻の概要とその意義

舟橋正真

本巻は、初代宮内庁長官である田島道治（在任一九四八年六月〜一九五三年一二月）が遺した「拝謁記」の関連資料として、以下の諸史料を収録する。

（1）田島道治長官退任後日記（一九五五〜一九六八年、抜粋）
（2）日本語・英語書簡
（3）田島道治関係文書

（1）は、現存する「田島道治日記」のうち、第六巻未収録の長官退任後の日記を指す。第六巻と同じく記述量が膨大であるため、紙幅の都合上、主に「拝謁記」および在任中の「田島日記」でも散見された皇太子妃の選考、「ご成婚」とその後に至る記述に絞り、関連記事を抜粋した。詳細は「長官退任後日記解説」を参照されたい。

（2）は、主に長官就任直前から退任後にかけての田島宛来簡である。遺された書簡は優に一〇〇〇点を超えるため、内容を十分吟味した上で、「拝謁記」の内容を補完するもの、歴史上重要と思われるものを中心に採り上げ、日本語と英語に分けて収録した。発信者は日本語一八名、英語三名であり、皇族、政治家、宮内（府）庁関係者、アメリカ外交・占領当局者など多岐にわたる。書簡の点数は日本語が計一〇六点(別紙を含む)、英語が計一四点(このうち田島道治書簡控が五点)である。

(3)は、在任中に作成したメモや書類などである。この中で、「平和条約発効並びに日本国憲法施行五周年記念式典」における昭和天皇の「おことば案」は第三巻に収録済みであるため、本巻では、それ以外の天皇の戦争回顧や天皇退位問題に関わる重要文書を収録した。(1) 当該文書は一九四八年中に作成されたものと推定される。

(2)・(3)の収録史料には、史料の識別や通読の便を考慮して、書簡には通し番号を、関係文書にはアルファベットをそれぞれ付記した。

本巻は「関連資料」と銘打ったように、「拝謁記」および「田島日記」と有機的につながるものである。これまでの田島が遺した諸史料からは、日本国憲法に規定された象徴天皇のあり方、そして皇室の家長としての昭和天皇のあり方を常に模索し、形成しようとする過程が浮き彫りとなった。その中でみられた宮内庁長官としての田島の役割やその苦心ぶりは、本巻においても十分確認できるし、さらに長官退任後の皇太子妃選考への関わり方や、一九六四年就任の宮内庁参与としての動向についても明らかとなる。

以上の収録史料については、日記部分を瀬畑源が、それ以外を舟橋がそれぞれ解説を試みているので、具体的な内容については、後掲の各解説を参照されたい。

本巻が、「拝謁記」「田島日記」とともに、象徴天皇制研究にとどまらず、現代史研究においても広く活用されることを願ってやまない。なお、巻末には「拝謁記1~5」の正誤表と主要人名索引について収録した。併せて活用されたい。

著作権が存在する入江相政、神谷美恵子、田辺定義、松本俊一、三笠宮崇仁親王、三谷隆信、湯川秀樹の各書簡の収録については、著作権継承者の皆様からご快諾いただいた。その折、吉見直人氏には多大なるご尽力をいただいた。

本巻収録史料の原文の翻刻や校訂などについては、飯島直樹、市川周佑、大窪有太、太田聡一郎、水野善斗、山本真己、Prayogi Dwicahyo Nugroho の諸氏（科研費関係）のご協力を得た。また、主要人名索引の作成にあたっては、後藤悠一、塚田安芸子両氏（同前）のご協力を得た。編者一同よりあつく感謝申し上げたい。

最後に、昨今の厳しい出版状況にもかかわらず、岩波書店には、本書の刊行を快くお引き受けいただいた。とりわけ、担当編集の吉田浩一、北城玲奈両氏、および校閲担当の方には、全巻を通してきめ細やかな編集と多大な校正の労をとっていただいた。編者一同、心より深謝申し上げる。

付記：本研究はＪＳＰＳ科研費２０Ｈ０１３１７の助成を受けたものです。

（１）　天皇退位問題に関わる文書は、加藤恭子『田島道治――昭和に「奉公」した生涯』（ＴＢＳブリタニカ、二〇〇二年）第一八章、同『昭和天皇と田島道治と吉田茂――初代宮内庁長官の「日記」と「文書」から』（人文書館、二〇〇六年）第一一章で一部紹介されている。

長官退任後日記解説

瀬畑　源

一　長官退任後日記の特徴について

本巻収録の日記は、田島道治が一九五三年一二月に宮内庁長官を退任して以後、死去する一九六八年までのものから、皇室に関係する部分を抜粋したものである。当該時期の日記は、田島道治の評伝を書いた加藤恭子の著作で用いられているが、その一部が紹介されたに過ぎない。[1]

田島は長官退任後も、後任の宇佐美毅長官や皇族の相談相手となるなど、死去するまで皇室に関わり続けた。紙幅の関係もあるため、主に田島が大きく関与した皇太子妃選考と、その後の皇太子妃をめぐる問題について通史的な把握を可能とするような採録に努めた。

なお、木戸幸一元内大臣と田島が会話をしている箇所も適宜採録した。木戸と田島は、拝謁記に関わるような敗戦前後の天皇制に関係する問題や、宮内庁参与（天皇の相談役）への就任依頼とその拒否の経緯を語っており、拝謁記の読者の興味を引くのではないかと判断した。

田島は死去する一九六八年まで日記を書き続けた。一九五四〜六〇、六六、六八年は日本銀行、六一、六四年は三井銀行、六二、六三、六五年は東海銀行、六七年は岩波書店の手帳を使っている。ほとんどが一週間見開きとなっているものであり、非常に細かい字で書き込みがされている。亡くなる直前まで書き込みが多く、晩年までメモ魔的なところがあったことがうかがえる。

退任後の日記の皇室に関する記述の特徴として、秩父宮妃勢津子の登場が多いことがあげられる。秩父宮家と田島の交流については第六巻解説でも述べているが、空襲で宮邸が焼失していたため、秩父宮夫妻は一九五〇年以降、上京する際には長官官邸に宿泊することが慣例となった。田島は秩父宮夫妻から絶大な信頼をえており、長官退任前の一九五三年一二月九日の日記では「秩父宮家のことは致します」と秩父宮妃に伝えており、その後宮家の顧問役となった。田島は、定期的に秩父宮邸を訪問するだけでなく、問題が起きたときには秩父宮妃から直接電話があったりするなど、相談の相手として頼られた。

田島の皇室に関する主な情報源が秩父宮妃であることは、退任後の日記の記述に、ある種のバイアスがかかっていることに繋がっている。香淳皇后(良子《ながこ》)・秩父宮妃・高松宮妃喜久子は、皇太子妃に正田美智子が選ばれたことに不満があったとされ、その後も皇太子妃への評価は厳しいものとなっていた。そのため、田島の日記にも、皇太子夫妻や東宮職の職員に対する表現のきつい記述が残されている。利用する際には、そのバイアスを踏まえた史料批判が必要であろう。

二　皇太子妃選考

皇太子妃選考と田島との関わりについては、すでに田島の伝記の著者である加藤恭子(2)や、皇室研究者の森暢平(3)などによって検討されてきた。ただし、これまで日記の原本を閲覧できたのは加藤のみであったため、加藤の引用した記述以外を利用することができなかった。森はその限界のある中で、非常に詳細な検討を行っている。ここでは、森の著書に主に依拠しながら解説をしたい(4)。

田島が宇佐美長官から皇太子妃選考に関わるよう求められたのは、一九五五年三月二五日のことである。天皇皇后の許可も取ったとあり、内々に打診を受けていたのかもしれない。田島は「消極的、部分的に在民の方よきことには従ふ旨」返事したとあり、消極的ではあるが民間の女性であっても容認するという立場であったようだ。

直後に候補者として名前が挙がったのは、徳川御三卿の血筋である田安徳川家(旧伯爵＝Count)の女性であった。五月八日に秩父宮妃、高松宮妃、松平信子(秩父宮妃母、東宮職参与)から情報を得ているようであるが、一七日に「後から割込みは駄目」と書いてあることから、もし徳川に別の縁談が進んでいれば諦めるということだったと思われる。九月一七日には、皇太子が「平民」でも構わない、ただし旧華族や実業界などの子女が多い学習院か聖心を卒業していることは条件だとの話をしている記述がある。田島は徳川を推したようだが、一二月に当該女性が婚約したと新聞記事に出たことから、徳川は候補者から消えることになった(5)。

次に名前が挙がるのは、一九五六年三月一七日に登場するOと、五月三日に登場するHである。森によれば、前者は皇太子の同級生大久保忠恒の妹(大久保立子爵の孫)、後者は林友春学習院大学教授(旧伯爵)の娘だとされる。このうち、Oとの話が優先的に進められたようであり、八月二三日に軽井沢の皇太子の宿泊所である千ヶ滝プリンスホテルのテニスコートで、田島は皇太子妃選考の中心メンバーである東宮職教育常時参与の小泉信三とともにOを視察した。田島は「Gesicht」(顔つき)を含めて「失望」したようであるが、小泉の印象は良かったようである(八月二五日条)。

九月一六日、田島は黒木従達東宮侍従へ、「小生印象あしきなど問題でなし」として縁談を進めることを容認し、きちんと調査が必要だと述べた。一〇月一六日には宇佐美に対して、東宮(皇太子)の意見を尊重すべきだが、本人の主観的程度が強いので、話を慎重に運ぶことや、外部からの批判に耐えられる順序と準備が必要とアドバイスをしている。

一一月二五日には、皇太子の同級生で尾張徳川家の後継者である徳川義宣(旧姓名：堀田正祥)から、「東宮様気力なくfightなく自信なし。謙虚の気持かも知れぬもどうか」との話を聞いた。田島は愛知県出身で、尾張徳川家とは関係が深かったため、以前から義宣と知己であった。この情報は、皇太子の誕生日を祝う会の際に黒木に伝えられた(一二月二三日条)。一九五七年四月一日には「小泉、東宮はダメ。spotlightあたるといふ」との記述がある。やや意味が判然としないが、皇太子が自信を失い気味であることがわかる。

四月四日、田島は長官から依頼を受けて、O家との交渉役を引き受け、八日に本人と両親に縁談の申し入れをした。しかし反応は芳しくなく、桂井(母方)と大久保本家(父の兄)、祖母、揃って反対だとされた。田島は、経済上の問題は心配無用など、さまざまな説得を試みたようである。一〇日には大久保忠恒と四時間にわたって会談したが、その際に「I.H」(皇室)のために「なぜO家が進まぬ事をやる要ありや」との話を聞いた。皇室のために家族を犠牲にしたくないという主張であり、旧華族の系譜の人であっても、皇室に入ることは家にとってマイナスだと考えていたことがわかる。

一七日に田島は大久保の父安威と面会したが、「光栄なれど拝辞」するとして正式に断られた。その後もOの説得は続けられたようだが、五月二七日には次の候補として、K家の娘(伏字としたが原本では名字が書かれている)(6)と林家の娘が挙がっていることから、Oは事実上諦めざるをえなかったようである。

七月一九日に田島は宇佐美と会い、Kについて議論をしている。「葉山にて何かを知つてるといはれたとのいや味」とは意味がわかりづらいが、宇佐美は皇后に何も報告をしていないように思われるので、皇后かその関係者から、皇太子妃選考について何も報告がないことを批判されたのかもしれない。

一〇月二一日にKを候補者と決定、皇太子も希望しており、田島も賛同している。そして一一月二〇日の会議でK

の交渉に宇佐美が当たることが決定した。しかし、一九五八年一月一五日、田島は宇佐美から、K本人かKの家族のいずれかだと思われるが、色覚異常(color b. = blindness)があると聞かされた。

候補者の家系に色覚異常の遺伝子を持つ可能性があるということは、かつて昭和天皇と香淳皇后の結婚の際、皇后の母方の島津家に色覚異常の遺伝子があるとの話から、元老山県有朋らが皇后の実家久邇宮家に婚約の辞退を迫った事件を彷彿させる。久邇宮家が世論を背景に抵抗するなどした結果、婚約は撤回されず、中村雄次郎宮内大臣が辞任に追い込まれた(宮中某重大事件[7])。宇佐美は調査不備の責任を取って辞任する(「やめだなー」)意向を示したようだが、一八日に小泉と田島が会談し、宇佐美の辞任は「絶対不可」で意見が一致し、その後田島が宇佐美に電話をした結果、宇佐美は辞意を撤回した。

田島と宇佐美は、K家の件を「先方辞退にて解決」すると主張したようだが、小泉はそれに反対し、Kを押し切るべきという意見であった。おそらく前記した香淳皇后のケースもあり、色覚異常の可能性は結婚の障害とならないと考えたのではないか。田島は「定席(石)、北、か」と主張しているが、小泉は「絶対H.H」(His Highness = 皇太子)、つまり皇太子の意向を尊重し、Kのままで行くべきだと主張したのであろう(一月一八日条)。田島の挙げた「北」は、旧皇族の北白川肇子《はつこ》の可能性が高い。のちに、皇太子妃が内定した暁には、その公表前に「北白川叔母様には事前必要とのこと」(一〇月一七日条)とあり、肇子の祖母で昭和天皇の叔母にあたる北白川房子に先に連絡が必要と述べていることから、肇子を候補者としてキープしていたことがうかがえる。その後もKの調査は進められ、二月二五日には、いとこが二人とも色覚異常がある(「二人共黒色」)と判断された。最終的に、三月三日に「思い切る」ということになり、Kは候補者から外れた。

次に候補者として挙がったのはHである。ただ、一カ月程度ですぐに「新規蒔直し」(四月一日条)として候補者から外れた。森によれば、娘が候補に挙がったことを知ると、林友春はすぐに縁談を決めてしまったとのことのようであ

る。(8)

正田美智子が田島日記に候補者として現れるのは、四月一二日のことである。小泉との会話の中で、「血統重んずべきこと。Shoda Soyejima 調べよくば賛成いふ」とあり、正田家と母方の副島家の血統を調べて、よければ田島は賛成すると意見を述べた。しかし、その日の直前の記述に「畑孫のことから前田の話」ともあり、正田家に一本化したのではなかったようである。五月二〇日に副島家の調査結果が田島の元に届き、二一日に翌日正田家を訪問する予定の小泉と打ち合わせをした。帰宅後に思い出したことがあったようであり、翌朝に意見を追加で届けている。

二二日に小泉は正田家を訪問後、すぐに田島に連絡して結果を報告した。小泉がいかに皇太子妃選考で、田島を頼っていたかがわかる。ただ、田島は「新聞社来訪で、すぐ小泉へはちとvanity 家の気がす」と述べており、新聞社が正田家に探りを入れてきた時に、すぐに正田家から小泉に連絡があったというエピソードから、正田家が「vanity」(虚栄心)があるのではないかと勘ぐっている。六月二一日の会議で田島は、「衆議賛成なら固執せず」とは言いながら、美智子の母(Mutter)について「いやなことといふ」とあり、母方の血統の調査が不十分だと考えていた。田島は正田美智子を候補者とすることについては、あまり積極的に賛同していなかったようである。

八月に入り、小泉の説得が続き、田島もそれについて意見交換をしていた。二一日に正田家に申し入れることを「大体決定」し、宮内庁参与の勝沼精蔵医師の意見を踏まえ、二四日に小泉が正式に申し入れを行った。この時に、正田家が美智子を欧州旅行(Go Abroad)に九月三日から出発させると述べたことに、小泉が少し困っている様子がうかがえる。二五日に田島は、正田美智子が正式な候補者となったことを、御殿場の秩父宮邸で秩父宮妃、高松宮、同妃、三笠宮に伝えた。翌日の記述を見ると、秩父宮妃(C. Princess)、高松宮妃(T. Princess)、松平信子(M. M)に「つるし上げ」にあったとあり、特に彼女たちは小泉と正田夫妻との二四日の会見記の内容に「憤慨」し、「休戦」(おそらく、婚約の話を止めるべき、の意味)の意見を述べたとされ、強烈な反対を受けたことがわかる。正田家がこの縁談を断ったこともあり、三〇日に徳川義宣が田島の元を訪れ、皇太子が非常にショックを受けていることを報告した。

一〇月二日、田島は小泉と会って話をした。東宮職関係者は正田美智子を「唯一の望」として説得を行っていたが、「老生は稍違ふ」とあり、やはり田島は美智子をあまり積極的に推していなかったようである。その後、皇太子が友人の織田和雄を通じて美智子を直接説得し(9)、最終的に一一月一三日に正田家は婚約を受諾した(10)。一五日に田島は経過の詳細を聞いた。二七日に皇室会議をへて正式発表があり、田島は宇佐美を慰労した。「今日の様子きく。万歳」とあり、皇太子妃が決まって安堵した気持ちもあったのだろう、珍しく「万歳」という高揚した気持ちを書き残している。

ただし、「平民」から正田美智子を選んだことは、皇后をはじめとして激しい反発が残った。婚約前の一一月六日、田島は高松宮妃から皇后(Empress)の「御不満解けず」と聞いている。一二月六日には、松平信子から「正式につんぼさじき〔ママ〕の話」として、自分に事前に相談がなかったことについて不満をぶつけられている。また、一九五九年一月一七日に、秩父宮妃、高松宮妃からも事前に相談がなかったことを責められ、さらに「M. 礼を知らぬ」＝美智子の礼儀がなっていない、「Her M. まだ解けぬ」＝皇后はまだ不満、「教育に Her M 不満」＝皇后は皇太子妃教育に不満、「Mrs. S の生意気」＝正田富美(美智子母)が生意気だ、などと不満をぶつけられ、この縁談を中心となって進めた小泉への風当たりが強いと日記に記している。この問題はその後も尾を引き、秩父宮妃、高松宮妃からの美智子妃への不満は、田島の日記にたびたび記述されることになる。なお、田島は一九五八年一二月二〇日に昭和天皇に拝謁したときに、「清宮様、華族結婚望まし」とし、皇太子の妹の清宮貴子内親王の結婚相手は、旧華族出身者が望ましいと述べている。これは、皇族や旧華族などの反発を踏まえた提言なのかもしれない。

一九五九年四月一〇日に結婚式が行われ、田島はまた「万歳」と記し、皇太子の結婚を寿いだ。

三　皇太子夫妻をめぐるトラブル

皇太子結婚後、皇太子夫妻に関係する話は数年間、皇太子の誕生日の際に東宮御所に挨拶に行くなどを除き、ほとんど日記に登場しない。

皇太子妃の話題が再び登場するようになるのは、一九六二年一〇月以降のことである。田島は秩父宮妃や高松宮妃から、美智子妃（Princess M）のことを聞き（一〇月三一日条）、一一月七日に鈴木菊男東宮大夫に会いに行き、美智子妃が「ノイローゼ気味」であるとの話を聞いた[11]。一八日には秩父宮妃から、週刊新潮に出た「美智子妃殿下御周旋のこと」を耳にし、翌日に小泉や宇佐美と話をしている。週刊新潮の記事は、美智子妃が皇太子の弟の義宮（現：常陸宮）正仁親王に結婚相手となりうる女性を紹介しているという内容の記事であり[12]、秩父宮妃がどういうことか田島に問い合わせたものだと思われる。

一二月一日と二日に、「Trouble Maker」が云々という話が出てくる。主語が曖昧なので不明であるが、三日に「秩父妃殿下電話、ハキダシテ御満足」とあることから、何か美智子妃について不満を吐き出していた可能性が高そうである。なお、その後も美智子妃へ不満の声を何度も田島は聞いているが、秩父宮妃などからの情報を鵜呑みにせず、必ず宇佐美や小泉、鈴木東宮大夫に情報を確認していることがうかがえる。

一九六三年三月二二日、美智子妃は流産をし、四月一七日から葉山御用邸で静養することになった。その間、田島も病状について情報を得ている。

一九六四年二月二一日、義宮の結婚相手が旧伯爵家の津軽華子に内定したと朝日新聞がスクープを打った。田島は宇佐美と会って、色々と相談を受けている。なお、秩父宮妃は電話で「今度のことで東宮両殿下にshockなきやう」

と述べている。のちに、皇太子の同級生で共同通信記者の橋本明は、義宮妃選考において皇太子夫妻、特に美智子妃には相談しないという方針があったことを指摘している(13)。それが事実だとすると、先述の美智子妃が義宮に女性を紹介しているという記事に、秩父宮妃がセンシティブに反応した理由も推測できる。おそらく秩父宮妃は旧華族を中心とした選考過程を知っていたものと思われ、皇太子夫妻に話をする前に義宮妃についてスクープ記事が出た可能性があり、そのことで皇太子夫妻がショックを受けないようにと話したということではないか。

六月九日には、美智子妃の主治医であると同時に、田島や妻の主治医でもある冲中重雄(虎の門病院院長、東京大学名誉教授)と会い、美智子妃の健康のことを打ち合わせている。一九六五年二月二〇日にも、同じように皇太子妃のことを冲中から聞いている。三月二日には、秩父宮妃、高松宮妃が、名和栄子東宮女官から聞いた話なのか、美智子妃は「病気と考える外なし」との話を聞いている。名和の異母姉霽子《さえこ》が徳川誠夫人であり、誠は高松宮妃の叔父にあたる。名和は高松宮妃の推薦で東宮女官に就任したようであり(一九六七年一一月一五日条)、皇太子妃の情報を高松宮妃に流していた可能性がある。

一九六五年七月二七日から、『女性自身』の記事をめぐってトラブルがおきた。橋本明が書いた記事が、大きな注目を集めたのである(14)。橋本はその記事の中で、皇太子は戦後に没落した旧華族の上流からの結婚相手を望まず、美智子と愛情で結婚をした。旧皇族、旧華族勢力は美智子妃を苦しめ、義宮の結婚相手を旧華族から選んだことで、皇太子と義宮の間にひびが入った。彼らは「幻想的な旧支配者層の、笑うべき世界観をもちこんで、皇室の内部分裂に、すべてを打ちこんでいる」とし、それは旧華族を否定した「国民の利益と、まったく合致しない」として、旧華族や「一部の皇族」を強烈に批判した。橋本の批判のターゲットが、秩父宮妃や高松宮妃、旧華族の学習院関係者であることはほぼ間違いないだろう。

これに対して、昭和天皇の長女東久邇成子の学友で、旧華族であることを前面に出して活躍していた評論家の酒井美意子〔酒井忠元元伯爵夫人、前田侯爵家出身〕が、次号の『女性自身』で反論文を書いた[15]。そこで橋本は、皇太子にインタビューを行い、それを前面に掲げた再反論を『女性自身』に執筆したのである[16]。これに田島は驚き、宇佐美をすぐに訪問した〔八月二四日条〕。さらに、鈴木東宮大夫が二七日に皇太子に「御忠言」したようである。九月六日の小泉との会談によれば、美智子妃を選んだ小泉が御所〔皇后周辺だと思われる〕で不評であり、小泉自身もその自覚があると述べている。一三日に宇佐美を訪問したときに、東宮大夫が皇太子の関門となることを望む話を述べている。「短気困る」というのは、文脈からの推測ではあるが、一連の責任を取って鈴木東宮大夫が辞任しようとしたことを止めたのかもしれない。

一〇月一八日には、牧野純子東宮女官長が辞任するという噂を高松宮妃から聞いている。宇佐美に確認したところ、そのような話はないとのことであった〔一〇月二一日条〕。牧野は佐賀鍋島藩分家の男爵家出身で、牧野伸顕元内大臣・宮相の息子の伸通の妻であった。鍋島本家出身の松平信子が推薦したと言われている[17]。美智子妃との仲があまり良くない秩父宮妃などのグループに属する人物であり、やはり美智子妃との関係は必ずしも良くはなかったようである。ただ、一九六七年一一月一五日の日記によれば「昨年来妃殿下、女官長に直言〔中略〕其後行為改まる」とあり、美智子妃が牧野を質したことで牧野の態度が改まり、美智子妃が牧野を従えることができていたことがうかがえる。

四　美智子妃と神谷美恵子

田島は皇太子妃のことを心配しており、話し相手として、親友前田多門の娘で精神科医であった神谷美恵子を紹介することにした。美智子妃と神谷との交流は、神谷の夫の宣郎に取材をして書かれた宮原安春の本によって知られている[18]。なお、本節で紹介する書簡については、「書簡・関係文書解説」も参考にされたい。

一九六五年七月四日、田島は神谷を東京駅に迎えに行き、東京市政調査会の友人である田辺定義と夕食を共にした。神谷は八日に東宮御所に行き、美智子妃と初めて対面した[19]。一五日の神谷からの書簡(8-0)によれば、話がはずんだと記されている。田島はその書簡の内容を鈴木東宮大夫に報告している(日記、一八日条)。また、もっと具体的に話を聞きたいと田島が書簡を出したからなのか、二一日に神谷から再度詳しい会談内容を記した書簡が送られた(8-1)。これによれば、ハンセン病(「らい」と記されている)の話[20]やサンテグジュペリの話などで盛り上がったという。神谷は初めてということで聞き役に徹し、「教訓がましい態度をとらない」ようにしたという。神谷の態度は真摯であり、「もとより庶民のものに何もできよう筈もございませんけれど、せめて少しでもお心を軽くするお役にでも立ちうればと念願致す次第でございます」と述べ、今後も美智子妃との面会を続けることになった。

次いで一〇月六日、神谷は二度目の美智子妃との面会を行い、その翌日に田島と夕食を共にした。当時、美智子妃は出産直前だったが、神谷に入院中でも会いたい、「赤ん坊をみて頂けるかも知れない」とまで述べていたようである(一一月六日書簡、8-2)。すでに二回目にして、神谷は美智子妃の心を摑んでいた。文学に造詣の深い神谷は、同じく造詣の深い美智子妃にとって、趣味も合う相手だったのだと思われる。それだけ美智子妃は、信頼できる話し相手を渇望していたのだろう。ただ、神谷はこの美智子妃の提案に応じるべきかを田島に相談している。一三日の神谷書簡(8-3)を見ると、田島はお祝いを御所に届けるに留めた方が良いとアドバイスをしたと思われ、一一月三〇日に次男礼宮(現:秋篠宮)文仁親王誕生の際には、翌日、病院に祝の品を渡すのみに留めた。ただ、美智子妃から先に会いたいと話していたことから、宿泊先は知らせたようである。

神谷は、美智子妃が出産によって「自信とおちつきをとり戻され、もう私などご心配申上げる必要もなくなるのではないか」(一二月四日書簡、8-4)と考え、鈴木東宮大夫に「これ以上はご遠慮申上げた方がよろしいのでは」と申し出て身を引こうとしたところ、美智子妃からは引き続き会いたいとの要望が届けられた(一九六六年一月二〇日書簡、8

-5）。宮原によれば、神谷は精神科医であるがゆえに、「妃殿下のカウンセリングにでも参殿しているよう誤解するものも無しとはかぎりませず」と考えていたようである。[21] 三月四日に神谷から田島に電話があり、午後に東宮御所に行くことを知らされた。田島は翌日に秩父宮邸に行くことになっていたようで、神谷と小泉を誘って訪問した（小泉は来られなかった）。神谷が秩父宮妃と何を話したかはわからないが、神谷が精神科医であることをふまえれば、美智子妃のことを第三者に詳しく話すことはないと思われる。

四月七日、神谷は東宮侍医と話したいと田島に申し出た。担当医の治療方針を確認し、自分がその妨げにならないようにしようとしたためと思われる。神谷は「妃殿下から私へ医学的な事柄についてご依頼がございました」（四月一八日書簡、**8-7**）とあり、また美智子妃が「お目にかかります度毎に、せきを切つたようにるるとしてお悩みをお話になり、それが次第に多くの時間を占めるようになりました。朝おき出せないほどの憂うつにも屢々襲われになることを伺い」（四月二一日書簡、**8-8**）と、神谷に精神的な悩みを打ち明けるようになっており、神谷はどのように答えれば良いのか悩んでいた。そこで田島は、美智子妃の担当医の沖中と相談し、神谷と沖中の面会をセッティングした。

四月八日に神谷は沖中と面会し、その結果を田島に報告した。神谷は、自分が治療に関わろうとしていると、沖中が疑念を持っているかもしれないとして、そのような意図がないこと、沖中がもし自分が美智子妃と会わない方が良いと判断したならば、そのように話して欲しいと田島に伝言を依頼した（四月一二日書簡、**8-6**）。

田島は一五日に沖中と面会した。田島が神谷に出した手紙（本巻末収録）によれば、そもそも神谷を美智子妃に推薦した理由は、「人間的に、人世観、宗教観、等々に触れた御会談中に、御心の安まる効果の自然に生じ候事を祈念」したためであったが、「予想外に御信任深く、医者としてのあなたに御触れる御話も出で候場合も有之候事かと想像致居候」とし、予想以上に美智子妃の信任を得たため、医者としての神谷に触れる話が出てきてしまったのだろうと推測した。沖中の話し方を見る限り、今後侍医が神谷を「誤解」する可能性はありうるとし、田島は、医術の範囲に関する質問が美智子妃からあった場合は「適当に御応答」の上、内容をその都度冲中にのみ腹蔵なく伝える必要があると神谷に提案した[22]。

一八日に神谷は田島に返信をし(8-7)、医師としては行動しないこと、「はけ口」となること、できれば「相対的な現実を超えた世界にやすらぎを発見されるようにおさそい申上げる」ようにしたいと述べた。

精神科医としての神谷の所見は、「適当に少量の薬など用いながら、週に一回面接して精神療法をする」ということであったが、兵庫県芦屋市に在住していた神谷自身には不可能であった。神谷は、美智子妃の最大の悲劇は「孤独」であることであり、「詩とか文学とか、ご関心のふかい題目についても気楽に話合える相手がいない」と美智子妃が述べており、だれか話ができる人を発見できればと田島に伝えた(四月二一日書簡、8-8)。

その後も、神谷は数カ月に一度、皇太子妃と会い続けた。神谷から田島への書簡は、現存しているものは一九六六年一〇月一日(8-10)が最後である。しかし、その後も神谷とは直接会って話を続けていた。注目したいのは一九六七年三月四日の日記である。これによれば、美智子妃が神谷に対して、天皇皇后や他の皇族は新聞雑誌の関係者と連絡がとれているが自分にはいない故、煩わしいと話したという。美智子妃は自分の考えを報じてくれるメディア関係者を求めていたのかもしれない。のちの一〇月三〇日、一一月一五日の日記に、神谷に新聞記者を紹介して欲しいと美智子妃が依頼しており、田島はそれに反対であるとの記述がある。

一九六七年の日記は、月~水、木~日で見開きとなっている手帳が使われたため記入欄に余裕があったからか、あるいは自身が八〇歳を超えて記憶力に自信がなくなってきたからか、断片的に非常に細かい情報が書かれるようになり、主語が判然としない記述が多くなる。また、体調不良の自覚があるためか、過去のことを言い残しておこうと考えて、皇太子夫妻に穂積重遠東宮大夫の更迭や小泉起用の経緯、皇太子妃選考に関わったときの心状などを語ったり(七月五日条)、神谷にも小泉就任以後の東宮職のことを語っている(九月一三日条)。

田島は八月一八日に高松宮妃と面会した。高松宮妃は、名和東宮女官からの伝聞情報として、由本正秋東宮侍医が、美智子妃の振る舞いに問題があるとしてさまざまな例を挙げて批判をしていたことを聞いたとして、過去に遡って美智子妃を選考した田島や小泉を責めた。田島が、宇佐美に直接話したらよいと高松宮妃に伝えたところ、宮妃はそのようにしたという。しかし、結果はむしろ東宮職内でその話を高松宮妃に流したのは誰かという犯人捜しが行われることとなり、名和に「かん口令」が敷かれることになった（九月二日条、一三日条）。

　このあたりの記述では、東宮職関係者への田島自身の不満が多く書かれており、非常にきつい表現の言葉が散見される。九月二二日の日記には「皇室殊に東宮のこと」が心配で安眠できないと記している。一九六八年三月五日には、宇佐美に対して、昭和天皇の時代はいいとしても「東宮様には陛下のような御徳望ましいと思う」と、皇太子にそうあってほしいとの希望を述べている。八月二九日には『女性自身』の記事について、黒木東宮侍従と話している[23]。田島の皇太子夫妻に対する心配は、死去する直前まで変わらなかった。

田島が最後に神谷と会ったのは、一一月二三日に入院先の宮内庁病院に見舞いに来たときであった。神谷によれば、酸素テントに入っていた田島が自らの手でテントを押し上げ、顔を近づけて真剣な表情で、「私のことはね、心配しないでいいから、あのことだけは頼みますよ、いいですか」と伝えた[24]。神谷と美智子妃の関係は、神谷が病に倒れる一九七一年まで続いたという[25]。

田島日記の最後の記述は、一一月二六日のことである。神谷からの手紙を沖中に渡し、見舞いに来た鈴木東宮大夫に「殆んど個人的両殿下御伝言」を話した。約一週間後の一二月二日、田島は八三年の生涯を閉じた。最後まで皇室の行く末を案じた晩年だったと言えよう。

（1）　加藤恭子『田島道治――昭和に「奉公」した生涯』（TBSブリタニカ、二〇〇二年）、加藤恭子著・田島恭二監修『昭和天皇と

美智子妃 その危機に――「田島道治日記」を読む』(文春新書、二〇一〇年)。
(2) 前掲『田島道治』第二五章、前掲『昭和天皇と美智子妃 その危機に』第六章。
(3) 森暢平『近代皇室の社会史――側室・育児・恋愛』(吉川弘文館、二〇二〇年)第Ⅲ部第二章、同『天皇家の恋愛――明治天皇から眞子内親王まで』(中公新書、二〇二二年)第五章。
(4) 以後、選考に関する記述で断りがない部分は、前掲『近代皇室の社会史』第Ⅲ部第二章を参考にした。
(5)「徳川文子さんに決る 東本願寺 光紹師の新裏方」『毎日新聞』一九五五年一二月一一日朝刊。なお、その後この婚約は破談となった。
(6) 今回、日記を確認し、Kの名字を特定することができた。しかしこのKは後述するように、色覚異常の遺伝子を持つ可能性があることによって候補者から外れたことがわかる。色覚異常は現在の子孫にも関わる遺伝病であることから、伏字にすることが適切だと編者は判断した。田島の日記を見ていた加藤が、この点を理解した上であえて名前を挙げなかったのかは不明である。なお、森が推測している北白川肇子や桂太郎元首相の曽孫ではない。前掲『近代皇室の社会史』二五五頁。
(7) 伊藤之雄『政党政治と天皇』日本の歴史 第二二巻(講談社、二〇〇二年)第四章。
(8) ただし、一九五八年二月二五日の記述に「Hは父死因聞くも不明」とあり、林友春とその父博太郎は当時存命のため、田島が勘違いをしているか、林ではない可能性もある。
(9) 織田和雄『天皇陛下のプロポーズ』(小学館、二〇一九年)第三、四章。
(10) 宮内庁編『昭和天皇実録』第十二(東京書籍、二〇一七年)五五〇~五五一頁。
(11) 皇太子妃の病状に関係する話は、これまで加藤恭子の前掲『田島道治』第三二章、第三五章、前掲『昭和天皇と美智子妃 その危機に』第七章でしか論じられていない。なお、加藤の著書(特に後者)は史料の誤読や解釈の誤りが多いことに注意が必要である。
(12)「報道協定の無い義宮妃捜し――飛ばっちりを受けた令嬢とその家族」『週刊新潮』第七巻第四六号、一九六二年一一月一九日、三四頁。
(13) 橋本明「兄弟/両殿下への提言」『女性自身』第八巻第三〇号、一九六五年八月九日、三五頁。
(14) 同上、三一~三六頁。
(15) 酒井美意子「旧華族の立場から 「兄弟/両殿下への提言」に反論する」『女性自身』第八巻第三一号、一九六五年八月一六日。

(16) 橋本明「皇室への二つの意見に私から答える　談・皇太子明仁親王殿下――はじめて語られた　自らのお心のうち」『女性自身』第八巻第三三号、一九六五年八月三〇日。この論争は、最終的に橋本と酒井が対談するということで手打ちとなった。橋本明・酒井美意子「和解対談　皇太子殿下のご発言を読んで――読者の反響の最多意見――〝国民と共にある皇室〟を考える」『女性自身』第八巻第三五号、一九六五年九月一三日。
(17) 一九五九年二月一四日の日記に、秩父宮妃が東宮女官長について長官に直接話していることから、信子の娘である秩父宮妃も牧野を推薦していた可能性がある。
(18) 宮原安春『神谷美恵子　聖なる声』(講談社、一九九七年)。
(19) 宮原は、神谷と美智子妃は一〇月六日に初めて会ったと述べているが、神谷の書簡から、それは二回目であるとわかる。同上、一八～一九頁。
(20) 神谷は、ハンセン病療養所の長島愛生園で患者の支援にあたっていたため、話題になったものと思われる。
(21) 前掲『神谷美恵子　聖なる声』三七～三八頁。
(22) 田島道治発、神谷美恵子宛書簡、一九六六年四月一六日。神谷家所蔵文書。
(23) おそらく話題にした記事は、軽井沢での水泳教室の際に礼宮が尿意をもよおしたときに、美智子妃が竹のバスケットから空き缶を取り出して、その中に小便をさせたという内容についてであろう。「実録　皇太子ご夫妻の十年①　軽井沢　もう一つの秘密」『女性自身』第一一巻第三五号、一九六八年九月二日、四四～四五頁。
(24) 神谷美恵子「美しい老いと死」『存在の重み　エッセイ集二』神谷美恵子著作集　第六巻(みすず書房、一九八一年)一四五～一四六頁(初出：『読売新聞』一九七四年九月一五日朝刊)。
(25) 前掲『神谷美恵子　聖なる声』四六頁。

書簡・関係文書解説

舟橋正真

はじめに

本巻収録の書簡と関係文書の概略については、「第七巻の概要とその意義」で述べた通りである。分量も多く内容も多岐にわたるため、本稿では、史料毎に特筆すべき内容について紹介し、適宜若干の解説を加えたい。各書簡は、発信者毎に史料点数、簡単な人物説明をいれたうえで、内容の紹介を行った。以下、関係文書も併せて、諸史料を通読する際の参考とされたい。

なお、『昭和天皇拝謁記』第一～六巻における参照箇所を示す際は、「拝謁記1～5」を「拝1」など、「田島道治日記」を「日記」と略記した。

一　書簡

(1) 日本語書簡(1)

① 芦田均書簡　一通(付別紙一通)。元内閣総理大臣、田島道治を宮内府長官に据えた人物。この当時は国民民主党所

属の衆議院議員。

1‐0‐0（一九五〇〈昭和二五〉年八月三一日）は、宮内庁長官官房主計課長の人事に関するものである。当時、同職は大蔵省の官僚が務めるのが慣例であった。書簡の中で芦田は、新任の主計課長となる遠藤胖が自身の娘婿であり、誠実で真面目な性格であるなどを含めた人物像を伝えている。義父として挨拶を兼ねたものだろうが、併せて、新日本建設同盟員と称する青年からの葉書**1‐0‐1**（同月二七日）を同封している。その内容は、天皇の道徳的責任を問うもので、国民の道徳心の頽廃は、「ヒロヒトが無責任の結果」であり、その「罪や万死に値いす」という過激主張である。国家再建のためには「背徳卑劣」の天皇を「国家より葬る他《ホカ》無きを信ず」とまで言い切るものだった。田島がこの主張をどう受け止めたかは定かではない。九月一日に昭和天皇と対面した際も、遠藤の思想に問題なしとの調査結果に加えて、遠藤と芦田の関係に言及するのみであった（「拝1」同日条）。

②　安倍能成書簡　一通。元文部大臣、学習院長。

2（一九五二年八月二〇日）には、野村行一東宮大夫兼東宮侍従長の後任人事に関する安倍の私見が記されている。安倍は野村の辞意に触れ、その後任候補者への可否を述べた。まず、元学習院長の山梨勝之進は旧軍人であり、高齢、かつ愛憎が甚だしいことなどを理由に「感心せず」と反対した。次に、この八月に文部大臣を辞任した天野貞祐は健康上の理由で、学究の道に帰りたいとの希望から「骨惜しみ」する可能性もあり、引き受けるかどうか不透明とした。その上で、天野と同時に文部次官を辞めた日高第四郎の名を挙げ、品格もよく、健康も問題なし、労を惜しまず、見識もあり、礼儀も心得ていると賛辞を述べる。また小泉信三も候補だったが、本人が固辞したことについても言及している。

そのほかにも元侍従武官の後藤光蔵が候補に挙がったが、旧軍人を避けたいという吉田茂首相の意向により、様々な誤解を避けるため候補から除外された。結局、安倍が推薦した日高を適任と決め、申し入れを行い、安倍も説得に入ったものの辞退されてしまった（「拝4」八月二七日、九月八日条）。その後、野村の健康に改善がみられ、本人の自信もついたことから、後任探しは事実上消滅している（同、一一月四日条）。

③ **新木栄吉書簡** 一通。元日銀総裁、元東京電力会長、駐米大使。

3（ワシントン発、一九五三年一〇月二三日）は、皇太子明仁親王訪米の評価を伝えたものである。皇太子は同年三月三〇日から一〇月一二日まで、エリザベス女王戴冠式に天皇の名代として参列し、その前後にアメリカ、カナダ、ヨーロッパ諸国の欧米一四ヵ国を歴訪した。「新生日本」の表象として各国から歓迎された皇太子は、半年間以上の長旅を終えて一〇月一二日に帰国した(2)。

新木は、皇太子が無事に「大任」を終えたことを祝い、自身も駐米大使として皇太子の訪米に接したことを「生涯の栄誉」と喜んだ。また、皇太子の評判は「実に満点」であり、新木自身も肩身が広く、日米関係への寄与は多大なるものがあったと意義づけている。

④ **池田成彬書簡** 五通。元大蔵大臣兼商工大臣、元日銀総裁。

池田は、一九三八年九月創立の日本産金振興株式会社社長に田島を推薦した人物である。田島にとって池田は銀行家として「大先輩」であり、その人柄にも傾倒し、事あるごとに相談をする仲であった(3)。

4-0（一九四八年五月一日）と**4-1**（六月七日）は宮内府長官就任に関わるものである。その経緯は本書第六巻の解説に詳しいが、芦田均首相に就任を断る意向を伝えたものの芦田が引き下がらず、再考を約して辞去したその日、田島は池田と面会している。田島は「犠牲となる外なからん」と日記に書いた（「日記」四月二四日条）。だがその後、田島は二六日と二八日に芦田に断りの手紙を送っている。

池田は、田島が断ったことについて「遺憾千万」と評し、安心して任せられる人物は容易に得難いと述べ、田島に再考を促している(**4-0**)。田島は五月一〇日に就任を承諾し、六月五日に認証式が行われた(本書第六巻解説)。これを受け、池田は「誠に御苦労千万の至」と労いつつ、従来の宮内官僚を刷新し、広く中外の情勢に注意を払いながら、「新憲法下の天皇制護持」のために尽くすよう願うのだった(**4-1**)。

4-2(一二月二三日)には、二一日に田島より紹介の人物と面会したとある。この人物は、元皇族の東久邇盛厚と思われる(「日記」同日条)。池田は、経済的にも社会的にも不安定な時期に終生の職業を確定するのは不適当と述べており、東久邇の就職関係の相談であることがわかる。**4-3**(一九四九年六月一三日)は九州巡幸、**4-4**(一九五〇年四月二日)は四国巡幸それぞれに対する所感が記されている。池田は、巡幸が人心に与える影響は甚大であるとし、随行した田島の苦心ぶりを労い、同情と敬意を表している。

⑤ **入江相政書簡**　一通。侍従、のちに侍従長。崇仁親王妃百合子の叔父。

5(一九五八年一二月六日)では、五日に秩父宮雍仁親王妃勢津子、高松宮宣仁親王、三笠宮崇仁親王に皇太子妃となる正田美智子を引き合わせたことが報告されている。入江侍従は、会合を重ねることで関係が改善されることを期待する(4)が、八方に気を配らねばならず、「骨の折れること」と田島に吐露している。

⑥ **小野八千雄書簡**　一通(付別紙一通)。元皇太后宮職御用掛、元内大臣秘書官。

注目は**6-0-0**(一九四九年六月八日)に添えられた別紙**6-0-1**である。自身が秘書官として仕えた内大臣(当時)の牧野伸顕に関し、参考となるべき点を小野がしたためたものである。「昭和二十三年十一月牧野伯病床にて」「宮内大臣、内大臣たりし時洩されたる御感想」「小野の見たる牧野伯」「牧野伯より伺ひたる記録中より」「附言」で構成されており、総じて天皇側近としての心構えを説く内容である。

牧野は病床で、田島の長官就任を非常に喜び、難局に際し最も適任と繰り返し述べ、田島への厚い信頼を口にしたという。また小野は、勤労奉仕の効果を挙げ、取扱いには十分注意し、奉仕者が好印象を持って帰られるようにするよう注意を促す。その上で、縁の下の力持ちで立派な人格者を天皇が信認すること、天皇の側近者の選任が最も大切であり、皇太子輔導についても側近者の選抜が必要であることなどを提言している。

⑦ 加納久朗書簡　五通(付別紙一通)。元子爵、元終戦連絡中央事務局次長、元国際文化振興会理事長。

7―0(一九四八年六月六日)で、加納は天皇が国民の象徴となったからには、儀式も厳かに威厳あるものにし、品位の高い天皇であることを望むと述べる。その上で、**7―1**(八月三〇日)と**7―2**(九月二〇日)で、天皇皇后の服装に注文を与えている。加納は、皇室は「国民の表象」であり、国内には「国民の模範」、国外には「国民の代表」であるゆえ、特に服装に注意すべきであると述べる。また、公私を問わず、天皇皇后、皇太后のスタイルが悪く、十分なテーラーを選択すべきで、特に天皇は「日本一の立派な「スタイル」」となることを強く願った。

それ以外にも、**7―3―1**(一一月一七日)では、「宮殿下地方御旅行の件」と題して、皇族の地方訪問の実情について注意を促す。地方には、皇族を自宅に泊まらせることを光栄とするだけの者、それを政治的かつ商業的に自己の宣伝に利用する者、また、資力がないが要請により宿泊を引き受け、気の毒な状態になる者がいると述べる。そうした事情により、加納は地方の迷惑とならず、資金散財の感じを与えないための原則を田島に提示している。以上は、最近地方のいい加減な人物が皇族を誘い出し、皇族もそれに「いゝ気」になって旅行をし、旅費も先方持ちになっているという実態を問題視しての対応だった(**7―3―0**〈一一月一九日〉)。加納による戦後皇族(天皇の弟宮たち)への苦言とも受け取れ、皇室全体を管理する田島に注意を与えるものといえる。

最後の**7−4**（一二月四日）では、東条英機はじめA級戦犯の処刑に際して、天皇が次のメッセージを発するべき旨を提案している。①「大東亜戦の責任」は自身にあり、彼らに代わって処刑される決意があり、②自身一手に責任を引き受けるので、戦犯または国民を許してもらいたいと、天皇が世界に向けて表明すれば、日本再建への教訓と感激を与えるだろう。

⑧ **神谷美恵子書簡**　一一通（プライベートな内容は伏字とした）。精神科医。田島の親友前田多門の長女で、細胞学者神谷宣郎の妻。

宮内庁参与[5]となった田島は、民間から皇室入りし、慣れない環境で苦悩する皇太子明仁親王妃美智子の相談役として神谷を推薦した[6]。田島に宛てた書簡の中には、東宮御所での美智子妃との面談の中で、美智子妃が神谷に打ち明けた思いや、神谷への厚い信頼ぶりをうかがわせる記述が散見される（詳細については、本巻「長官退任後日記解説」を参照されたい）。

8−0（一九六五年七月一五日）と**8−1**（七月二一日）は、神谷と美智子妃が初めて会ったときの記録であり、「皇室でのお立場のむつかしさ」などを漏らされ、神谷は「たゞ伺うのみ」の態度で接している。東宮御所に持参した『医学的心理学史』と『自省録』は神谷が翻訳した本である[7]。また、「仕上げに専念して居ります拙著」とは『生きがいについて』（みすず書房、一九六六年）のことであり、翌年に刊行され、ベストセラーとなった。

8−2（一一月六日）をみると、（文仁親王を）妊娠中の美智子妃は出産のため入院しても神谷に「会いたい」、生まれた子を「みて頂けるかも知れない」とまで述べたようだ。

8−3（一一月一三日）に出てくるウィリアム・P・ウッダードは、GHQ／SCAP（連合国軍最高司令官総司令部）の民間情報教育局（CIE）宗教課に所属し、神道指令の公布などに関わった人物である。敗戦後、父多門が文相を務めていた際に、昭和天皇の「人間宣言」の起草に関わったことから、その時秘書として手伝った神谷にインタビューを行ったものと思われる[8]。

8-7（一九六六年四月一八日）では、美智子妃と会うたびに「お悩みのお打明け話」が多くなっていると書かれている。**8-8**（四月二一日）でも、堰を切ったように「お悩み」を話し、そうしたことが次第に多くの時間を占めるようになったという。また、朝起き出せないほどの憂鬱に襲われると吐露する美智子妃を、神谷は「何とかしてさし上げたい」と悩んでいる。神谷は、美智子妃の「最大の悲劇は「孤独」」であることと記し、その「お悩みの深さ」を思い、自分の立場でやれることはなんでもやりたいとの気持ちを述べた。

8-9（八月一六日）にある「安倍君と私」は、田島が書いた安倍能成学習院長（六月七日死去）への追悼文のことである[9]。**8-10**（一〇月一日）の「あゝしたお恥しいこと」というのは、『朝日ジャーナル』に掲載された神谷をやや揶揄するような記事のことである[10]。

⑨ 小泉信三書簡[11]　二七通。元慶應義塾長、東宮教育常時参与、侍従職御用掛。

一九四六年四月より東宮教育参与に就任していた小泉は、宮内府長官に就任した田島に「大任」の役目上の参考として、「永く我皇室の尊厳を保つべき上の用意と、その日本国民に取りての必要につき」、福沢諭吉の所見が述べられた『帝室論』『尊王論』の合冊本一部を贈っている。**9-0**（一九四八年六月二一日）はそれに関する書簡である[12]。なお、小泉は『帝室論』『尊王論』を皇太子教育のためのテキスト類の中に選んだ。

［1］東宮教育常時参与として　長官就任後、田島は小泉に東宮職の最高責任者である東宮大夫就任を要請した。これに対して小泉は就任辞退の書簡を出しており、それが**9-1**（七月三〇日）と**9-2**（八月二〇日）である。小泉は健康を

理由に十分に職務を遂行できないと辞退し、翌月にも改めて辞退している。その後、一九四九年二月に東宮大夫に野村行一が就き、小泉は東宮教育常時参与となり、皇太子教育の責任を負うことになった(13)。以下、田島宛書簡は皇太子関係の記述が多くを占める。そこでは、皇太子への教育的な視点をもとに、明仁親王の日々の様子を隈なく伝えている。

9-3（一九四九年五月二八日）では、東京都小金井の学生寮「清明寮」（学習院高等科）に野村東宮大夫と一緒に訪問し、皇太子や寮生たちと夕食を共にし、食後に自身が講義したことを報告している。皇太子は至極元気で、（週三日の）寮生活の経験が「プラスなることは疑ひなし」とみた。**9-4**（六月九日）には、皇太子の家庭教師エリザベス・G・ヴァイニング夫人の試みで、米・豪出身の二人の少年（GHQ関係の子息）を招いて一緒にボードゲーム「Monopoly」で遊び、午後にお茶をしたとある(14)。この時の皇太子の様子は「極めて自然」で、会話も絶えることなく、しばしば笑い声も聞こえたという。**9-5**（七月三〇日）は皇太子行啓先の変更、**9-6**（九月一日）は静養中のヴァイニングに十分な休養を勧めたことなどの報告である。

9-7（一九五〇年三月一九日）では、一七日のエドマンド・ブランデン夫妻を招いた晩餐会は「申分なき御成功」とし、皇太子の振る舞いを高く評価した(15)。皇太子は絶え間なく夫妻と会話し、運動、水泳、テニスなどが話題に挙がったという。また同書簡には、一八日付で小泉が皇太子にしたためた一書も記されている。小泉は終始賓客への心遣いをするその態度を「御立派」と褒め、この招宴を通して、イギリスの皇室理解や日英関係に寄与したとすれば、皇太子として日本のために貢献したものと評した。

9-8（一九五一年八月二四日）には、二三日に田島と長時間面会したとある。小泉は、田島が吉田茂首相に注意を促し、吉田が自身の非を認めたという田島の話を振り返り、それは皇室の「御尊厳御安泰」のためにもありがたいことと述べる。また、**9-9**（一九五二年一月一日）には「早速拝読、全体として結構なもの」とある。これは「平和条約発効並びに日本国憲法施行五周年記念式典」における「おことば」の草稿に所感を述べたものである。前年一二月二二日に田島は小泉に草稿を渡している（「日記」同日条）。

9-10（一月二八日）と**9-11**（二月一日）の二通は、清明寮での研究発表会関係である。前者は、「無菌飼養に就いて」と題する義宮正仁親王の発表についてであり、出来は頗る上出来で、音吐朗々、態度も沈着、報告内容を十分刻苦して自分のものにしていると評する。後者は、フランスの哲学者モンテーニュに関する皇太子の研究発表についてで、小泉はよい報告とするいっぽう、少し早口になることや、ノートから目をあげて聴衆に語りかける態度はまだ不十分で、声ももっと太く強くなどと課題を挙げる。

9-12（三月二四日）・**9-13**（四月二九日）・**9-14**（六月四日）の三通は、皇太子の会見関係である。①吉田首相との会見（三月二四日）は終始快調で、会話もリードするには至らないものの楽しげに応答している。②常盤松御用邸におけるスウェーデン人の少年とその指導者との接見（四月二六日）は、「御成功」で「満点」に近い。③新木栄吉駐米大使（六月二日）、フランス・スペイン・イタリアの各大使（三日）との会見は、いずれも「御立派」と褒める。新木との会見では生糸の輸出などについて尋ねたという。いっぽう各大使との会見は、滑り出しはよく安心したが、緊張により少し疲労したのではないかと推察した。

9-15（八月二七日）は、安倍書簡**2**と併せて読まれたい。小泉は、日高第四郎は常識も気力もあり、よい東宮大夫になると評し、日高が決心した後に面会する旨伝えている。**9-16**（一〇月二五日）は、成年式・立太子礼の儀式・饗宴に小泉自身が招待されるとの噂に接し、気がかりとなり、急いでしたためた書簡である。小泉は東宮教育常時参与としては参列せず、皇太子の内宴に招待を受けるものと考えていた。

［2］皇太子外遊と小泉信三　**9-17**から**9-25**までは、一九五三年に行われた、皇太子のエリザベス英女王戴冠式参列を主目的とした一連の外遊に関する動静報告が主である。当初、吉田首相は小泉を首席随員に望んだが、小泉が健

康を理由に辞退したことで、田島が三谷隆信侍従長を推薦し、天皇の許可を得ている。そこで吉田は、小泉を別働隊として派遣することは、皇太子の輔導役として必要であり、さらに小泉自身の皇太子教育のための知見を更新させるためにも必要と提案し、小泉も田島も同意した(本書第四巻解説)。結果、小泉は一九五三年五月一三日より外遊に出る。小泉の書簡からは、皇太子の成長ぶりがうかがえる。以下、要点のみ紹介していく。

9-17(ロンドン発、一九五三年五月二一日)では、一五日に自身がロンドンに到着したことを報告し、外国人との交流時、皇太子に変化が感じられたとの印象を伝えている。特に一八日のオックスフォード大学見学時の皇太子は「御立派」で、学生との懇談でも自ら進んで話に入るなど、申し分ない行動だったと褒める。皇太子も、オックスフォードは「面白かつた」と侍従に漏らしたという。**9-18**(六月四日)では、皇太子が二日の戴冠式に無事参列し、「御困り」になることはなかったようだと報告している。また、五月二七日のケンブリッジ大学見学も「御収穫」があったと評する。次の**9-19**(六月九日)は皇太子訪英を総括した内容である。渡英中の皇太子は終始元気で、見物見学等に外出し疲れの色もなく、やはり「青年」であると述べた上で、戴冠式やその前後の饗宴等への出席、競馬の見学などを「よく御勤め」になったと賛辞を送る。最後に、イギリスの居心地は極めてよいと率直な思いを書き、皇太子も同感の様子と推察する。

また、**9-20**(七月九日)で小泉は、イギリス滞在は「有益」だったと振り返り、今後の皇太子教育に「役立つ」と述べた。加えて、皇太子の「御婚約の問題」に触れ、皇太子の帰国後に早速進めるべきとの持論を強く確信したと書いた。この内容は田島から天皇に伝えられ、比較的早い結婚を望んでいると聞いた天皇は、「淋しいのだらう」と、皇太子の思いを推し量った(「拝5」七月一四日条)。

9-21(七月二一日)では、パリで皇太子と数週間ぶりに面会した話として、皇太子の「御成長」に驚く様が記されている。皇太子は人の話に興味を示し、自ら話題を提供するなど「著しい御進歩」をみせたという。ただし、こうした姿勢がますます内面的な発露として表れることが必要であると、課題も忘れない。後の**9-24**（九月二日）には、スイスで皇太子と二時間ほど話した際の様子が書かれている。小泉は「御成長になつた」と感じるいっぽう、随行員の皇太子への評価は少々辛いものだった。皇太子は駄々をこねることがあったからである。それでも小泉は「精神的御成長」という点から外遊の効果は十分と認め、「欧州通信」を終えている。

なお本書簡（**9-24**）では、皇太子の飲酒に関する報告がなされている。それによると、皇太子のアルコールに対する嗜好がほとんどなくなったように見受けられ、好んで飲んでいた赤ワインも口をつけず、会食でも断っていたという。小泉はこれが「自制によるものなら、大したもの」と評価した。三谷侍従長も後述の**16-4**（同年五月五日）の書簡で、本件に触れており、酒に対する注意は絶えずしていて、皇太子自身も要心しているようだと報告している。側近たちにとって、皇太子の飲酒が懸案の一つだったことがうかがえる。

9-25（九月二六日）は、皇太子訪米の報告である。小泉は、皇太子の行動が「終始御立派」で、アーリントン国立墓地にある無名戦士の墓での献花をみて、「真に申し分ない」との思いをしたためた。

そのいっぽう、皇太子外遊に関わる問題として、**9-22**（七月三〇日）には皇太子の進級についての小泉の意見が付されている。学習院大学政経学部二年生だった皇太子は、外遊のため単位不足となり、進級が困難となった。田島は一年多く在学してもよいと考えたが、天皇は反対で、大学を辞めて「単独で勉強する」ことを強く主張した（本書第五巻解説）。小泉は、学習院への四年卒業のための工作は「禁物」であり、引き続き学習院大学に通学し、聴講生という形であっても正規学生と同等以上の学力をつけ、大学課程を修了することが妥当と述べ、退学は穏やかではないと否定している。

それ以外で大変興味深いのは、国内外情勢に対する小泉の認識が示されている点である。例えば、既出**9-21**には「外国に出ると、どうも日本のことが気にな」るとあり、特に日韓関係について懸念を示す。**9-23**（八月一六日）でも、

「第一の心配は朝鮮」と書く。「道義を知らない国民」「政治家は反日的の事をさへいへば人気になるといふ国」と厳しい評価が続き、日韓交渉は当分の間、「無限の難渋」となるとの見立てを述べている。

［3］侍従職御用掛として　最後の**9-26**（一九五七年一月一一日）は、長官退任後の田島に宛てた書簡で、皇太子のラジオ出演についてである。小泉は一九五三年一一月一二日より侍従職御用掛に任じられている。(16) 小泉の報告によれば、ラジオ録音は東宮仮御所で三〇分余り行われ、皇太子の話ぶりは言葉も明瞭で、態度も自然、話題も豊富でよくできたものであったという。(17)

⑩ 田辺定義書簡

一通（付別紙一通）。東京市政調査会常務理事。

田島と田辺は、財団法人東京市政調査会の発足間もない、一九二〇年代初頭頃より交流が始まったという。田辺の人柄に感銘を受けた田島は、長官になってからも田辺と会い、相談をするなど、交流を続ける仲であった。(18)

10-0-0（一九四九年一〇月一〇日）の別紙**10-0-1**には、田辺が得た情報として、豊川良平の四男良之助がGHQ副官ローレンス・バンカーより聴いた話が書かれている。そこには、連合国軍最高司令官ダグラス・マッカーサーが最も信頼する人物の一人が天皇であること、天皇は理解力と判断力に富み、日本の復興に協力する確たる熱意を有するとのバンカーの認識が書き記されている。その上でGHQの心配なこととして、バンカーは①政府も宮内庁も、将来の天皇制を明治維新以前のものに戻そうとしており、②天皇に現在の情勢を知らせないよう努めていると批判する。

いっぽう、侍従職御用掛の寺崎英成が宮内庁を辞めたことを残念と述べる。アメリカを最も理解した一人であり、寺崎を通してGHQの意志が天皇に伝わっていたが、彼の退任により、マッカーサーと天皇のパイプラインが無くなり、困っていると残念がった。バンカーは寺崎が宮内庁幹部と意識的に協力しなかった問題に触れるも、それが退職の理由なら長官と侍従長は「困つた人々」だと苦言を呈した。

⑪　**秩父宮雍仁親王書簡**　一通。大正天皇の第二皇子、昭和天皇の次弟。

11(一九五二年二月一九日)[19]は、英女王戴冠式参列の名代として、皇太子が適任であるという秩父宮の意見書である。すでに本書第四巻の解説で紹介済みのため、ここでは簡単な紹介にとどめる。秩父宮は同意見書で、皇太子をエリザベス英女王の戴冠式に派遣するべきだとし、「世界を視ること」に大きな価値があり、各国王室はじめ各国代表者と知己になることの意義、年齢の近いエリザベス女王と親交を結ぶことが、将来の日英両国の親善にとって大変好都合であることが述べられている。

⑫　**寺崎英成書簡**　一通。元外交官、元宮内省御用掛、元侍従職御用掛。

12(一九五〇年四月一四日)[20]は、一三日にGHQ副官バンカーと面会し、田島の意見を伝達したところ、バンカーがそれを了承したようだとの感触を伝えるものである。これは(公用語への)ローマ字採用に関わる話で、それへの宮内庁としての見解を寺崎がバンカーに伝えたものである。この一週間前(七日)、田島は寺崎の来訪を受けている。寺崎は、GHQがローマ字採用を進めていると伝えた上で、その件でバンカーより宮内庁の意見を聴取するよう依頼を受けたと、田島の見解を求めた。対して田島は、宮内庁は「万事国論の定まつた事」をやるべきとし、ローマ字使用の先鞭をつけることを否定している(「日記」四月七日条、「拝1」四月一四日条)。

その後、寺崎の来簡について天皇に話す田島は、寺崎が先の来訪から時間を経てバンカーに返事したことに不信感を抱いていた。そもそもバンカーからの依頼があったか否かを疑い、それ以外のことでも事実とは「正反対」のことを話す寺崎を「ウソはいふ人」と厳しく評している(「拝1」四月一七日条)。

⑬ **牧野伸顕書簡**　二通。元宮内大臣、元内大臣。

13-0（一九四八年六月八日）では、田島の長官就任に触れ、「専心御尽力」するよう願った。その上で、元内大臣秘書官長で、式部頭の松平康昌は「公平之立場」におり、宮内府内部の事情をよく知る人物と伝えている。また**13-1**（八月四日）は、葉山御用邸への参向願いである。一〇日頃に伺いたいと希望し、拝謁が許された場合は日時を通報するよう依頼している。

⑭ **松本俊一書簡**　二通。駐英大使。

14-0（ロンドン発、一九五二年一一月二七日）は、皇太子の英女王戴冠式参列の発表を受けての所感である。松本は、責任重大を痛感していると述べる。日英両国の政治経済上の関係は良好とはいえず、日本の皇室と英王室との交際が密接になることは極めて望ましく、若い英女王の戴冠式への若い皇太子の差遣は、一般民衆に与える印象も極めて良好であり、皇太子の将来のためにも結構なことと続けた。その上で、随行員も「新進気鋭」の人物が選定され、「新興日本」に相応しい皇太子となることが望ましいとの意見を申し添えた。

また、田島から依頼された、英国王が国民の前でメッセージを発することについての具体的な内容について説明し、ジョージ六世のメッセージ集を日本に送った旨を報告している。田島の依頼とは、新年のメッセージについて天皇の「御下問」を受けてのものだった。後日、田島は松本の報告を天皇の前で朗読し、メッセージ集については要領のみ伝えている（「拝4」一二月五日〈二回目〉、一八日〈二回目〉条）。

14-1（同発、一九五三年六月一六日）は、皇太子訪英後の報告である。松本は、皇太子の名前と姿が大衆に強い印象を残したことは間違いなく、英女王や首相の心遣いも感銘に値するものがあったと振り返る。その上で、日英関係の将来、さらには「日本の中心」となる皇太子の将来に「大きな窓を開いた」と、皇太子訪英の意義づけを行った。

⑮ **三笠宮崇仁親王書簡** 一通。大正天皇の第四皇子、昭和天皇の末弟。

敗戦後、三笠宮は、東京帝国大学文学部の研究生となり、戦後皇族として学究の道を歩んだ。早くから留学への意思を有しており、田島に幾度もその希望を伝えていた。三笠宮自身は、学問も含め全てを「皇族のワク内」でやるという考えを持っており、留学もその一環であったといえる[21]。

15(一九五三年七月二〇日[22])には、三笠宮自身の渡欧についての考えが示されている。三笠宮は早くから海外留学を希望しており、天皇と田島の懸案事項の一つとなっていた(本書第三巻、第五巻解説)。書簡には、一九五四年度中の外遊を「過早」と考え、三、四年後の留学を目標として準備を整えるとの三笠宮の思いがしたためられている。だがそれより前でも「特に好機があれば」という意思も覗かせている。また留学先は欧州で、その帰途に余裕のある日程でアメリカ大陸を視察したく、滞在期間についても予算の許す限り長期を希望した。

この時期、天皇は三笠宮の進歩的な思想と行動を懸念しており、度々田島に善処するよう求めていた。田島は三笠宮が切望する留学実現こそ、その解消につなげる第一歩と考えていた(本書第五巻解説)。田島は、本書簡を天皇の前で読み上げ、三笠宮の思想や行動に対する何らかの手立てを考えねばならないと伝えた(「拝5」七月二五日条)。だがその一ヵ月後、三笠宮は「矢張り其前でも御出掛になりたい御希望」を漏らし、早期留学の思いを強くしている(「拝5」八月二七日条[23])。

⑯ **三谷隆信書簡** 八通。元外交官、元学習院次長、侍従長、皇太子外遊の首席随員。

16-0(一九五一年七月三〇日)は皇太子妃選考に関する新聞報道への所感である。三谷は二九日付朝日、読売の記事に触れ、順宮厚子内親王の時の「revenge と今后の用心か」と推測し、新聞記者も忙しいと皮肉めいた書きぶりをする。

この記事とは皇太子の結婚に関わるもので、『朝日新聞』は、「御意思、十分に尊重」との見出しをつけ、宮内庁が内々に旧宮家出身者より順に選考を始めていると書いた。

以下、残りの書簡は、すべて皇太子外遊の動静報告である。

［1］船内での動静　**16―1**（一九五三年四月四日）では、皇太子が船旅を楽しみ、頗る自由に快適に青年らしく振る舞っており、外国人の船客からの評判も非常によいと伝えた。五日後の書簡**16―2**（四月九日）でも、皇太子と船客との関係は円満で、評判は「満点」とする。記者たちも皇太子と親しく接するにつれ、「同情と敬愛の念」が増えており、難しい質問をする者もなく、皇太子の評判は「嘖々」、つまり好評であると伝えた。

［2］各国での動静　**16―3**（クイーン・エリザベス号発、四月二四日）では、まず、カナダでの一二日間にわたる過密日程で、皇太子にも多少疲労がみられたが、休養後元気となり、乗馬をしたことが報告されている。次に、オタワ官民の温かい接待ぶり、カナダ議会における与野党党首の歓迎演説、日系人の心温まる歓迎ぶりに言及した上で、いずれも威厳を持ちながら愛嬌のある応対をした皇太子の態度を申し分のないものと称えた。こうした皇太子の動静は、田島より天皇に伝えられた（「拝5」五月五日条）。また**16―4**（ロンドン発、五月五日）では、イギリスでの皇太子は頗る元気で、エリザベス女王との会見も立派だったという松本俊一大使からの伝聞を報告している。

16―5（ローマ発、七月三日）では、フランス、スペイン、イタリア（はこれから）における歓迎ぶりに触れ、日本に割り切れぬ思いを持つ国、恨みのない国など、各国の国情は異なるものの、皇太子の外遊が日本との親善関係増進の機会になっていることは間違いないとの所感を述べている。いっぽう、皇太子は一九歳の青年としては遥かに成長しているが、帰国後は今回の外遊で見聞したものを「よく消化する」ようにしなければならないと申し添えた。そのほか**16―6**（フィレンツェ発、七月一六日）と**16―7**（サンモリッツ発、八月二九日）は、皇太子の体調に関わる報告記事である。

最後に、16‐7の後半にある、欧州君主国の国王のあり方について報告した部分を紹介したい。三谷はデンマーク、ノルウェー、スウェーデンの各国王より、いずれも儀式ばらない饗応を受けたことに触れ、「democratic king」（民主的国王）としての苦労も多いだろうと推察しつつ、その立ち振る舞いや態度には「感服」している。「何れ帰国の上御話します」とあるため、戦後皇室をデザインする上での参考にと考えたのだろう。

⑰ 湯川秀樹書簡　一通。物理学者、元京都帝国大学教授、コロンビア大学客員教授。

17（ニューヨーク発、一九四九年一一月二一日）は、日本人初のノーベル物理学賞を受賞した湯川秀樹からの返書である。田島は同月一一日付で湯川に書簡を出し、天皇が受賞の発表を非常に喜んでいる旨を伝えていた。これを受け、湯川は、天皇が「御満足の御趣き」であることを「感激の至り」と述べた上で、天皇が「科学者」として生物学に造詣が深いことは、戦後の「平和的な文化国家」再建にとって「心強きこと」と評した[24]。

⑱ 吉田茂書簡　二九通（付別紙三通）。元外交官、外務大臣、内閣総理大臣。

史料点数も多く、充実した内容であるため、以下、年毎に適宜紹介していく。

［1］一九四八年　**18‐0**（六月一一日）は、田島の宮内府長官就任六日後の書簡である。吉田首相は、長官就任を「御苦労千万之至」と拝察した上で、国家のために尽くすよう求めている。

［2］一九四九年　**18‐1**（五月二七日）では、連合国軍最高司令官マッカーサーとの面会で、天皇の地方巡幸が話題に挙がったことを報告している。かつて吉田が地方巡幸に対し、憂慮して止めたことがあると披瀝したところ、マッカーサーは自身が勧めた結果、天皇がますます決意を固めたことを回顧したという。

同様の話は**18‐5**（一九五〇年三月一七日）でも記されている。その中で、マッカーサーは天皇に賛意を表したと述べており、一九四六年一〇月一六日に行われた第三回会見での話と推測される。その際、天皇は巡幸を「強く希望する」が、当分は控えるよう進言する者がいると述べ、マッカーサーに意見を求めている。その進言者とは吉田のことだろうか。対するマッカーサーは「機会ある毎に御出掛けになつた方が良敷しい〔ママ〕」と賛同し、「回数は多い程良い」との提案を行った。[25] なお、吉田から巡幸の結果の良好ぶりを聞いたマッカーサーは、「内心心配《Anxiety》」していたことを打ち明けている。

18-2（一九四九年七月一九日）には、田島が小泉信三に（何事かを）話してくれたことに礼を述べた上で、小泉から書面が届き、「決意の程」が推察され「到底六ヶ敷」と書かれている。田島の日記をみると、同月一六日に吉田の電話を受けた田島は、小泉を「教育委員会」に勧誘するよう依頼されている。翌日、田島は小泉を訪ね、吉田の依頼を伝えたが、小泉は「謝絶」したようだ。田島は一八日に吉田に「報告書状」を出しており、それへの返書が**18-2**の書簡である（「日記」同日条）。

18-3（七月二九日）は、同年六月二四日付で侍従職御用掛を辞した寺崎英成に関するものである。吉田は、寺崎の「身上」に触れ、日本石油株式会社が引き受けるので、安心してほしいと伝えている。

寺崎更迭については、吉田の意思によるものという見解がある。吉田は天皇の情報源であった寺崎を外し、腹心の松井明を通訳につけることで、天皇の行き過ぎた国政関与を抑制し、天皇周辺の情報を管理しようとしたという。[26] いっぽうで、寺崎や田辺の書簡で解説したように、田島が寺崎の姿勢に不満を持っていたことは確かであり、田島らが更迭に関与したとする風聞がGHQ内部に存在していた。こうした点より、田島の意思が強く作用した可能性は捨てきれず、「拝謁記」と「田島日記」を活用したさらなる検証が期待される。

[3] 一九五〇年　**18-4-0**（一月一六日）は、前年一二月二八日の小金井の東宮御仮寓所焼失の責任を取って提出された田島の進退伺への回答である。天皇からその儀に及ばずとの「思召」がなされ、田島の辞表はそのまま返すと伝え

た。別紙**18-4-1**として、同年一月付「進退伺」が同封されている。

18-6（五月一日）は、至急田島に首相官邸での面会を求めるものである。田島は翌朝「極秘」で官邸に入り、吉田から内閣改造方針の内奏を依頼された。またその際、北海道巡幸とイギリス人家庭教師をつけることの了承を得ている（「日記」二日条）。同日、田島は、内閣改造構想など吉田との会談の内容を天皇に伝達しており、その詳細は「拝1」五月二日条に記録されている。なお、その二日後、吉田は書簡で参議院選挙後の内閣大改造を中止し、欠員補充程度に止めることを田島に伝えている（**18-7**〈五月四日〉）。田島は天皇との拝謁で、内閣大改造が見送られた事情は、地方税法否決の結果であろうと推察している（「拝1」五月四日条）。

18-8（八月二九日）[27]で、吉田は田島からの依頼の件で、（ある人物について）適当な地位がないか岡崎勝男官房長官に頼んでいたが、同人が年輩のため容易ではなく、妙案もないと伝えている。この依頼の人物とは、鈴木一侍従次長のことであり、田島は更迭後の処遇について吉田に依頼していた（「拝1」八月一〇日、九月一日条）。同年九月四日付書簡**18-9**をみると、難渋の末、外務省に新設する「入国監理事務局長官」（出入国管理庁長官）に推挙するよう検討する旨を報告している。

［4］一九五一年　**18-10**（一月七日）は田島への依頼関係である。吉田は、高橋誠一郎より「帝室博物館長」（国立博物館長）の後任探しを相談されたと伝えた。提案された元侯爵浅野長武の推挙はすぐに同意し難いが、和辻哲郎なら躊躇せず同意できると応じたという。そこで田島も同じ意見なら和辻に館長就任を勧誘してほしいと依頼している。

18-11（二月九日）は、米国大統領特使ジョン・F・ダレスとの講和をめぐる日米交渉についてである。吉田は、交渉は別段問題なく、本日終了する旨を報告した上で、すぐに天皇に内奏するべきだが、世間の注意が収まった後に委細を言上する旨の執奏を願った。また、ダレスが帰国前の拝謁を希望していることにも触れ、天皇の都合を確認している。天皇とダレスの会見は、翌一〇日午後に行われ、天皇は「友好的な交渉」に対する謝意を表した。[28]

18-12-0（三月一四日）では、「故衆議院議長幣原喜重郎に賜ふ御沙汰書　案」について閣僚、参議院議長、衆議院副議長と協議した結果、全て了承された旨を知らせた。別紙18-12-1は、先の「御沙汰書案」である。

18-13（八月三日）は、秘書官の手落ちへの詫び状である。講和全権団構成を報告するため、葉山御用邸に差し向けた松井明秘書官が、侍従長を経由せず、直接天皇に奏上してしまったという。吉田はこの手落ちを「恐縮千万」と深く詫びている。この詳細は「日記」八月四日条、「拝2」八月九日条を併せて参照されたい。

18-14（九月一九日）には、吉田の怒りをうかがわせるような筆致が確認できる。冒頭より、近頃、民主主義を取り違え、宮中まで及ぼして「得意の風」になり、とりわけ「お直の宮家」にみられることは「遺憾千万」と記す。写真などは「以ての外」と、昨日松平康昌式部官長に「切言」したと続けるが、これが吉田の怒りの原因であった。一九日、田島は天皇に新聞の写真で問題が起きたと、その経緯について報告している。この問題とは、連合国軍最高司令官マシュー・B・リッジウェイの皇居初訪問(29)に関わることと思われる。GHQと外務省情報部から写真撮影の申し入れがあり、それへの対応に吉田が「ひどい見幕」で反対したという。詳細は「日記」九月一八日、一九日条、「拝2」九月一九日条を参照されたい。

18-15（一一月一四日）と18-16（一一月一八日）は、「京大天皇事件」の事後処理についてである。関西巡幸中の天皇は一二日に京都大学を訪問、その際、一部の学生が「平和の歌」を歌い、警官隊と小競り合いになった(30)。吉田は関係係官を派遣し、事情を取り調べるよう申し付けたと報告(18-15)、事件の発生を「心外千万」と断じた(18-16)。

[5] 一九五二年　18-17-0（四月三日）は、同封の別紙18-17-1および18-18（四月五日）と併せて読む必要がある。まず、別紙は田島が四月一日付で首相秘書官に手交した書簡で、講和条約発効直後の「おことば案」を同封したと書かれている（「日記」同日条に記述あり）。田島から内示された案文について吉田の意見が記されたものが18-17-0である。吉田は、「御言葉」があまりに平易すぎるので、荘重さを欠くと再考を求めた。四月五日、田島は「おことば案」を事

前に把握したいという吉田の要望を受け、草稿を送ったことを天皇に報告している。その際、天皇から草稿は、と尋ねられ、その全文を朗読した（「拝3」同日条）。ただ**18-18**をみると、吉田は、内示された案文を五月三日の祝日（憲法記念日）当日の「おことば案」と取り違えたことを伝えており、先の案文が条約発効当日の「おことば」であれば「結構」と改めて回答を行った。

18-19（五月七日）は「煙突事件」を受けての田島の引責辞任に関するものである。書簡で吉田は、田島の辞意について天皇はその必要なしとの考えであるので、翻意するよう促している。なお、「煙突事件」とは宮内庁職員が庁舎の煙突に登り問題となった事件のことである。同職員は自身を共産主義者と主張したという（「拝3」五月三日、四日、七日条）。

18-20（五月二六日）は、エリザベス女王の誕生日に電報を発するか否か、その対応に関するものである。同書簡には「御祝電」の件とあり、吉田は前例通り発電するのがよいと述べる。「拝3」五月二八日条をみると、天皇が田島にその経過を尋ねている。田島は同月一五日、ジョージ六世の弔祭式に高松宮夫妻を差遣したことに対し、イギリスから「挨拶」がなかった経緯、天皇誕生日に「御親電」がないことなどを吉田に話していた。田島は、ことを荒立てず発電を願う方がよいとの吉田の意見とも一致したことを受けて天皇の許可を仰ぎ、それを聞いた天皇も「よろしい」と認めている。

18-21（七月一〇日）[31]では、新任大公使の認証式のため来週葉山に参向予定である旨、**18-22**（八月二二日）は、秘書官から委細報告を受け、承知した旨をそれぞれ伝達している。そのうち後者には、田島の体調を案じる言葉が書き添えられている。実はこのとき、田島は体調を崩し、静養のため「長期欠勤」していた。田島の日記には「休養」の記載が散見される。八月二七日、那須御用邸で対面した田島に、天皇は「もうすつかりいゝか、大事にせよ」と、田島を思いやる言葉をかけている（「拝4」同日条）。

18-23（九月二五日）と18-24（九月三〇日）では、皇族の叙勲についての吉田の考えが示されている。18-23は、皇太子の（大勲位）叙勲は政局安定後、立太子礼の直前がよいこと、18-24は内親王たちの叙勲はむしろ当然であることなど。後者では、イギリス王室のように降嫁後も元皇族の身分が保持されるような方法はないか私考しているとある。

18-25（一一月一三日）と18-26（一一月一一日）は、皇太子外遊随員の件である。小泉書簡のところで先述のように、吉田は小泉の随行を強く望んだ。18-25で、小泉は「御内諾之趣」とあり、自身からも是非小泉の随行を願いたいと書いた。翌日、田島は、来訪した秘書官に「小泉のこと」は決まっているが「再検討申入れのこと」などを話した（「日記」一一月一四日条）。その後、田島は一一月一六日に小泉と会見した。小泉は健康を理由に辞退し、田島は三谷侍従長を推薦することになった（「拝4」一一月一七日条）。そこで18-26にて、吉田は小泉の随行が叶わないとすれば、他の人物を探しても適当な皇太子の「御輔導役」を随行させるべきで、外遊中、歴史、地理、政治等について随時「御教導」するようにしたいとの考えを示した。

［6］一九五三年　この年は、皇太子の外遊という大事業が行われた。そのいっぽう、田島自身も、皇太子の成年式・立太子の礼、外遊など一連の懸案事項が一段落し、自身の判断力の欠如や経済上の問題、心身の問題もあり、長官辞任を決意していく。辞任に際して田島は、事実上の上司である吉田と終始相談を進めていた（本書第五巻解説）。皇室にとっても田島にとっても重要な年であり、吉田との関わりも多いが、この年の書簡は二通しか遺されていない。

18-27（九月九日）は、米国極東軍司令官兼国連軍最高司令官マーク・クラーク大将の叙勲についてである。クラークは対日関係に特に注意を与え、日韓関係についても深甚なる注意を払い、李承晩大統領を日本に招き、日韓親交を勧説してくれた経緯もあるとし、皇室の「厚き思召」を希望した。関連記事は、「拝5」九月一四日、一六日、二二日（一回目）条である。

18-28（一一月一日）では、警察側に多少の手抜かりがあり、今後は十分戒告するよう申し付けると書かれている。実は、前月の二四日に国民体育大会出席と地方視察のため四国巡幸中の天皇に対し、直訴状を携えた男性が駆け寄り、警備員に保護される事件が発生していた[32]。

吉田は参内して詫びたい旨を述べており、一一月三日に田島から天皇に伝えられた。同日、吉田は、警察の不手際を述べた上で、今後は警備を厳重にする旨を報告した。これに対し天皇は、あまりに厳重すぎて「皇室と国民の間に垣が出来ては困る」と不満を述べるが、吉田は「我慢願ひます」と言って聞かなかったという。天皇は、日本国憲法下の皇室と国民は「最も多く接近すべき」であり、吉田の対応はそれを阻害するものと捉えたのであった。一連の話を聞いた田島は、天皇の求めもあり、吉田首相によく話す旨を約束している(「拝5」一一月三日〈一回目〉、四日条)。

(2) 英語書簡

⑲ ロバート・D・マーフィー書簡　二通。駐日アメリカ大使。

19-0(一九五二年五月二日)には、米大統領特使ジョン・F・ダレスから天皇宛の伝言が記されている。ダレスは、講和条約と日米安保条約の成果に大きな満足を表明し、相互に関心のある問題について話し合う機会(一九五一年二月一〇日、四月二二日、一二月一八日[33])を幾度か与えてくれたことへの感謝を伝えた。また、新たな時代を先導する日米両国の精神が、世界の平和と正義を促進することを確信するとも述べる。

田島の逐次訳で全文を聞いた天皇は、ダレスの感想に同感の様子で、その旨を伝えるよう指示した。田島は黒田実式部官に依頼、即日返事を出した(「拝3」一九五二年五月四日条、「日記」同日条)。その後、マーフィーは田島宛の書簡(**19-1**〈五月九日〉)を出し、謝意を伝えている。

⑳ ウィリアム・J・シーボルト書簡　二通(うち田島道治書簡控一通)。GHQ外交局長。

20-0（ワシントン発、一九五二年四月七日）には、天皇皇后の署名入り写真を与えられたことへの謝意が記されている。これはシーボルトの希望によるもので、同年三月一七日付で「御写真」が与えられた(34)。20-1（四月一五日）は田島のシーボルト宛返信の草稿であり、先の書簡の内容を天皇に伝えた旨が記されている。事実、四月一四日に田島は天皇に「御礼の言上」を報告している（「拝3」同日条）。

㉑ エリザベス・J・G・ヴァイニング書簡

一〇通（うち田島道治書簡控四通）。児童文学作家、皇太子の英語家庭教師。一九四六年一〇月に来日し、皇太子に英語の個人授業を行い、学習院および女子学習院でも英語を教授した。当初は一年契約であったが、その後も延長され、一九五〇年一二月まで皇太子の家庭教師として尽力した(35)。

21-0（一九四八年九月九日）は、ヴァイニングの秘書兼通訳の高橋たねより、田島に手交されたものである（「日記」九月一一日条）。同書簡では、軽井沢での幸せな休暇への感謝と、高橋の有能で、助けを惜しまない仕事ぶりに謝意を述べる。また、21-1（一九四九年三月）(36)では、小泉が東宮教育常時参与となったことを嬉しく思うとし、皇太子に個人的な影響力を発揮できると述べている。21-2（八月一六日）は、田島のヴァイニング宛書簡控である。田島は、皇太子教育のさらなる改善のため、有益で建設的なアイデアを提案するよう願いつつ、契約を一年延長してくれたことへの謝意を述べた。21-3（九月二七日）(37)は、歌舞伎の観劇に招待されたことへの礼状である。

21-5（一九五三年一一月七日）は、訪米中の皇太子の印象、および皇太子の変化と進歩について伝えたものである。21-4（一〇月一日）の中で、田島は上記の件をヴァイニングに依頼しており、21-5はその回答書といえる。該当箇所には、ペン書きで日本語訳が付されている（書簡本文とともに翻刻）。例えば、様々なことに興味を持つようになったこと、口数が多くなったこと、観察が周密で、ユーモアもあることなどである。これは田島が天皇に伝えるためにメモしたものと思われる。田島発書簡控21-6（一二月一四日）の冒頭に、天皇に全てを伝えたとあるからである。その上で、田島は皇太子のさらなる成長が必要との考えを示し、侍従職御用掛となった小泉も同意とも書いている。田島も小泉も皇太子は内面的な「御修行」を行うべきとの立場であった（本書第五巻解説）。

宮内庁長官退任後も田島とヴァイニングの書簡のやり取りは続いている。**21―7**（一九五四年一二月二三日）で、ヴァイニングは田島の退任を惜しみつつ、長官としての田島の貢献ぶりを讃えた。**21―8**（五月八日）はその返書である。その中で田島は、学習院大学の聴講生として学びを進める皇太子の近況を伝え、皇太子教育のためのこの制度が皇太子の将来にとって役立つことを願うと述べる。

最後の**21―9**（一九五八年一一月二九日）は、正田美智子の皇太子妃決定が正式発表されたことを受け、歓迎するヴァイニングの姿が垣間みられる。

二　田島道治関係文書

（1）戦争回顧メモ

「昭和天皇独白録」[38]（以下、独白録）は、極東国際軍事裁判（東京裁判）に備えて、当時の側近らによって作成された天皇の弁明書である。一九四六年三月から四月にかけて計五回の（第一次）聴き取りが行われ、英語版がＧＨＱに提出された。日米合作の天皇免責工作により、天皇は東京裁判で訴追されず、独白録は利用されず終わったが、その後も天皇への聴き取りは断続的に行われた。田島が長官に就任する直近だと一九四八年二月から六月にかけて計四回実施されている[39]（第三次聴き取り）。田島は一〇月二七日から参加し、一二月一日（岡田内閣のこと）、一九五三年五月二一日（張作霖事件）、六月二二日・二三日（ロンドン会議）の計五回に出席した（「日記」同日条）。

Ａ（以下、回顧メモ）は、上記のうち一九四八年一〇月二七日の聴き取りの際のメモと思われる。ただし後半部の一七頁目のところに、木下道雄と稲田周一の名前が書かれている。彼らは第一次聴き取りとともに、一九四六年一〇月から実施された第二次聴き取りのメンバーである。一七頁目から二四頁目までの該当部分をみるかぎり、回顧メモは、木下らによって推敲された独白録(「回顧録」)[40]をもとに、田島が書き留めた内容を含んでいるとみてよいだろう。その箇所は、独白録でいえば、「張作霖爆死の件」から「敗戦の原因」までの範囲で構成され、その一部は木下が遺した「拝聴メモ」[41]と重なる。

以下、その内容を一部紹介する。張作霖事件の事後処理をめぐり、田中義一首相に辞職を迫ったこと、二・二六事件勃発時、金融パニックが起こるとの商工相兼蔵相町田忠治の忠告で、強硬に討伐命令を出せたこと、開戦時、主戦派を抑えればクーデターが発生するとする説など、全体を通して従前通りの持論を繰り返している。

そのいっぽう、新たな情報としては、独白録に記載のなかった満洲事変への言及がみられる。それに関連して、陸海軍内の「下剋上」の経緯について各事件を列記して挙げている(一九頁目)。また、日米交渉の期限を切り、開戦の「決意」を決定した一九四一年九月六日の御前会議については、参列者は「平和論」だが、書類(「帝国国策遂行要領」)は「強硬論」とあり、議論の結論は「戦争不可能」、書面の結論は「戦争継続」であると、書面と実際の差について言及している(二〇頁目)。

さて、回顧メモの前半部は、一頁目から一一頁目が東条英機内閣末期からポツダム宣言受諾の御前会議まで、一二頁目から一六頁目が日独防共協定から阿部信行内閣成立までで構成されている。

例えば、対米英蘭戦の第一期作戦終了後の戦略については、「マリアナを防備すればよかつた。戦争すんだつもりで防備撤去した」と批判する(五頁目)。また、沖縄戦に絡めて、〝海上特攻〟となった戦艦大和の出撃についても「馬鹿〳〵しき出陣」と断じる(三頁目)。また「敗因」のところでは、都合のよい情報を集めて判断を見誤り、精神を重視し科学を忘れた陸海軍の「慢心油断」と反省心の欠如を厳しく指摘する(七頁目)。なお、「結言」の内容(九頁目〜

一〇頁目）は、木下の「聖談拝聴録原稿[42]」とほぼ一致している。

総じて回顧メモは、断片的であるものの、独白録など既存の史料を十分補完し得ることは間違いない。「拝謁記」の中でも頻出する戦争への回顧的発言なども併せての、さらなる実証研究が期待される。

（2）宮内府長官就任関係

まず、**B**は、長官就任に際して田島のために作成された説明資料と思われる。「気付き事項いろいろ」と題された文書は全七項目で構成される。新長官として天皇・皇室、および宮内府全体の諸案件や、当面やるべき事項を把握できる内容となっている。なお、同文書裏面のメモは田島によるものと推察される。用箋に「小倉」と印刷されていることから、就任前に田島が相談していた[43]元侍従の小倉庫次が執筆したものと思われる。

このうち第一項と第六項を紹介したい。前者は、前長官より聴取する事項についてである。天皇の心境、長官拝謁の要領、天皇・マッカーサー会見の事情、地方巡幸と将来の方針、親王・内親王の将来など、短期的ないし中期的な問題として対応すべきことが盛り込まれている。

後者は、以下の「さし当つての問題」について列記し、それぞれ田島が注意した方がよいことが述べられている。①地方巡幸のあり方の検討、②東京裁判判決時の対応、③皇太子教育方針の再検討、④天皇皇后、皇太后の行動の注意点。いずれも新憲法下の天皇や皇室をいかに作り上げるかという強い問題意識のもと、天皇や皇室のあり方を再検討しようとするものである。そのことは、特に④において、旧憲法の「残滓のような臭いのある」行動は止めてもらい、新憲法に則した行動をとるよう求める姿勢に表れている。そこで想定されたのは、象徴天皇の政治への関わり方であった。同文書は、政治関与の印象を与える行動は絶対避けてもらうと書く。「拝謁記」で明らかになったように、長官となった田島は、天皇の政治関与を防ぎ、国政に関する権能を有しない「象徴」の枠の中にとどめようとした。そうした田島の基本姿勢は、以上のような小倉元侍従の助言が下地になった可能性は十分ある。

いっぽう、②は天皇退位問題に関わることだが、文書には「じっとご謹慎のかたち」で行動をとらないことが「常識」との考えを示しつつ、ほかに検討すべきことはないかとも書かれている。この点は後述する「ステートメント」の検討へとつながる。

次の**C**は、就任から一ヵ月後あたりで書かれたと思われる、題名がない田島自身のメモである。「市ヶ谷問題（東京裁判判決問題）に対する策」、「御退位問題再燃」、「次長問題」（加藤進宮内府次長を更迭するか否か）など直近の検討すべき事項が列挙され、続けて天皇、GHQ関係者、皇族、元宮内官僚との面会記録が簡単に書き付けられている。

（3）天皇退位問題

当初、退位論者だった田島は就任後、天皇と日々接する中で、留位して責任を尽くすという天皇の考えを理解し、また周囲も退位を許さない状況であると考え、留位論に転換した[44]。田島は一九四八年八月二九日、そして九月二二日と二七日に芦田均首相と協議を行った。二二日の会見では、芦田が連合国軍最高司令官マッカーサーと会見し、天皇が留位することを説明した後、田島が長官談話を発表することを話し合い、熟考することを約束し、二七日にマッカーサーとの会見について協議した（「日記」同日条）。

Dは、その会見前に田島が出した芦田宛書簡の関係史料である。書簡をしたためるにあたり田島がメモしたものや、退位問題の経過の覚書きが含まれる。異筆のメモには[45]、マッカーサーとの会見で、芦田が退位の必要なしとの意見を述べること、東京裁判の判決に関連した天皇の声明の発表についてはさらに考究することなどが記されている。後者については、その別紙に「○ステートメント。勅語か　総理談か　長官談か　○ステートメントの時期。東京裁判のあと」とメモされている。後述する**H**から**M**がその関連史料である。天皇の勅語ではなく、首相談話もしくは長官談話の形式で作成された草稿である。

いっぽう、**E**は、天皇退位問題に限定された未定稿文書である。[46] 政府が退位問題への所見を述べる趣旨となっており、作成の時期は定かでない。**F**はその政府所見への批判点などを想定した参考資料が盛り込まれており、**E**の補足と位置づけられる。退位問題への政府所見をみると、天皇のもとでこそ「民主日本再建の希望」も可能であり、現在の未曽有の危機に「日本国の象徴」としての責務を果たすことが、道徳的責任をとる唯一の方法であるという論理で構成される。また、このような政府の所見は「完全に国民大多数の総意を表わすもの」と強調し、天皇留位の妥当性を主張する。天皇の地位は、国民の総意に基づくという新憲法の天皇条項を意識したものと推測される。天皇退位問題に終止符を打つための文書、あるいは議会答弁資料の可能性も考えられるが、発表には至らなかったのではないか。

その後、第二次吉田茂内閣発足を受け、田島は吉田首相と協議を行った。後日、吉田よりマッカーサーが天皇退位に反対である旨が伝えられ、田島はマッカーサー宛書簡をしたため、天皇の裁可を得た上で、一一月一二日付でGHQ側に提出している（本書第六巻解説）。**G**はその控えである。『資料日本占領 1 天皇制』に原史料の訳文が掲載されているが、重要史料ゆえ本巻では、日本語と英語の書簡控を併せて収録した。日本再建のため最善を尽くすという天皇の事実上の留位宣言といえる。しかしその後も退位問題が燻り続けることについては、既刊の「拝謁記」「田島日記」を参照されたい。

（4） 東京裁判判決後の「ステートメント案」

田島ら宮内府幹部は、「マッカーサー宛書簡」と並行して、東京裁判判決後の「ステートメント案」を作成し、検討を進めた。一九四八年一一月一日に侍従長の三谷邸で「御退位問題」を話し合い、一一日には田島ら六名が参集し、「東京裁判関係案文」の複数案を持ち寄り、内容を練っている（「日記」同日条）。**H**～**M**の六本がその草稿（とその一部）

と思われる。後述のNとともに「東京裁判前後　重大問題調書及び書翰写」と田島の筆跡で書かれた古い茶封筒に収められていた。いずれも作成者は不明で、日付も明記されておらず、掲載にあたっては原状の並び順に従った。草稿のほとんどが首相談話の形式で、東京裁判判決を受けてのステートメント形式になっている(47)。

草稿Hは、参内後の首相談話として、①判決を受けた戦犯たちへの「おいたはりの御言葉」、②戦争を防止できなかったことへの遺憾の意、③日本再建への努力をこそ自身の使命とする決意などを天皇が述べた旨が盛り込まれている。IからKの各草稿は同一趣旨で構成される。いっぽう、草稿Lは、発表すべき内容を「天皇の戦争責任及び御退位問題」と具体的に明示してある。天皇の戦争責任については、東京裁判における「公正妥当なる取扱」に「深き敬意を表する」との政府の所見を示した。

草稿Mは、以下のような三つの文書に分かれている。文書をまとめて遺したのが、田島本人か否かは定かでない。①タイトルの「内閣総理大臣謹話」から「存するのであります」(一四八頁上段)までが宮内省用箋、②「極東軍事裁判の判決確定に際し」から「一層切実なるものがあります」(同頁下段)までが大日本育英会用箋に記されている。③残りも大日本育英会用箋に書かれているが、かなりの推敲の跡があり、内容からして②の下書きと思われる。筆跡をみるかぎり、全て田島が書いたものだが、一一日に持参したものの一部か、それとも集約した草稿をまとめたものかの確証はない。

最後の大日本育英会用箋に書かれた草稿Nも、筆跡より田島のものである。「天皇陛下には満洲事変以来」から始まり、未曽有の惨禍を招いたことは「自分の不徳に由るもの」と、天皇の道義的責任に触れている。この点は、草稿M①の内容と似通っている。いっぽう、東京裁判判決の文言がなく、他の草稿とは作成時期が違うように思われる。タイトルはないため、総理談話かどうかは不明で、長官談話の可能性も考えられるが確定的ではない。

宮内府幹部が検討した草稿は、総じて、天皇の意志を明示するか、政府が天皇の決意を推察したものを明示するかの違いはあるものの、天皇が留位して日本再建のために尽くすという論理で一貫している。この案文は、「侍従長案を主と」し、「一応でつち上げのこと」(『日記』一九四八年一一月一一日条)となったが、結局のところ発表されずに終わるのである。

おわりに

以上、各史料を解題形式で紹介してきた。そこからみえたものは、宮内(府)庁長官としての田島道治の多忙な仕事ぶりである。書簡をはじめとする様々な文書から得た「情報」を昭和天皇との拝謁に用い、皇室全体を管理する長官としての職務に専念する様が明白となった。

本解説でも試みたように、関連資料を「拝謁記」、そして「田島日記」と併せて読むことで、宮内庁長官田島道治の実像にさらに迫ることができるだろう。

(1) 日本語書簡の中には、田島自身が巻き物や掛け軸に表装して遺したものが存在する。巻き物が④池田成彬書簡(4-0・4-1・4-3・4-4)、⑬牧野伸顕書簡(13-0・13-1)、⑱吉田茂書簡(18-0・18-1・18-2・18-5・18-6・18-7・18-11・18-13・18-19・18-20・18-23・18-25・18-26・18-27・18-28)、掛け軸が⑪秩父宮雍仁親王書簡(11)である。多くの書簡は封筒とともにそのまま遺してあるが、わざわざ表装を施したことからも、田島が上記の書簡を特に大切なものと捉えていた証左といえる。

(2) 河西秀哉『「象徴天皇」の戦後史』(講談社選書メチエ、二〇一〇年)、同『平成の天皇と戦後日本』(人文書院、二〇一九年)、波多野勝『明仁皇太子エリザベス女王戴冠式列席記』(草思社、二〇一二年)など参照。皇太子外遊の日程は以下の通りである。横浜発、ホノルル経由、アメリカ、カナダ、イギリス、フランス(一回目)、スペイン、フランス(二回目)、イタリア、バチカン、フランス(三回目)、ベルギー、オランダ、西ドイツ、デンマーク、ノルウェー、スウェーデン、スイス、アメリカ、ホノルル経由で帰国(「皇

族訪問録昭和二八年」宮内公文書館所蔵、識別番号44529)。
(3) 加藤恭子『田島道治――昭和に「奉公」した生涯』(TBSブリタニカ、二〇〇二年)第九章参照。
(4) 皇太子妃選考をめぐっては、宮家から強烈な反対があった(本巻「長官退任後日記解説」)。
(5) 一九六四年四月より、吉田茂元首相、石坂泰三経済団体連合会会長、小泉信三元侍従職御用掛とともに、皇室の重要事項に関わる参与となっている(『昭和天皇実録』一九六四年四月六日条)。
(6) 宮原安春『神谷美恵子 聖なる声』(講談社、一九九七年)、加藤恭子著・田島恭二監修『昭和天皇と美智子妃 その危機に――「田島道治日記」を読む』(文春新書、二〇一〇年)参照。
(7) グレゴリー・ジルボーグ著、神谷美恵子訳『医学的心理学史』(みすず書房、一九五八年)、マルクス・アウレーリウス著、神谷美恵子訳『自省録』(岩波文庫、一九五六年)。
(8) のちにこの時の調査をもとに著書が刊行されている。ウィリアム・P・ウッダード著、阿部美哉訳『天皇と神道――GHQの宗教政策』(サイマル出版会、一九八八年、原書の刊行は一九七二年)。
(9) 田島道治「安倍君と私」(『心』第一九巻第八号、一九六六年八月)。
(10) 「紹介します1 神谷美恵子さん」(『朝日ジャーナル』第八巻第四一号、一九六六年一〇月二日)。
(11) 小泉書簡のうち、9-2・9-4・9-11・9-17・9-19・9-25の六通は、白石大輝編「小泉信三が見た皇太子――全集未収録の田島道治宛小泉信三書簡より」(『三田評論』第一二三三号、二〇一九年五月号)で紹介されている。
(12) 9-0は、『小泉信三全集』第二五巻上、書翰集上(文藝春秋、一九七二年)三七九〜三八〇頁に収録されている。他にも9-6(同前、四一一〜四一二頁)、9-8(四六四〜四六五頁)、9-12(四八六〜四八七頁)が全集に収録されている。全集の編者によれば、「現在までに判明している限りの小泉の著作書翰のすべてを網羅したつもりである」と述べており、掲載されたもの以外の書簡を田島は提供しなかったのだろう(富田正文「後記」『小泉信三全集』第二五巻下、書翰集下、文藝春秋、一九七二年、五五八頁)。
(13) 吉田伸弥『天皇への道』(講談社文庫、二〇一六年、単行本は読売新聞社より一九九一年に刊行)第一四章を参照。
(14) エリザベス・グレイ・ヴァイニング著、小泉一郎訳『皇太子の窓』(文藝春秋新社、一九五三年)第二六章に該当記事あり。
(15) 同前、第三三章に該当記事あり。
(16) 『昭和天皇実録』一九五三年一一月一二日条。

(17) 番組は一月一五日にNHKおよび民放各局で全国放送された。
(18) 前掲加藤『田島道治』第三四章参照。
(19) 「拝3」一九五二年二月二九日(一回目)条の関連記事より年代を比定。
(20) 貼付された福沢諭吉柄の八円切手(一九五〇年二月三日発行の記念切手)と、文中引用の「拝1」一九五〇年四月一四日条の関連記事より年代を比定。
(21) 舟橋正真「三笠宮外遊――留学への志向」(『学習院大学史料館ミュージアム・レター』第四九号、二〇二二年九月九日)。
(22) 文中引用の「拝5」一九五三年七月二五日条の関連記事より年代を比定。
(23) 三笠宮の初外遊は一九五六年のセイロン・イラン・イラク訪問で実現し、七五年には半年間のイギリス留学を行っている(前掲舟橋「三笠宮外遊」、三笠宮崇仁親王伝記刊行委員会編『三笠宮崇仁親王』吉川弘文館、二〇二二年)。
(24) 田島発書簡は京都大学基礎物理学研究所湯川記念館史料室に所蔵されている。ノーベル物理学賞受賞をめぐる田島道治と湯川秀樹のやりとり、および昭和天皇の反応に関しては、田島圭介「「拝謁記」に見る昭和天皇の基礎科学観」(『三田評論』第一二七六号、二〇二三年四月号)を参照されたい。
(25) 山極晃・中村政則編集、岡田良之助訳『資料日本占領 1 天皇制』(大月書店、一九九〇年)五七三～五七四頁。
(26) 茶谷誠一『象徴天皇制の成立――昭和天皇と宮中の「葛藤」』(NHKブックス、二〇一七年)二一八～二二一頁。
(27) 文中引用の「拝1」一九五〇年八月一〇日、九月一日条の関連記事より年代を比定。
(28) 「NHKスペシャル」取材班『日本人と象徴天皇』(新潮新書、二〇一七年)八一頁。
(29) 『昭和天皇実録』一九五一年九月一八日条。
(30) 前掲河西『「象徴天皇」の戦後史』第四章1を参照。
(31) 一九五二年七月二六日、吉田は認証官任命について内奏し、その後、認証官任命式が行われた(『昭和天皇実録』同日条)。以上の記事より年代を比定。
(32) 『昭和天皇実録』一九五三年一〇月二四日条。
(33) 同前、一九五一年二月一〇日、四月二二日、一二月一八日条。
(34) 同前、一九五二年三月一七日条。

(35) 瀬畑源「明仁天皇論――近代君主制と「伝統」の融合」(吉田裕ほか編『平成の天皇制とは何か――制度と個人のはざまで』岩波書店、二〇一七年)、前掲河西『平成の天皇と戦後日本』第一章など参照。

(36) 前掲『皇太子の窓』第二五章における一九四九年三月一六日の田島、野村東宮大夫、小泉との会議が、21-1二段落目の話にあたるものと思われる。以上より年代を比定。

(37) 前掲『皇太子の窓』第三一章の内容と合致するので、一九四九年九月のことと思われる。以上より年代を比定。

(38) 日本語版は寺崎英成著、マリコ・テラサキ・ミラー編『昭和天皇独白録 寺崎英成・御用掛日記』(文藝春秋、一九九一年)、英語版は東野真『昭和天皇二つの「独白録」』(NHKスペシャルセレクション、一九九八年)に所収されている。

(39) 冨永望「退位問題と新憲法」(古川隆久ほか編『「昭和天皇実録」講義――生涯と時代を読み解く』吉川弘文館、二〇一五年)三を参照。

(40) 田島は就任後、「回顧録」の「御貸下」を受け、読了している(「日記」一九四八年六月五日条、七月三日条)。

(41) 木下道雄『側近日誌』(文藝春秋、一九九〇年)二二六~二三〇頁。

(42) 同前、二一四~二一七頁。

(43) 長官就任前の日記をみると、小倉庫次元侍従と度々会談し、宮中のことなどを聞いている(「日記」一九四八年五月六日、七日、一一日、一二日条)。

(44) 冨永望『昭和天皇退位論のゆくえ』(吉川弘文館、二〇一四年)七九~八二頁。

(45) 一三二頁下段の「芦田総理大臣に於て」から「せられざること」までは、宮内府用箋に書かれたもので、田島の筆跡ではない。

(46) 原文書は宮内府用箋に書かれており、左上に頁番号がふられている。一五頁と一七頁の間が一頁分抜けているが(本文でいえば、一三九頁上段の「のであります。」と「以上の政府の所見は、」の間)、内容からみて頁のつけ損ねの可能性が高い。

(47) 草稿は、加藤恭子の著作でも紹介されており、HからM(の一部)を首相談話、Nを長官談話と比定している(加藤恭子『昭和天皇と田島道治と吉田茂――初代宮内庁長官の「日記」と「文書」から』人文書館、二〇〇六年、第一一章)。ただし、不明な点が多く、内容の検討は素より筆跡鑑定も含めて、さらなる史料批判が必要といえる。

正誤一覧

既刊分に左記の誤りがありました。お詫びして訂正いたします。

第一巻

5頁上段
［誤］辻まつ
［正］辻マツ

5頁上段
［誤］伏見宮博恭
［正］伏見宮博恭王

16頁上段
［誤］前島
［正］水島〔三一郎、東京大学教授、化学者〕

30頁上段
［誤］吉島事務官
［正］吉島〔六一郎〕事務官

38頁下段（三カ所）
［誤］〔照〕孝宮
［正］泰宮〔東久邇聡子〕

39頁上段
［誤］松本〔善之助〕元別当
［正］松本〔幹之介〕元別当

40頁下段
［誤］賀陽宮〔恒憲〕
［正］賀陽宮〔恒憲王〕

47頁下段
［誤］奥川〔奥村勝蔵の誤記カ〕
［正］豊川〔良之助〕

60頁下段
［誤］原といふ
［正］原〔忠道、宮内属〕といふ

60頁下段
［誤］萩原
［正］萩原〔萩本即寿、東宮職属兼東宮内舎人〕

78頁上段
［誤］令妹
［正］令妹〔鷹司庸子〕

78頁上段
［誤］従弟の鷹司の娘〔鷹司庸子〕
［正］従弟の鷹司の娘〔鷹司靖子〕

106頁下段
［誤］入門せられて
［正］入内せられて

106頁下段
[誤]号称
[正]尊称
125頁下段
[誤]黒木退職
[正]栄木〔忠常、東宮職事務主管兼侍従〕退職
137頁下段
[誤]然しの人ではゐたが
[正]然しのんではゐたが
231頁下段、234頁下段
[誤]東宮仮御所
[正]東宮仮寓所
236頁上段
[誤]『読売新聞』一九五〇年一月二七日付朝刊の誤り。
[正]「孝宮さま御婚約きまる　背の君に鷹司平通(二六)氏　きょう宮内庁から正式発表」(『読売新聞』一九五〇年一月二七日付夕刊(二六日発行))。
242頁家系図
[誤]恒子(賀陽邦寿の妻)
[正]削除する

第二巻

10頁下段
[誤]鷹司
[正]鷹司〔信輔、明治神宮宮司〕
11頁下段
[誤]伏見〔博明〕さん
[正]伏見〔光子〕さん
21頁上段
[誤]大宮御所の主厨関〔木村栄次郎カ、皇太后宮職厨房係長〕
[正]大宮御所の主厨関
21頁下段
[誤]両人
[正]両人〔青木一男と塚越虎男〕
22頁下段
[誤]監理部
[正]監〔管〕理部
23頁上段
[誤]北白川〔永久、故人〕さん
[正]北白川〔宮永久王、故人〕さん
25頁下段
[誤]Mrs. Uhols
[正]Mrs. Nichols
33頁下段
[誤]熊谷〔洋、東京大学医学部助教授〕
[正]熊谷〔岱蔵、元東北帝国大学総長〕
36頁上段
[誤]斉藤〔晴彦、業務課長補佐兼庭園第一係長〕

［正］斎藤〔春彦、業務課長補佐兼庭園第一係長〕

55頁下段

［誤］東原

［正］本原〔耕三郎、元東久邇宮事務官〕

63頁下段

［誤］斎藤〔昇〕

［正］斎藤〔惣一〕

72頁下段

［誤］三宅教授

［正］三宅〔鉱一、元東京帝国大学教授、元東京府立松沢病院長〕教授

77頁下段

［誤］佐藤久の弟の但

［正］佐藤久の弟の但〔鑑〕

82頁下段

［誤］Crowford

［正］Crawford

89頁下段

［誤］Colonel Jate

［正］Colonel Tait〔David S. Tait デイヴィッド・S・テイト、米国極東軍司令部日本連絡室長、陸軍大佐〕

112頁上段

［誤］川手

［正］川出〔清彦〕

113頁上段

［誤］剱木〔亨弘、元文部事務次官〕

［正］剣木〔亨弘、元文部事務次官〕

125頁上段

［誤］加藤〔常賢、東京大学教授〕博士

［正］加藤〔虎之亮〕博士

133頁上段

［誤］高松〔歳子カ〕

［正］高松〔千歳子〕

145頁下段

［誤］叔母様〔東久邇聡子カ〕方

［正］叔母様方〔北白川房子、東久邇聡子〕

153頁上段

［誤］田畑

［正］田端〔恒信、侍従職事務官〕

160頁下段

［誤］西川〔義方、侍医〕

［正］西川〔義方、元侍医〕

160頁下段

［誤］Piggott〔Francis James Claude Piggott フランシス・ジェームズ・クロード・ピゴット、元駐日イギリス武官〕

［正］Piggott〔Francis Stewart Gilderoy Piggott フランシス・スチュワート・ギルデロイ・ピゴット、昭和天皇の皇太子時代訪英時の接伴員、元駐日イギリス大使館付武官〕

162頁下段
［誤］父子〔鷹司信輔、鷹司平道父子カ〕
［正］父子〔鷹司信輔、鷹司平通〕
164頁上段
［誤］Bowles〔Luanna J. Bowles ルアンナ・J・ボールズ カ〕
［正］Bowles〔Gordon Townsend Bowles ゴードン・T・ボールズ、元アメリカ教育使節団団員〕
167頁上段
［誤］渡辺昭〔伯爵、昭和天皇の学友〕
［正］渡辺昭〔元伯爵、昭和天皇の学友〕
173頁下段
［誤］伏見〔博明〕氏
［正］伏見〔博孝〕氏
173頁下段
［誤］女官長清水藤道
［正］女官長清水谷迄
186頁上段
［誤］ピゴット
［正］ピゴット〔Francis James Claude Piggott フランシス・ジェームズ・クロード・ピゴット、元駐日イギリス武官〕
203頁上段
［誤］八〔九〕方
［正］八方
227頁上段
［誤］大原〔皇太后職女官カ〕
［正］大原〔慶子、皇太后宮職女官〕
235頁上段
［誤］Jete 大佐
［正］Tait 大佐
238頁下段
［誤］秘書官〔植秀男、宮内庁秘書官〕
［正］秘書官〔植秀男、宮内庁長官秘書官〕
241頁下段
［誤］桃山〔虔一、朝鮮王族李鍵〕さん
［正］桃山〔虔一、朝鮮公族李鍵〕さん
246頁上段
［誤］松本〔治一郎、元参議院副議長〕
［正］松本〔薫〕
247頁下段
［誤］二荒神社
［正］二荒〔山〕神社
283頁
［誤］日本国憲法の施行とともにその王公族の身分と日本国籍を失った
［正］日本国憲法の施行とともにその王族の身分を、サンフランシスコ平和条約の発効後に日本国籍を失った

第三巻

6頁上段

［誤］花園天皇御年紀

［正］花園天皇御年紀〔忌〕

117頁上段

［誤］ヴィクトリヤ（?-エンパイヤ）十字章〔ヴィクトリア十字章〕

［正］ヴィクトリヤ（?-エンパイヤ）十字章〔ロイヤル・ヴィクトリア勲章カ〕

276頁、278頁

［誤］新国憲法

［正］新憲法

279頁

［誤］新国憲法

［正］新憲法

第四巻

54頁上段

［誤］〔三井安彌〕書陵部長

［正］〔鈴木菊男、前〕書陵部長

159頁下段

［誤］千家〔尊祀、出雲国造、出雲大社宮司〕

［正］千家〔尊宣、出雲大社教管長〕

第五巻

3頁上段

［誤］小泉が妻〔富子〕同伴で

［正］小泉が妻〔とみ〕同伴で

88頁上段

［誤］松井〔明、外務事務官、皇太子外遊の随員〕

［正］松井〔明、外務省参事官、皇太子外遊の随員〕

284頁上段

［誤］一八九〇（明治二三）年と一九〇六（明治三九）年の二度来日

［正］一九〇六（明治三九）年、一九一二（大正元）年、一九一八（大正七）年の三度来日

284頁上段

［誤］（辻岡健志「宮内省の外賓接待と大津事件」『書陵部紀要』第六六号、二〇一五年三月、四三頁）

［正］（『明治天皇紀』一九〇六年二月一九日、および『大正天皇実録』一九一二年九月一〇日、一八日、一九一八年六月一九日の各条などを参照）

「拝謁記」公刊にあたって

ＮＨＫは、約二〇〇年ぶりとなる天皇の退位に際し、上皇さまが上皇后さまとともに歩まれた昭和から平成にかけての激動の歳月を、側近・学友などの証言や秘蔵映像、新たに発掘した資料などから振り返り見つめ直すため、報道・制作が一体となって取材し、その結果を、いくつかのスクープと、四回シリーズの特別番組「天皇　運命の物語」という形で結実させた。

こうした中で巡り会った初代宮内庁長官田島道治の「拝謁記」は、存在をうかがわせる情報はあったものの公開されたことはなく、宮内庁が「昭和天皇実録」を編纂する過程でも出てこなかった、いわば「幻の超一級史料」であり、二〇一八年秋に吉見直人氏とともに田島家に伺い原本を初めて目にした時の衝撃は、今も忘れられない。

取材班は、先行研究にあたるとともに、古川隆久・茶谷誠一・冨永望・瀬畑源の四氏に協力を求め、約九カ月かけて解読と分析を進めた。さらに、「昭和天皇実録」編纂に関わった元宮内庁職員や政治史・軍事史などの専門家、それに海外の識者にも意見を求めたうえで、二〇一九年八月から九月にかけて、ニュース番組やＷＥＢ記事で報じ、ＮＨＫスペシャル「昭和天皇は何を語ったのか～初公開・秘録「拝謁記」～」とＥＴＶ特集「昭和天皇は何を語ったのか～初公開〝拝謁記〟に迫る」を放送した。

本書の公刊にあたって、ＮＨＫは、田島家、解読・分析にあたった研究者グループ、それに岩波書店と協議のうえ、一連の取材・制作の過程で作られた史料解読結果のテキストデータや史料原本のデジタルスキャンデータなどを提供した。昭和天皇の実像に迫る第一級史料の分析をさらに進め、今後の歴史研究の進展に貢献することが、最も公共の利益にかなうとともに、この貴重な史料を託してくださった田島家の思いに応える道だと判断したからだ。本書が多くの人に、昭和という時代や戦後の日本の歩みへの理解を深め、そこに連なる「今」を考える手がかりとして活用されることを願ってやまない。

ＮＨＫ報道局社会部副部長（二〇一九年報道当時）

鈴木高晴

主要人名索引

この索引は，「拝謁記」本文に現れる人物のうち，歴史的に重要と思われる人名を選択して採録した(昭和天皇は登場回数が極めて多いため，採録しなかった).

朝鮮の人名は当時一般的であった音読みで配列した.

巻数を①②③…で示し，次にページを示した(例：① 25→第1巻25ページ).

あ 行

か 行

さ 行

た 行

な 行

は 行

ま 行

や 行

ら 行

わ 行

[「拝謁記」翻刻・編集]

田島恭二(たじま きょうじ)

1917年生．田島道治次男．東京帝国大学文学部卒業後，岩波書店，満鉄調査部，朝日新聞社に勤務．2013年死去．

[編集委員]

古川隆久(ふるかわ たかひさ)

1962年生．日本大学文理学部教授．『昭和天皇——「理性の君主」の孤独』(中公新書，2011年)ほか．

茶谷誠一(ちゃだに せいいち)

1971年生．志學館大学人間関係学部教授．『象徴天皇制の成立——昭和天皇と宮中の「葛藤」』(NHKブックス，2017年)ほか．

冨永　望(とみなが のぞむ)

1974年生．公益財団法人政治経済研究所研究員．『昭和天皇退位論のゆくえ』(吉川弘文館，2014年)ほか．

瀬畑　源(せばた はじめ)

1976年生．龍谷大学法学部准教授．『平成の天皇制とは何か——制度と個人のはざまで』(共編，岩波書店，2017年)ほか．

河西秀哉(かわにし ひでや)

1977年生．名古屋大学大学院人文学研究科准教授．『近代天皇制から象徴天皇制へ——「象徴」への道程』(吉田書店，2018年)ほか．

舟橋正真(ふなばし せいしん)

1982年生．公益財団法人政治経済研究所研究員．『「皇室外交」と象徴天皇制 1960～1975年——昭和天皇訪欧から訪米へ』(吉田書店，2019年)ほか．

昭和天皇拝謁記――初代宮内庁長官田島道治の記録 7
関連資料

2023 年 5 月 30 日　第 1 刷発行

著　者　田島道治《たじまみちじ》

発行者　坂本政謙

発行所　株式会社 岩波書店
〒 101-8002 東京都千代田区一ツ橋 2-5-5
電話案内 03-5210-4000
https://www.iwanami.co.jp/

印刷・理想社　カバー・半七印刷　製本・牧製本

ISBN 978-4-00-026597-3　　Printed in Japan